Tierische Teppiche häkeln

Vanessa Mooncie

Tierische Teppiche häkeln

Weltbild

Löwe 118

Zebra 56

Nashorn 38

Fuchs 106

Krokodil 86

Eisbär 160

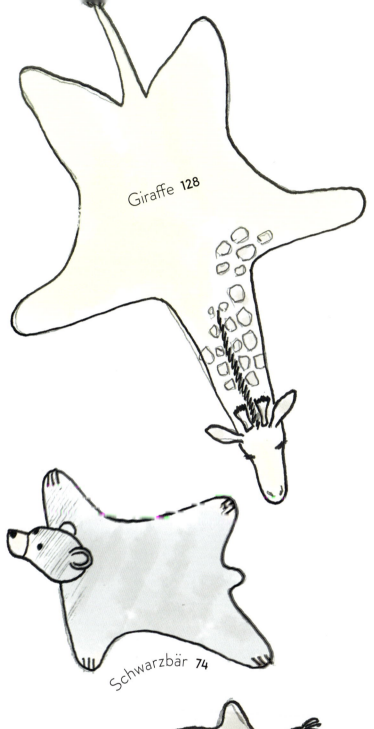

Giraffe 128

Inhalt

Schwarzbär 74

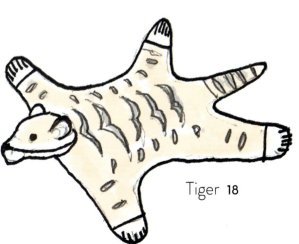

Wildschwein 146

Tiger 18

Vorwort

Dieses Buch enthält Häkelanleitungen für zehn fantastische Wildtiere, darunter Nashorn, Löwe und Giraffe. Die Teppiche oder Decken sind so angelegt, dass für jedes Level vom Häkelneuling bis zur Expertin etwas dabei ist. Das Spektrum reicht vom Eisbären, einem Einsteigerprojekt, das in Grundmaschen und einer einzigen Garnfarbe für jedes Teil gehäkelt wird, bis zum Tiger, der mit seinen Farbwechseln für die dekorativen Streifen höhere Anforderungen stellt.

Die weichen Tierteppiche haben eine angenehme Struktur, die durch verschiedene Maschenarten erzielt wird. Sie sind überwiegend in festen Maschen und halben Stäbchen gehäkelt. bekommen aber durch besondere Maschen und Maschenkombinationen ihre charakteristische Struktur. So bilden Noppen die Panzerhaut des Krokodils und die Zähne in seinem aufgerissenen Maul, und der Fuchs bekommt durch Schlingenmaschen seinen buschigen Schweif. Andere witzige Details sind zum Beispiel die Nasenlöcher, in die man die Finger stecken kann.

Den letzten Schliff erhalten die Teppiche durch einfache Stickereien. Kurze Spannstiche setzen Lichter in die Augen der Tiere, und die Mäuler von Eisbär, Schwarzbär und Löwe werden durch Fliegenstiche gestaltet. Alle Teppiche sind mit einer gehäkelten Unterseite gedoppelt, die ihnen nicht nur zusätzliches Gewicht und besondere Weichheit verleiht, sondern auch für eine perfekte, saubere Optik sorgt.

Im Anhang ab Seite 166 finden Sie Hinweise für den Beginn eines Projektes und illustrierte Schritt-für-Schritt-Anleitungen für die im Buch verwendeten Maschenarten. Außerdem erfahren Sie dort, wie Sie die Garnfarbe wechseln und Ihre Teppiche fertigstellen. Zu jedem Projekt gibt es Häkelschriften, die den Anleitungstext ergänzen, sodass das Nacharbeiten zum Kinderspiel wird. Jedes Tier kann als kuschelige Decke oder als origineller Teppich verwendet werden, der Pfiff in jeden Raum bringt.

Vanessa Mooncie

Galerie der Projekte

Tiger – Seite 18

Nashorn – Seite 38

Zebra – Seite 56

Schwarzbär – Seite 74

Krokodil – Seite 86

Fuchs – Seite 106

Löwe – Seite 118

Giraffe – Seite 128

Wildschwein – Seite 146

Eisbär – Seite 160

Tiger

In diesem Wollteppich setzt ein Alpaka-Mischgarn flauschige Akzente. Beim Gestalten der Tigerstreifen wird der gerade nicht verwendete Faden auf der Rückseite der Arbeit mitgeführt.

Material

- Drops Karisma (100 % Wolle; LL 100 m/50 g)
  A Orange (Fb 11), 300 g
  B Schwarz (Fb 05), 100 g
  C Wollweiß (Fb 01), 350 g
- Drops Air (65 % Alpaka, 28 % Polyamid, 7 % Wolle; LL 150 m/50 g)
  D Wollweiß (Fb 01), 50 g
- Häkelnadel 4 mm
- Wollnadel
- Kunstfaser-Füllwatte

Größe

Breite ca. 82 cm, Länge ca. 90 cm (ohne Kopf)

Maschenprobe

16 hStb und 13 R mit Häkelnd 4 mm und Garn A = 10 cm x 10 cm
Verwenden Sie gegebenenfalls eine dickere oder dünnere Häkelnadel, um die richtige Maschenprobe zu erzielen.

Technik

Der Körper und das Futter für die Unterseite werden in hStb in Hin- und Rückr gehäkelt. Die Streifen des Tigerfells werden in 2 Fb gearbeitet, wobei der gerade nicht benötigte Faden auf der linken Seite der Arbeit mitgeführt wird. Der Körper und das Futter werden mit fM umhäkelt, bevor die Pfoten und das Futter für die Pfoten angebracht werden. Die Teile werden miteinander verbunden, indem man jeweils in die M der Umrandung und der Pfoten an Körper und Futter zugleich einsticht.

Der Kopf wird in Spiralrd in fM begonnen. Anschließend wird der Kopf in den Haupt-Fb in Hin- und Rückr in hStb und im Streifenmuster weitergehäkelt. Nachdem der Kopf mit Füllwatte ausgestopft ist, werden die M der letzten R mit einer geraden Naht verbunden. Anschließend wird der Kopf an die gerade Kante am oberen Ende des Körpers genäht. Die Nase wird in Hin- und Rückr gehäkelt, wobei man mit den vMg der Vorrd beginnt. An beiden Enden werden M abgenommen, sodass eine Dreiecksform entsteht. Die Seitenkanten der Nase werden mit Km behäkelt. Ein aufgestickter Fliegenstich bildet das Maul und fixiert die Nasenspitze an der Vorderseite des Gesichts. Die

Augen werden mit fM in Rd gehäkelt. Das Augenlid bekommt seine Form dadurch, dass man in die vMg der M einsticht, sodass sich eine plastische Rippe über dem Auge bildet. Auf jedes Auge wird ein Lichtreflex aufgestickt. Jedes Ohr setzt sich aus zwei gleichen Teilen zusammen, die durch Einstechen in die M beider Lagen zugleich zusammengehäkelt werden. Sie werden leicht mit Füllwatte ausgestopft, bevor man sie am Kopf annäht. Schließlich näht man die Augen an und stickt Spannstiche für die Krallen auf jede Pfote.

Die 1 bzw. 2 Lm am R-Beginn werden durchweg nicht als M gezählt.

Körper

Mit der Häkelnd 4 mm und Garn A 117 Lm anschl.

1. Reihe (Hinr): 1 hStb in die 3. Lm von der Häkelnd aus und in jede folg Lm bis R-Ende; wenden (= 115 M).

2. Reihe (Rückr): 2 Lm, 1 hStb in jedes hStb bis R-Ende; wenden.

3. Reihe: 2 Lm, je 1 hStb in die nächsten 10 hStb. Die letzten 2 Schlingen des letzten hStb bereits mit Garn B abm. Mit beiden Garnen weiterhäkeln wie folgt und dabei den gerade nicht benötigten Faden auf der linken Seite der Arbeit mitführen: 2 x [1 hStb mit Garn B, 10 hStb mit Garn A], 61 hStb mit Garn A, 2 x [1 hStb mit Garn B, 10 hStb mit Garn A]; wenden.

4. Reihe: 2 Lm, 10 hStb mit Garn A, 2 x [1 hStb mit Garn B, 10 hStb mit Garn A], 61 hStb mit Garn A, 2 x [1 hStb mit Garn B, 10 hStb mit Garn A]; wenden.

5. Reihe: 2 Lm, 9 hStb mit Garn A, 2 x [3 hStb mit Garn B, 8 hStb mit Garn A], 61 hStb mit Garn A, 2 x [3 hStb mit Garn B, 8 hStb mit Garn A], 1 hStb ins nächste hStb; wenden.

6. Reihe: 2 Lm, 9 hStb mit Garn A, 3 hStb mit Garn B, 7 hStb mit Garn A, 5 hStb mit Garn B, 6 hStb mit Garn A, 2 x [1 hStb mit Garn B, 26 hStb mit Garn A], 1 hStb mit Garn B, 6 hStb mit Garn A, 5 hStb mit Garn B, 7 hStb mit Garn A, 3 hStb mit Garn B, 9 hStb mit Garn A; wenden.

7. Reihe: 2 Lm, 9 hStb mit Garn A, 3 hStb mit Garn B, 7 hStb mit Garn A, 5 hStb mit Garn B, 6 hStb mit Garn A, 3 hStb mit Garn B, 10 hStb mit Garn A, 4 hStb mit Garn B, 10 hStb mit Garn A, 1 hStb mit Garn B, 10 hStb mit Garn A, 4 hStb mit Garn B, 10 hStb mit Garn A, 3 hStb mit Garn B, 6 hStb mit Garn A, 5 hStb mit Garn B, 7 hStb mit Garn A, 3 hStb mit Garn B, 9 hStb mit Garn A; wenden.

8. Reihe: 10 hStb mit Garn A, 1 hStb mit Garn B, 8 hStb mit Garn A, 5 hStb mit Garn B, 7 hStb mit Garn A, 4 hStb mit Garn B, 5 hStb mit Garn A, 5 hStb mit Garn B, 11 hStb mit Garn A, 3 hStb mit Garn B, 11 hStb mit Garn A, 5 hStb mit Garn B, 5 hStb mit Garn A, 4 hStb mit Garn B, 7 hStb mit Garn A, 5 hStb mit Garn B, 8 hStb mit Garn A, 1 hStb mit Garn B, 10 hStb mit Garn A; wenden.

9. Reihe: 2 Lm, 10 hStb mit Garn A, 1 hStb mit Garn B, 9 hStb mit Garn A, 3 hStb mit Garn B, 11 hStb mit Garn A, 7 hStb mit Garn B, 14 hStb mit Garn A, 5 hStb mit Garn B, 14 hStb mit Garn A, 7 hStb mit Garn B, 11 hStb mit Garn A, 3 hStb mit

Zeichenerklärung

Symbol	Bedeutung	Symbol	Bedeutung
◯	Fadenring	∨	2 hStb in 1 Einstichstelle
⬭	Luftmasche (Lm)	⋀	2 hStb zus abm
•	Kettmasche (Km)	⋔	3 hStb zus abm
+	feste Masche (fM)	∪	nur unter dem vMg einstechen
✕✕	2 fM in 1 Einstichstelle	∩	nur unter dem hMg einstechen
T	halbes Stäbchen (hStb)		

Farbschlüssel für Körper und Gesicht

A
B
D

Körper
1.–17. Reihe (rechte Seite)

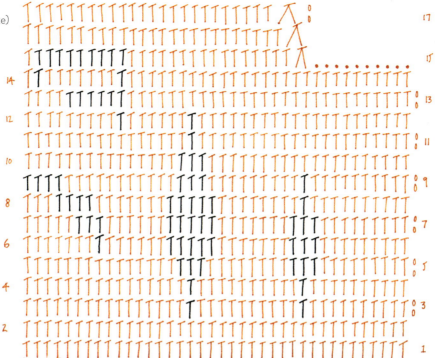

Körper
1.–17. Reihe (Mitte)

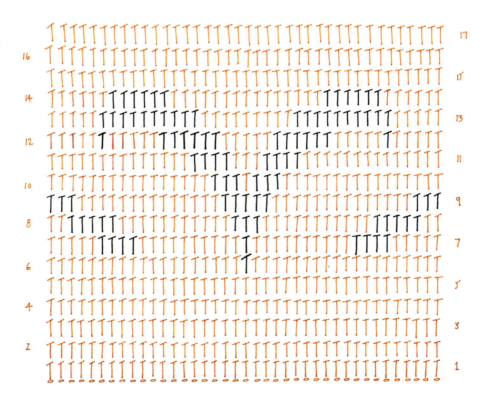

Körper
1.–17. Reihe (linke Seite)

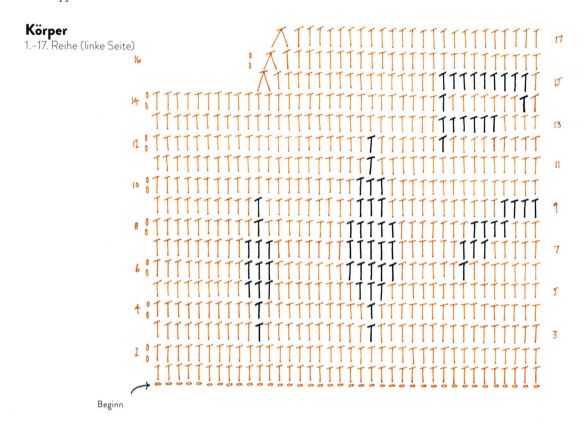

Beginn

Garn B, 9 hStb mit Garn A, 1 hStb mit Garn B, 10 hStb mit Garn A; wenden.

10. Reihe: 2 Lm, 20 hStb mit Garn A, 3 hStb mit Garn B, 31 hStb mit Garn A, 3 hStb mit Garn B, 1 hStb mit Garn A, 3 hStb mit Garn B, 31 hStb mit Garn A, 3 hStb mit Garn B, 20 hStb mit Garn A; wenden.

11. Reihe: 2 Lm, 21 hStb mit Garn A, 1 hStb mit Garn B, 30 hStb mit Garn A, 4 hStb mit Garn B, 3 hStb mit Garn A, 4 hStb mit Garn B, 30 hStb mit Garn A, 1 hStb mit Garn B, 21 hStb mit Garn A; wenden.

12. Reihe: 2 Lm, 21 hStb mit Garn A, 1 hStb mit Garn B, 6 hStb mit Garn A, 1 hStb mit Garn B, 14 hStb mit Garn A, 1 hStb mit Garn B, 2 x [5 hStb mit Garn A, 6 hStb mit Garn B], 5 hStb mit Garn A, 1 hStb mit Garn B, 14 hStb mit Garn A, 1 hStb mit Garn B, 6 hStb mit Garn A, 1 hStb mit Garn B, 21 hStb mit Garn A; wenden.

13. Reihe: 2 Lm, 28 hStb mit Garn A, 6 hStb mit Garn B, 9 hStb mit Garn A, 2 x [10 hStb mit Garn B, 9 hStb mit Garn A], 6 hStb mit Garn B, 28 hStb mit Garn A; wenden.

14. Reihe: 2 Lm, 28 hStb mit Garn A, 2 x [1 hStb mit Garn B, 7 hStb mit Garn A], 6 hStb mit Garn B, 15 hStb mit Garn A, 6 hStb mit Garn B, 2 x [7 hStb mit Garn A, 1 hStb mit Garn B], 28 hStb mit Garn A; wenden.

15. Reihe (Abn-R): Je 1 Km in die nächsten 10 hStb, 2 hStb zus abm, 16 hStb mit Garn A, 9 hStb mit Garn B, 41 hStb mit Garn A, 9 hStb mit Garn B, 16 hStb mit Garn A, 2 hStb zus abm; wenden.
Über diese 93 hStb weiterhäkeln wie folgt:

16. und 17. Reihe (Abn-R): Mit Garn A 2 Lm, 2 hStb zus abm, 1 hStb in jedes hStb bis zu den letzten 2 M, 2 hStb zus abm; wenden (= 89 M).

18. Reihe (Abn-R): 2 Lm, 2 hStb zus abm, 8 hStb mit Garn A, 1 hStb mit Garn B, 2 x [33 hStb mit Garn A, 1 hStb mit Garn B], 8 hStb mit Garn A, 2 hStb zus abm; wenden (= 87 M).

19. Reihe (Abn-R): 2 Lm, 2 hStb zus abm, 7 hStb mit Garn A, 3 hStb mit Garn B, 6 hStb mit Garn A, 3 hStb mit Garn B, 2 x [21 hStb mit Garn A, 3 hStb mit Garn B], 6 hStb mit Garn A, 3 hStb mit Garn B, 7 hStb mit Garn A, 2 hStb zus abm; wenden (= 85 M).

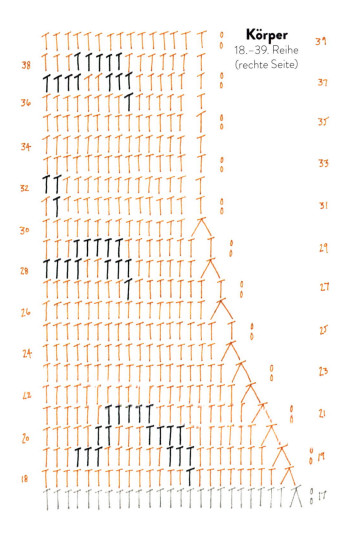

Körper
18.–39. Reihe
(rechte Seite)

20. Reihe (Abn-R): 2 Lm, 2 hStb zus abm, 7 hStb mit Garn A, 4 hStb mit Garn B, 3 hStb mit Garn A, 2 hStb mit Garn B, 22 hStb mit Garn A, 5 hStb mit Garn B, 22 hStb mit Garn A, 2 hStb mit Garn B, 3 hStb mit Garn A, 4 hStb mit Garn B, 7 hStb mit Garn A, 2 hStb zus abm; wenden (= 83 M).
21. Reihe (Abn-R): 2 Lm, 2 hStb zus abm, 9 hStb mit Garn A, 5 hStb mit Garn B, 21 hStb mit Garn A, 4 hStb mit Garn B, 1 hStb mit Garn A, 4 hStb mit Garn B, 21 hStb mit Garn A, 5 hStb mit Garn B, 9 hStb mit Garn A, 2 hStb zus abm; wenden (= 81 M).
22. Reihe (Abn-R): 2 Lm, 2 hStb zus abm, 19 hStb mit Garn A, 1 hStb mit Garn B, 11 hStb mit Garn A, 6 hStb mit Garn B, 3 hStb mit Garn A, 6 hStb mit Garn B, 11 hStb mit Garn A, 1 hStb mit Garn B, 19 hStb mit Garn A, 2 hStb zus abm; wenden (= 79 M).
23. Reihe (Abn-R): 2 Lm, 2 hStb zus abm, 18 hStb mit Garn A, 17 hStb mit Garn B, 5 hStb mit Garn A, 17 hStb mit Garn B, 18 hStb mit Garn A, 2 hStb zus abm; wenden (= 77 M).

24. Reihe (Abn-R): 2 Lm, 2 hStb zus abm, 19 hStb mit Garn A, 12 hStb mit Garn B, 11 hStb mit Garn A, 12 hStb mit Garn B, 19 hStb mit Garn A, 2 hStb zus abm; wenden (= 75 M).
25. Reihe: Mit Garn A 2 Lm, 1 hStb in jedes hStb bis R-Ende; wenden.
26. Reihe (Abn-R): 2 Lm, 2 hStb zus abm, 1 hStb in jedes hStb bis zu den letzten 2 M, 2 hStb zus abm; wenden (= 73 M).
27. Reihe: 2 Lm, 8 hStb mit Garn A, 1 hStb mit Garn B, 8 hStb mit Garn A, 2 hStb mit Garn B, 17 hStb mit Garn A, 1 hStb mit Garn B, 17 hStb mit Garn A, 2 hStb mit Garn B, 8 hStb mit Garn A, 1 hStb mit Garn B, 8 hStb mit Garn A; wenden.
28. Reihe (Abn-R): 2 Lm, 2 hStb zus abm, 6 hStb mit Garn A, 3 hStb mit Garn B, 2 hStb mit Garn A, 5 hStb mit Garn B, 17 hStb mit Garn A, 3 hStb mit Garn B, 17 hStb mit Garn A, 5 hStb mit Garn B, 2 hStb mit Garn A, 3 hStb mit Garn B, 6 hStb mit Garn A, 2 hStb zus abm; wenden (= 71 M).
29. Reihe: 2 Lm, 8 hStb mit Garn A, 5 hStb mit Garn B, 2 x [20 hStb mit Garn A, 5 hStb mit Garn B], 8 hStb mit Garn A; wenden.

Körper
18.–39. Reihe (Mitte)

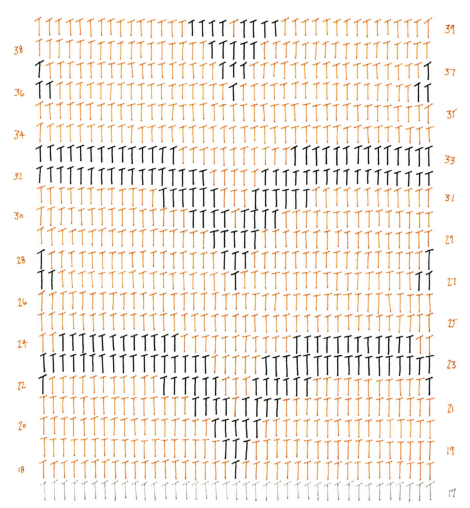

30. Reihe (Abn-R): 2 Lm, 2 hStb zus abm, 29 hStb mit Garn A, 4 hStb mit Garn B, 1 hStb mit Garn A, 4 hStb mit Garn B, 29 hStb mit Garn A, 2 hStb zus abm; wenden (= 69 M).

31. Reihe: 2 Lm, 13 hStb mit Garn A, 1 hStb mit Garn B, 13 hStb mit Garn A, 6 hStb mit Garn B, 3 hStb mit Garn A, 6 hStb mit Garn B, 13 hStb mit Garn A, 1 hStb mit Garn B, 13 hStb mit Garn A; wenden.

32. Reihe: 2 Lm, je 1 hStb in die nächsten 13 hStb mit Garn A, je 1 hStb in die nächsten 19 hStb mit Garn B, je 1 hStb in die nächsten 5 hStb mit Garn A, je 1 hStb in die nächsten 19 hStb mit Garn B, je 1 hStb in die nächsten 13 hStb mit Garn A; wenden.

33. Reihe: 2 Lm, 15 hStb mit Garn A, 14 hStb mit Garn B, 11 hStb mit Garn A, 14 hStb mit Garn B, 15 hStb mit Garn A; wenden.

34. und 35. Reihe: Mit Garn A 2 Lm, 1 hStb in jedes hStb bis R-Ende; wenden.

36. Reihe: 2 Lm, 6 hStb mit Garn A, 1 hStb mit Garn B, 8 hStb mit Garn A, 2 hStb mit Garn B, 17 hStb mit Garn A, 1 hStb mit Garn B, 17 hStb mit Garn A, 2 hStb mit Garn B, 8 hStb mit Garn A, 1 hStb mit Garn B, 6 hStb mit Garn A; wenden.

37. Reihe: 2 Lm, 6 hStb mit Garn A, 3 hStb mit Garn B, 2 hStb mit Garn A, 5 hStb mit Garn B, 17 hStb mit Garn A, 3 hStb mit Garn B, 17 hStb mit Garn A, 5 hStb mit Garn B, 2 hStb mit Garn A, 3 hStb mit Garn B, 6 hStb mit Garn A; wenden.

38. Reihe: 2 Lm, 7 hStb mit Garn A, 5 hStb mit Garn B, 2 x [20 hStb mit Garn A, 5 hStb mit Garn B], 7 hStb mit Garn A; wenden.

39. Reihe: 2 Lm, 30 hStb mit Garn A, 4 hStb mit Garn B, 1 hStb mit Garn A, 4 hStb mit Garn B, 30 hStb mit Garn A; wenden.

40.–46. Reihe: Die 31.–37. R wdh.

47. Reihe (Zun-R): 2 Lm, 2 hStb in 1 Einstichstelle, 6 hStb mit Garn A, 5 hStb mit Garn B, 2 x [20 hStb mit Garn A, 5 hStb mit Garn B], 6 hStb mit Garn A, 2 hStb in 1 Einstichstelle; wenden (= 71 M).

48. Reihe: 2 Lm, 31 hStb mit Garn A, 4 hStb mit Garn B, 1 hStb mit Garn A, 4 hStb mit Garn B, 31 hStb mit Garn A; wenden.

49. Reihe: 2 Lm, 14 hStb mit Garn A, 1 hStb mit Garn B, 13 hStb mit Garn A, 6 hStb mit Garn B, 3 hStb mit Garn A,

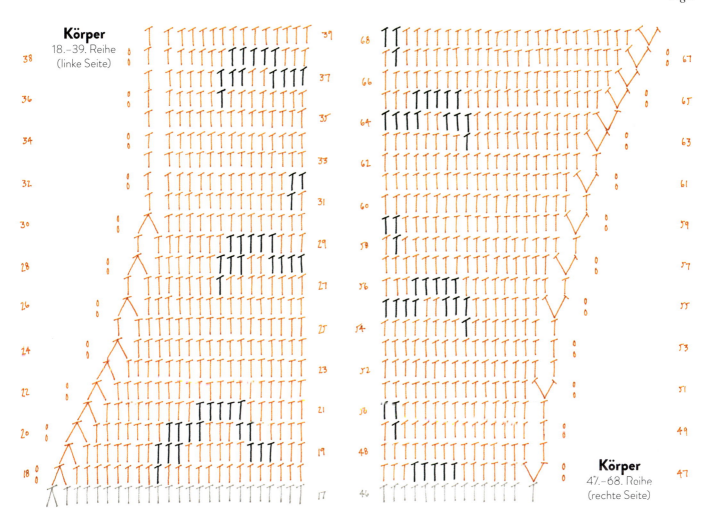

Körper
18.–39. Reihe
(linke Seite)

Körper
47.–68. Reihe
(rechte Seite)

6 hStb mit Garn B, 13 hStb mit Garn A, 1 hStb mit Garn B, 14 hStb mit Garn A; wenden.

50. Reihe: 2 Lm, 14 hStb mit Garn A, 19 hStb mit Garn B, 5 hStb mit Garn A, 19 hStb mit Garn B, 14 hStb mit Garn A; wenden.

51. Reihe (Zun-R): 2 Lm, 2 hStb in 1 Einstichstelle, 15 hStb mit Garn A, 14 hStb mit Garn B, 11 hStb mit Garn A, 14 hStb mit Garn B, 15 hStb mit Garn A, 2 hStb in 1 Einstichstelle; wenden (= 73 M)

52. und 53. Reihe: Mit Garn A 2 Lm, 1 hStb in jedes hStb bis R-Ende; wenden.

54. Reihe: 2 Lm, 8 hStb mit Garn A, 1 hStb mit Garn B, 8 hStb mit Garn A, 2 hStb mit Garn B, 17 hStb mit Garn A, 1 hStb mit Garn B, 17 hStb mit Garn A, 2 hStb mit Garn B, 8 hStb mit Garn A, 1 hStb mit Garn B, 8 hStb mit Garn A; wenden.

55. Reihe (Zun-R): 2 Lm, 2 hStb in 1 Einstichstelle, 7 hStb mit Garn A, 3 hStb mit Garn B, 2 hStb mit Garn A, 5 hStb mit Garn B, 17 hStb mit Garn A, 3 hStb mit Garn B, 17 hStb mit Garn A, 5 hStb mit Garn B, 2 hStb mit Garn A, 3 hStb mit Garn B, 7 hStb mit Garn A, 2 hStb in 1 Einstichstelle; wenden (= 75 M).

56. Reihe: 2 Lm, 10 hStb mit Garn A, 5 hStb mit Garn B, 2 x [20 hStb mit Garn A, 5 hStb mit Garn B], 10 hStb mit Garn A; wenden.

57. Reihe (Zun-R): 2 Lm, 2 hStb in 1 Einstichstelle, 32 hStb mit Garn A, 4 hStb mit Garn B, 1 hStb mit Garn A, 4 hStb mit Garn B, 32 hStb mit Garn A, 2 hStb in 1 Einstichstelle; wenden (= 77 M).

58. Reihe: 2 Lm, 17 hStb mit Garn A, 1 hStb mit Garn B, 13 hStb mit Garn A, 6 hStb mit Garn B, 3 hStb mit Garn A, 6 hStb mit Garn B, 13 hStb mit Garn A, 1 hStb mit Garn B, 17 hStb mit Garn A; wenden.

59. Reihe (Zun-R): 2 Lm, 2 hStb in 1 Einstichstelle, 16 hStb mit Garn A, 19 hStb mit Garn B, 5 hStb mit Garn A, 19 hStb mit Garn B, 16 hStb mit Garn A, 2 hStb in 1 Einstichstelle; wenden (= 79 M).

60. Reihe: 2 Lm, 20 hStb mit Garn A, 14 hStb mit Garn B, 11 hStb mit Garn A, 14 hStb mit Garn B, 20 hStb mit Garn A; wenden.

61. Reihe: Mit Garn A 2 Lm, 2 hStb in 1 Einstichstelle, 1 hStb in jedes hStb bis zur letzten M, 2 hStb in 1 Einstichstelle; wenden (81 M).

Körper
47.–68. Reihe (Mitte)

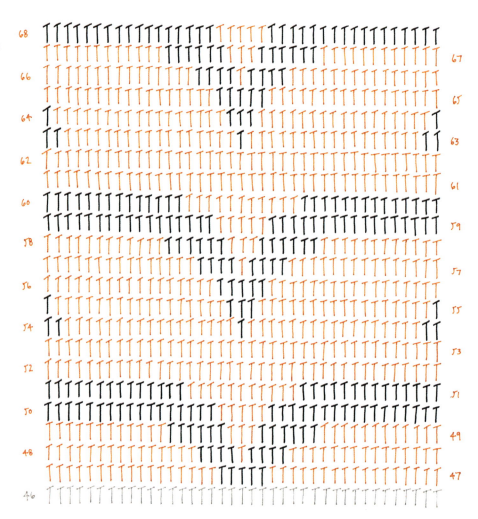

62. Reihe: 2 Lm, 1 hStb in jedes hStb bis R-Ende; wenden.

63. Reihe (Zun-R): 2 Lm, 2 hStb in 1 Einstichstelle, 11 hStb mit Garn A, 1 hStb mit Garn B, 8 hStb mit Garn A, 2 hStb mit Garn B, 17 hStb mit Garn A, 1 hStb mit Garn B, 17 hStb mit Garn A, 2 hStb mit Garn B, 8 hStb mit Garn A, 1 hStb mit Garn B, 11 hStb mit Garn A, 2 hStb in 1 Einstichstelle; wenden (= 83 M).

64. Reihe (Zun-R): 2 Lm, 2 hStb in 1 Einstichstelle, 12 hStb mit Garn A, 3 hStb mit Garn B, 2 hStb mit Garn A, 5 hStb mit Garn B, 17 hStb mit Garn A, 3 hStb mit Garn B, 17 hStb mit Garn A, 5 hStb mit Garn B, 2 hStb mit Garn A, 3 hStb mit Garn B, 12 hStb mit Garn A, 2 hStb in 1 Einstichstelle; wenden (= 85 M).

65. Reihe (Zun-R): 2 Lm, 2 hStb in 1 Einstichstelle, 14 hStb mit Garn A, 5 hStb mit Garn B, 2 x [20 hStb mit Garn A, 5 hStb mit Garn B], 14 hStb mit Garn A, 2 hStb in 1 Einstichstelle; wenden (= 87 M).

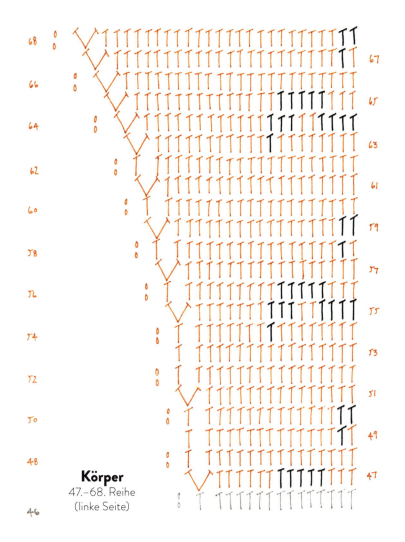

Körper
47.–68. Reihe
(linke Seite)

Körper
69.–72. Reihe (rechte Seite)

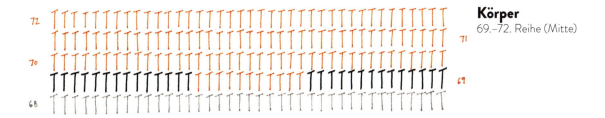

Körper
69.–72. Reihe (Mitte)

Körper
69.–72. Reihe (linke Seite)

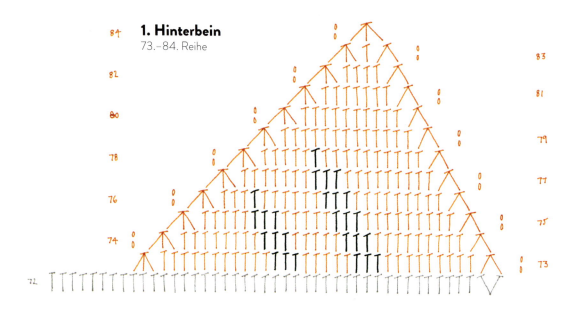

1. Hinterbein
73.–84. Reihe

66. Reihe (Zun-R): 2 Lm, 2 hStb in 1 Einstichstelle, 38 hStb mit Garn A, 4 hStb mit Garn B, 1 hStb mit Garn A, 4 hStb mit Garn B, 38 hStb mit Garn A, 2 hStb in 1 Einstichstelle; wenden (= 89 M).

67. Reihe (Zun-R): 2 Lm, 2 hStb in 1 Einstichstelle, 22 hStb mit Garn A, 1 hStb mit Garn B, 13 hStb mit Garn A, 6 hStb mit Garn B, 3 hStb mit Garn A, 6 hStb mit Garn B, 13 hStb mit Garn A, 1 hStb mit Garn B, 22 hStb mit Garn A, 2 hStb in 1 Einstichstelle; wenden (= 91 M).

68. Reihe (Zun-R): 2 Lm, 2 hStb in 1 Einstichstelle, 23 hStb mit Garn A, 19 hStb mit Garn B, 5 hStb mit Garn A, 19 hStb mit Garn B, 23 hStb mit Garn A, 2 hStb in 1 Einstichstelle; wenden (= 93 M).

69. Reihe (Zun-R): 2 Lm, 2 hStb in 1 Einstichstelle, 26 hStb mit Garn A, 14 hStb mit Garn B, 11 hStb mit Garn A, 14 hStb mit Garn B, 26 hStb mit Garn A, 2 hStb in 1 Einstichstelle; wenden (= 95 M).

70. Reihe (Zun-R): 2 Lm, 2 hStb in 1 Einstichstelle, 5 hStb mit Garn A, 1 hStb mit Garn B, 1 hStb in jedes hStb bis zu den letzten 7 M mit Garn A, 1 hStb mit Garn B, 5 hStb mit Garn A, 2 hStb in 1 Einstichstelle; wenden (= 97 M).

71. Reihe (Zun-R): 2 Lm, 2 hStb in 1 Einstichstelle, 6 hStb mit Garn A, 3 hStb mit Garn B, 1 hStb in jedes hStb bis zu den

letzten 10 M mit Garn A, 3 hStb mit Garn B, 6 hStb mit Garn A, 2 hStb in 1 Einstichstelle; wenden (= 99 M).

72. Reihe (Zun-R): 2 Lm, 2 hStb in 1 Einstichstelle, 8 hStb mit Garn A, 3 hStb mit Garn B, 1 hStb in jedes hStb bis zu den letzten 12 M mit Garn A, 3 hStb mit Garn B, 8 hStb mit Garn A, 2 hStb in 1 Einstichstelle; wenden (= 101 M).

1. Hinterbein

73. Reihe (Hinr; Abn-R): 2 Lm, 2 hStb zus abm, 9 hStb mit Garn A, 3 hStb mit Garn B, 5 hStb mit Garn A, 3 hStb mit Garn B, 11 hStb mit Garn A, 3 hStb zus abm; wenden. Über diese 33 M weiterhäkeln wie folgt:

74. Reihe (Hinr; Abn-R): 2 Lm, 3 hStb zus abm, 8 hStb mit Garn A, 3 hStb mit Garn B, 5 hStb mit Garn A, 3 hStb mit Garn B, 9 hStb mit Garn A, 2 hStb zus abm; wenden (= 30 M).

75. Reihe (Abn-R): 2 Lm, 2 hStb zus abm, 9 hStb mit Garn A, 2 x [3 hStb mit Garn B, 5 hStb mit Garn A], 3 hStb zus abm; wenden (= 27 M).

76. Reihe (Abn-R): 2 Lm, 3 hStb zus abm, 3 hStb mit Garn A, 1 hStb mit Garn B, 6 hStb mit Garn A, 3 hStb mit Garn B, 9 hStb mit Garn A, 2 hStb zus abm; wenden (= 24 M).

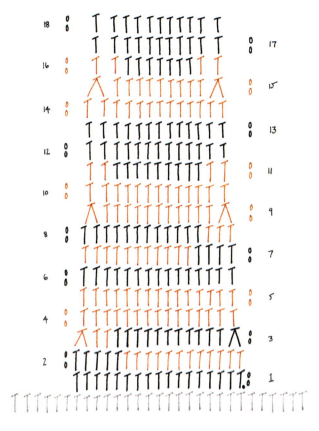

Schwanz
1.–18. Reihe

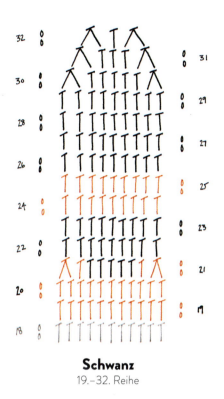

Schwanz
19.–32. Reihe

77. Reihe (Abn-R): 2 Lm, 2 hStb zus abm, 9 hStb mit Garn A, 3 hStb mit Garn B, 7 hStb mit Garn A, 3 hStb zus abm; wenden (= 21 M).

78. Reihe (Abn-R): 2 Lm, 3 hStb zus abm, 5 hStb mit Garn A, 1 hStb mit Garn B, 10 hStb mit Garn A, 2 hStb zus abm; wenden (= 18 M).
Mit Garn A weiterhäkeln wie folgt:

79. Reihe (Abn-R): 2 Lm, 2 hStb zus abm, 1 hStb in jedes hStb bis zu den letzten 3 M, 3 hStb zus abm; wenden (= 15 M).

80. Reihe (Abn-R): 2 Lm, 3 hStb zus abm, 1 hStb in jedes hStb bis zu den letzten 2 M, 2 hStb zus abm; wenden (= 12 M).

81. und 82. Reihe (Abn-R): Die letzten 2 R wdh (= 6 M).

83. Reihe (Abn-R): 2 Lm, 2 hStb zus abm, 1 hStb ins nächste hStb, 3 hStb zus abm; wenden (= 3 M).

84. Reihe (Abn-R): 2 Lm, 3 hStb zus abm (= 1 M).
Den Faden abschneiden und sichern.

2. Hinterbein

Nach der Häkelschrift für das 1. Hinterbein häkeln.
Von der linken Seite der Arbeit aus Garn A mit der Häkelnd 4 mm mit 1 Km am 1. hStb anschlingen.

1. Reihe (Rückr): 2 Lm, bei der M beginnen, in die zuvor die Km gehäkelt wurde, 2 hStb zus abm, 9 hStb, die letzten

2 Schlingen des letzten hStb bereits mit Garn B abm, 3 hStb mit Garn B, 5 hStb mit Garn A, 3 hStb mit Garn B, 11 hStb mit Garn A, 3 hStb zus abm; wenden.
Über diese 33 M weiterhäkeln wie folgt:

2.–12. Reihe: Die 74.–84. R des 1. Hinterbeins wdh, um das 2. Hinterbein zu vollenden. Den Faden abschneiden und sichern.

Schwanz

Von der rechten Seite der Arbeit aus mit Häkelnd 4 mm die ersten 6 der 29 hStb zwischen den Beinen übergehen und Garn B mit 1 Km am nächsten hStb anschlingen.

1. Reihe (Hinr): 2 Lm, 1 hStb in dasselbe hStb wie die Km, je 1 hStb in die nächsten 16 hStb; wenden (= 17 M).

2. Reihe (Rückr): 2 Lm, je 1 hStb in die nächsten 5 hStb. Die letzten 2 Schlingen des letzten hStb bereits mit Garn A abm. Mit Garn A 1 hStb in jedes hStb bis R-Ende arb; wenden.

3. Reihe (Abn-R): Mit Garn B 2 Lm, 2 hStb zus abm, je 1 hStb in die nächsten 11 hStb; mit Garn A je 1 hStb in die nächsten 2 hStb, 2 hStb zus abm; wenden (= 15 M).

4. und 5. Reihe: Mit Garn A 2 Lm, 1 hStb in jedes hStb bis R-Ende; wenden.

6. Reihe: Mit Garn B 2 Lm, 1 hStb in jedes hStb bis R-Ende; wenden.

7. Reihe: 2 Lm, 4 hStb mit Garn B, 1 hStb in jedes hStb bis R-Ende mit Garn A; wenden.

8. Reihe: 2 Lm, 12 hStb mit Garn B, 1 hStb in jedes hStb bis R-Ende mit Garn A; wenden.

9. Reihe (Abn-R): Mit Garn A 2 Lm, 2 hStb zus abm, 1 hStb in jedes hStb bis zu den letzten 2 M, 2 hStb zus abm; wenden (= 13 M).

10. Reihe: Mit Garn A 2 Lm, 1 hStb in jedes hStb bis R-Ende; wenden.

11. Reihe: 2 Lm, je 1 hStb in die nächsten 2 hStb mit Garn A, 1 hStb in jedes hStb bis zu den letzten 2 M mit Garn B, je 1 hStb in die nächsten 2 hStb mit Garn A; wenden.

12. und 13. Reihe: Mit Garn B 2 Lm, 1 hStb in jedes hStb bis R-Ende; wenden.

14. Reihe: Mit Garn A 2 Lm, 1 hStb in jedes hStb bis R-Ende; wenden.

15. Reihe (Abn-R): Die 9. R wdh (= 11 M).

16.–18. Reihe: Die 11.–13. R wdh.

19. und 20. Reihe: Mit Garn A 2 Lm, 1 hStb in jedes hStb bis R-Ende; wenden.

21. Reihe (Abn-R): 2 Lm, 2 hStb zus abm, 1 hStb mit Garn A, 1 hStb in jedes hStb bis zu den letzten 3 M mit Garn B, 1 hStb ins nächste hStb, 2 hStb zus abm mit Garn A; wenden (= 9 M).

22. und 23. Reihe: Mit Garn B 2 Lm, 1 hStb in jedes hStb bis R-Ende; wenden.

24. und 25. Reihe: Mit Garn A 2 Lm, 1 hStb in jedes hStb bis R-Ende; wenden. Mit Garn B weiterhäkeln wie folgt:

26.–29. Reihe: 2 Lm, 1 hStb in jedes hStb bis R-Ende; wenden.

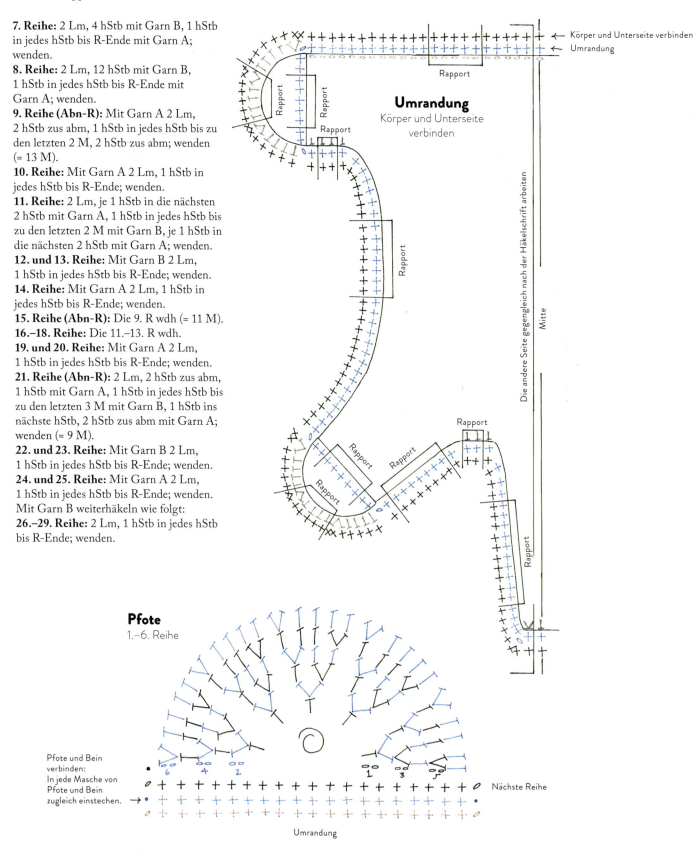

Umrandung
Körper und Unterseite verbinden

← Körper und Unterseite verbinden
← Umrandung

Rapport

Die andere Seite gegengleich nach der Häkelschrift arbeiten

Mitte

Pfote
1.–6. Reihe

Pfote und Bein verbinden: In jede Masche von Pfote und Bein zugleich einstechen. →

Nächste Reihe

Umrandung

20.–32. Reihe (Abn-R): 2 Lm, 2 hStb zus abm, 1 hStb in jedes hStb bis zu den letzten 2 M, 2 hStb zus abm; wenden (= 3 M). Den Faden abschneiden und sichern.

Umrandung

Von der rechten Seite der Arbeit aus mit Häkelnd 4 mm Garn A mit 1 Km auf der Rückseite der 1. Lm anschlingen.

Nächste Reihe: 1 fM in dieselbe M wie die Km, je 1 fM in die Rückseite der nächsten 114 Lm, 1 Lm, 19 fM gleichmäßig verteilt in das Ende des Beins arb, 1 Lm, je 1 fM in die 10 M des Vorderbeins, 98 fM gleichmäßig verteilt in die Seitenkante des Körpers, 1 Lm, 19 fM gleichmäßig verteilt in das obere Ende des Beins, 1 Lm, 23 fM gleichmäßig verteilt in die Kante des Hinterbeins, je 1 fM in die nächsten 6 M zwischen Bein und Schwanz, 48 fM gleichmäßig verteilt in die Kante des Schwanzes bis nach unten, 1 Lm, je 1 fM in die nächsten 3 M an der Schwanzspitze, 1 Lm, 48 fM gleichmäßig verteilt in die Kante des Schwanzes bis nach oben, je 1 fM in die nächsten 6 M zwischen Bein und Schwanz, 23 fM gleichmäßig verteilt in die Kante des Hinterbeins, 1 Lm, 19 fM gleichmäßig verteilt in das obere Ende des Beins, 1 Lm, 98 fM gleichmäßig verteilt in die Seitenkante des Körpers, je 1 fM in die 10 M des Vorderbeins, 1 Lm, 19 fM gleichmäßig verteilt in das Ende des Beins arb, 1 Lm, 1 Km in die 1. M; den Faden abschneiden und sichern.

Pfoten (4 x arb)

Mit der Häkelnd 4 mm und Garn D einen Fadenring arb.
1. Reihe (Rückr): 2 Lm, 5 hStb in den Fadenring; wenden (= 5 M).
2. Reihe (Hinr; Zun-R): 2 Lm, 2 hStb in jede der 5 M der Vorr; wenden. Am kurzen Fadenende ziehen, um den Fadenring zu schließen (= 10 M).
3. Reihe: 2 Lm, 5 x [2 hStb in 1 Einstichstelle, 1 hStb]; wenden (= 15 M).
4. Reihe: 2 Lm, 5 x [2 hStb in 1 Einstichstelle, 2 hStb]; wenden (= 20 M).
5. Reihe: 2 Lm, 5 x [2 hStb in 1 Einstichstelle, 3 hStb]; wenden (= 25 M).
6. Reihe: 2 Lm, 5 x [2 hStb in 1 Einstichstelle, 4 hStb] (= 30 M).
Nächste Reihe: 1 Lm, 19 fM gleichmäßig verteilt in die gerade Kante der Pfote arb, 1 Lm, 1 Km ins nächste hStb; wenden.

Pfote und Bein verbinden

Eine Pfote rechts auf rechts auf ein Bein des Tigers legen.
Nächste Reihe: Die Häkelnd unter beiden Schlingen jeder M von Pfote und Bein einstechen, um die Teile zu verbinden; 1 Km in den 1-Lm-Bg, je 1 fM in die nächsten 19 fM, 1 Km in den nächsten 1-Lm-Bg. Den Faden abschneiden und sichern.

Unterseite

Nach den Häkelschriften für den Körper, jedoch durchweg mit Garn C häkeln wie folgt:
Mit der Häkelnd 4 mm und Garn C 117 Lm anschl.

1. Reihe (Hinr): 1 hStb in die 3. Lm von der Häkelnd aus und in jede folg Lm bis R-Ende; wenden (= 115 M).
2.–14. Reihe: 2 Lm, 1 hStb in jedes hStb bis R-Ende; wenden.
15. Reihe (Abn-R): Je 1 Km in die nächsten 10 hStb, 2 hStb zus abm, 1 hStb in jedes hStb bis zu den letzten 12 hStb, 2 hStb zus abm; wenden.
Über diese 93 hStb weiterhäkeln wie folgt:
16.–24. Reihe (Abn-R): 2 Lm, 2 hStb zus abm, 1 hStb in jedes hStb bis zu den letzten 2 M, 2 hStb zus abm; wenden (= 75 M).
25. Reihe: 2 Lm, 1 hStb in jedes hStb bis R-Ende; wenden.
26.–31. Reihe (Abn-R): Die 24. und 25. R noch 3 x wdh (= 69 M).
32.–46. Reihe: 2 Lm, 1 hStb in jedes hStb bis R-Ende; wenden.
47. Reihe (Zun-R): 2 Lm, 2 hStb in 1 Einstichstelle, 1 hStb in jedes hStb bis zur letzten M, 2 hStb in 1 Einstichstelle; wenden (= 71 M).
48.–50. Reihe: 2 Lm, 1 hStb in jedes hStb bis R-Ende; wenden.
51.–54. Reihe (Zun-R): Die 47.–50. R noch 1 x wdh (= 73 M).
55.–62. Reihe (Zun-R): Die 47. und 48. R noch 4 x wdh (= 81 M).
63.–72. Reihe (Zun-R): Die 47. R noch 10 x wdh (= 101 M).

Unterseite des 1. Hinterbeins

73. Reihe (Hinr; Abn-R): 2 Lm, 2 hStb zus abm, je 1 hStb in die nächsten 31 hStb, 3 hStb zus abm; wenden.
Über diese 33 M weiterhäkeln wie folgt:
74. Reihe (Hinr; Abn-R): 2 Lm, 3 hStb zus abm, 1 hStb in jedes hStb bis zu den letzten 2 M, 2 hStb zus abm; wenden (= 30 M).
75. Reihe (Abn-R): 2 Lm, 2 hStb zus abm, 1 hStb in jedes hStb bis zu den letzten 3 M, 3 hStb zus abm; wenden (= 27 M).
76.–83. Reihe (Abn-R): Die 74. und 75. R noch 4 x wdh (= 3 M).
84. Reihe (Abn-R): 2 Lm, 3 hStb zus abm (= 1 M).
Den Faden abschneiden und sichern.

Unterseite des 2. Hinterbeins

Von der linken Seite der Arbeit aus mit der Häkelnd 4 mm Garn C mit 1 Km am 1. hStb anschlingen.
1. Reihe (Rückr): 2 Lm, bei der M beginnen, in die zuvor die Km gehäkelt wurde, 2 hStb zus abm, je 1 hStb in die nächsten 31 hStb, 3 hStb zus abm; wenden.
Über diese 33 M weiterhäkeln wie folgt:
2.–12. Reihe: Die 74.–84. R wdh, um das 2. Bein zu vollenden.
Den Faden abschneiden und sichern.

Unterseite des Schwanzes

Von der rechten Seite der Arbeit aus mit Häkelnd 4 mm die ersten 6 der 29 hStb zwischen den Beinen übergehen und Garn C mit 1 Km am nächsten hStb anschlingen.
1. Reihe (Hinr): 2 Lm, 1 hStb in dasselbe hStb wie die Km, je 1 hStb in die nächsten 16 hStb; wenden (= 17 M).
2. Reihe (Rückr): 2 Lm, 1 hStb in jedes hStb bis R-Ende.
3. Reihe (Abn-R): 2 Lm, 2 hStb zus abm, 1 hStb in jedes hStb bis zu den letzten 2 M, 2 hStb zus abm (= 15 M).
4.–8. Reihe: 2 Lm, 1 hStb in jedes hStb bis R-Ende.
9.–26. Reihe: Die 3.–8. R noch 3 x wdh (= 9 M).

Kopf
1.–7. Runde

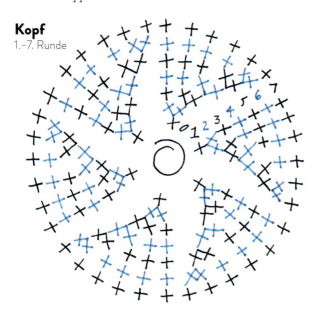

7. Runde (Zun-Rd): 1 fM in jede M der Vorrd; wenden. Die letzten 2 Schlingen der letzten fM bereits mit Garn A abm.

Gesicht

In Hin- und Rückr häkeln wie folgt:

1. Reihe (Rückr): Garn D nur in dieser R auf der linken Seite der Arbeit mitführen; 2 Lm, mit Garn A je 1 hStb in die nächsten 18 fM, mit Garn D je 1 hStb in die nächsten 18 fM, 1 Km ins 1. hStb; wenden.

2. Reihe (Hinr): 2 Lm, 18 hStb mit Garn D, 5 hStb mit Garn A, je 1 hStb nur ins hMg der nächsten 8 hStb, je 1 hStb in beide Mg der nächsten 5 hStb, 1 Km ins 1. hStb; wenden.

3. Reihe: 2 Lm, 18 hStb mit Garn A, 18 hStb mit Garn D, 1 Km ins 1. hStb; wenden.

4. Reihe: 2 Lm, 18 hStb mit Garn D, 18 hStb mit Garn A, 1 Km ins 1. hStb; wenden.

5. und 6. Reihe: Die 3. und 4. R wdh.

7. Reihe: Die 3. R wdh.

27.–29. Reihe: 2 Lm, 1 hStb in jedes hStb bis R-Ende.

30.–32. Reihe (Abn-R): 2 Lm, 2 hStb zus abm, 1 hStb in jedes hStb bis zu den letzten 2 M, 2 hStb zus abm (= 3 M).
Den Faden abschneiden und sichern.

Umrandung der Unterseite

Mit der Häkelnd 4 mm und Garn C wie die Umrandung des Körpers arb.

Unterseite der Pfoten (4 x arb)

Mit der Häkelnd 4 mm und Garn C häkeln, wie bei den Pfoten beschrieben.

Kopf

Mit der Häkelnd 4 mm und Garn D einen Fadenring arb.

1. Runde: 1 Lm, 6 fM in den Fadenring arb (= 6 M).

2. Runde (Zun-Rd): 2 fM in jede der 6 M der Vorrd. Am kurzen Fadenende ziehen, um den Fadenring zu schließen (= 12 M).

3. Runde (Zun-Rd): 6 x [2 fM in die nächste M, 1 fM] (= 18 M).

4. Runde (Zun-Rd): 6 x [2 fM in die nächste M, 2 fM] (= 24 M).

5. Runde (Zun-Rd): 6 x [2 fM in die nächste M, 3 fM] (= 30 M).

6. Runde (Zun-Rd): 6 x [2 fM in die nächste M, 4 fM] (= 36 M).

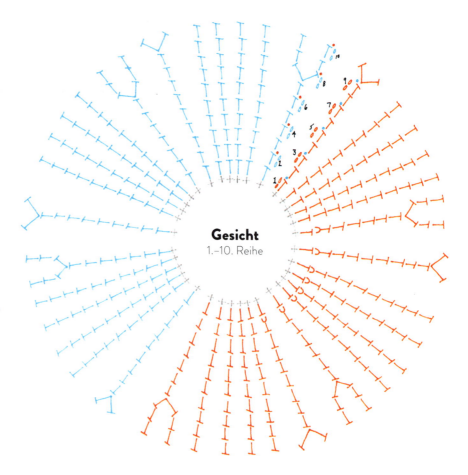

Gesicht
1.–10. Reihe

8. Reihe (Zun-R): 2 Lm, 3 x [2 hStb in 1 Einstichstelle, 5 hStb] mit Garn D, 3 x [2 hStb in 1 Einstichstelle, 5 hStb] mit Garn A, 1 Km ins 1. hStb; wenden (= 42 M).

9. Reihe: 2 Lm, 21 fM mit Garn A, 21 fM mit Garn D, 1 Km ins 1. hStb; wenden.

10. Reihe (Zun-R): 2 Lm, 3 x [6 hStb, 2 hStb in 1 Einstichstelle] mit Garn D, 3 x [6 hStb, 2 hStb in 1 Einstichstelle] mit Garn A, 1 Km ins 1. hStb; wenden (= 48 M).

11. Reihe (Zun-R): 2 Lm, 4 hStb, 6 x [2 hStb in 1 Einstichstelle, 2 hStb], je 1 hStb in die nächsten 2 hStb mit Garn A; mit Garn D 2 hStb in 1 Einstichstelle, je 1 hStb in die nächsten 22 hStb, 2 hStb in 1 Einstichstelle, 1 Km ins 1. hStb; wenden (= 56 M).

12. Reihe (Zun-R): 2 Lm, 2 hStb in 1 Einstichstelle, 24 hStb, 2 hStb in 1 Einstichstelle mit Garn D, 30 fM mit Garn A, 1 Km ins 1. hStb; wenden (= 58 M).

13. Reihe (Zun-R): 2 Lm, 6 x [2 hStb, 2 hStb in 1 Einstichstelle, 2 hStb] mit Garn A; mit Garn D, 2 hStb in 1 Einstichstelle, 26 hStb, 2 hStb in 1 Einstichstelle, 1 Km ins 1. hStb; wenden (= 66 M).

Gesicht
11.–19. Reihe

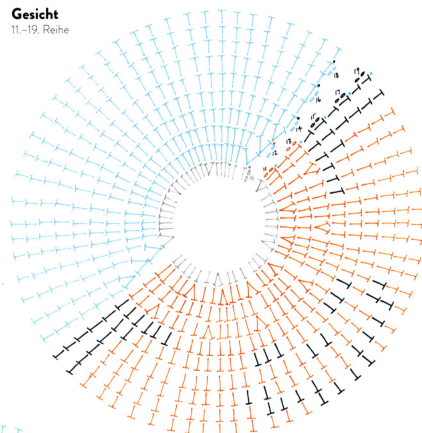

Gesicht
20.–25. Reihe

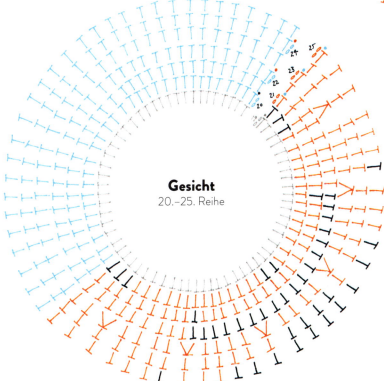

14. Reihe: 2 Lm, 30 hStb mit Garn D, die letzten 2 Schlingen des letzten hStb bereits mit Garn B abm (den jeweils nicht benötigten Faden von Garn A oder B durchweg auf der linken Seite der Arbeit mitführen), 6 hStb mit Garn B, 24 hStb mit Garn A, 6 hStb mit Garn B, 1 Km ins 1. hStb; wenden.

15. Reihe: 2 Lm, 3 hStb mit Garn B, 10 hStb mit Garn A, 3 hStb mit Garn B, 4 hStb mit Garn A, 3 hStb mit Garn B, 10 hStb mit Garn A, 3 hStb mit Garn B, 30 hStb mit Garn D, 1 Km ins 1. hStb; wenden.

16. Reihe: 2 Lm, 30 hStb mit Garn D, 2 hStb mit Garn B, 2 x [15 hStb mit Garn A, 1 hStb mit Garn B], 1 Km ins 1. hStb; wenden.

17. Reihe: 2 Lm, 2 hStb mit Garn B, 10 hStb mit Garn A, 2 hStb mit Garn B, 8 hStb mit Garn A, 2 hStb mit Garn B, 10 hStb mit Garn A, 2 hStb mit Garn B, 30 hStb mit Garn D, 1 Km ins 1. hStb; wenden.

18. Reihe: 2 Lm, 30 hStb mit Garn D, 2 hStb mit Garn B, 11 hStb mit Garn A, 4 hStb mit Garn B, 2 hStb mit Garn A, 4 hStb mit Garn B, 11 hStb mit Garn A, 2 hStb mit Garn B, 1 Km ins 1. hStb; wenden.

19. Reihe: 2 Lm, 2 hStb mit Garn B, 14 hStb mit Garn A, 4 hStb mit Garn B, 14 hStb mit Garn A, 2 hStb mit Garn B, 30 hStb mit Garn D, 1 Km ins 1. hStb; wenden.

20. Reihe: 2 Lm, 30 hStb mit Garn D, 3 hStb mit Garn B, 14 hStb mit Garn A, 2 hStb mit Garn B, 14 hStb mit Garn A, 3 hStb mit Garn B, 1 Km ins 1. hStb; wenden.

21. Reihe: 2 Lm, 9 hStb mit Garn A, 1 hStb mit Garn B, 16 hStb mit Garn A, 1 hStb mit Garn B, 9 hStb mit Garn A, 30 hStb mit Garn D, 1 Km ins 1. hStb; wenden.

22. Reihe: 2 Lm, 30 hStb mit Garn D, 9 hStb mit Garn A, 18 hStb mit Garn B, 9 hStb mit Garn A, 1 Km ins 1. hStb; wenden.

23. Reihe (Abn-R): 2 Lm, 6 x [2 hStb, 2 hStb zus abm, 2 hStb] mit Garn A, 30 hStb mit Garn D, 1 Km ins 1. hStb; wenden (= 60 M).

24. Reihe: 2 Lm, 30 hStb mit Garn D, 13 hStb mit Garn A, 4 hStb mit Garn B, 13 hStb mit Garn A, 1 Km ins 1. hStb; wenden.

25. Reihe: 2 Lm, 6 hStb mit Garn A, 1 hStb mit Garn B, 3 hStb mit Garn A, 10 hStb mit Garn B, 3 hStb mit Garn A, 1 hStb mit Garn B, 6 hStb mit Garn A, 30 hStb mit Garn D, 1 Km ins 1. hStb; wenden.

26. Reihe: 2 Lm, 30 hStb mit Garn D, 6 hStb mit Garn A, 7 hStb mit Garn B, 4 hStb mit Garn A, 7 hStb mit Garn B, 6 hStb mit Garn A, 1 Km ins 1. hStb; wenden.

27. Reihe (Abn-R): 2 Lm, * 4 hStb, 6 x [2 hStb zus abm, 2 hStb], 2 hStb * mit Garn A; von * bis * mit Garn D wdh, 1 Km ins 1. hStb; wenden (= 48 M).

28. Reihe (Abn-R): 2 Lm, * 3 hStb, 2 x [2 hStb zus abm, 6 hStb], 2 hStb zus abm, 3 hStb * mit Garn D; von * bis * mit Garn A wdh, 1 Km ins 1. hStb; wenden (= 42 M).

29. Reihe: 2 Lm, 21 fM mit Garn A, 21 fM mit Garn D, 1 Km ins 1. hStb; wenden.

30. Reihe: 2 Lm, 21 fM mit Garn D, 21 fM mit Garn A, 1 Km ins 1. hStb; wenden.

31. Reihe: Die 29. R wdh.

Die Fäden bis auf lange Fadenenden abschneiden und sichern.

Nase

Mit der Vorderseite des Kopfes nach oben und der Häkelnd 4 mm Garn A mit 1 Km am vMg des 1. der 8 hStb der 1. R des Gesichts anschlingen.

1. Reihe: 1 fM in dieselbe M wie die Km, je 1 fM in die nächsten 7 fM; wenden (= 8 M).

2.–4. Reihe (Abn-R): 1 Lm, 2 fM zus abm, 1 fM in jede fM bis zu den letzten 2 M, 2 fM zus abm; wenden (= 2 M).

5. und 6. Reihe: 1 Lm, 1 fM in jede fM bis R-Ende; wenden. Den Faden abschneiden und sichern.

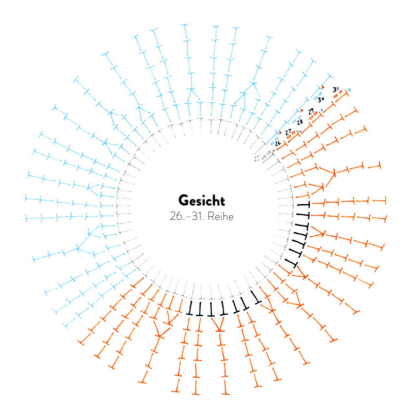

Gesicht
26.–31. Reihe

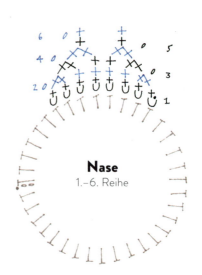

Nase
1.–6. Reihe

Auge
1.–6. Runde

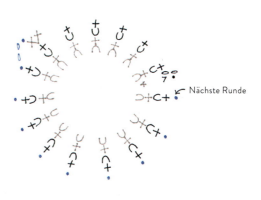

Auge
7. Runde und
Augenlid

Nächste Runde

**Fertigstellung
des Auges**

3   Nächste Runde

Augen (2 x arb)

Mit der Häkelnd 4 mm und Garn B einen Fadenring arb.
1. Runde: 1 Lm, 5 fM in den Fadenring arb. Die letzten
2 Schlingen der letzten fM bereits mit Garn A abm (= 5 M).
2. Runde (Zun-Rd): Mit Garn A 2 fM in jede der 5 M der
Vorrd. Am kurzen Fadenende ziehen, um den Fadenring zu
schließen (= 10 M).
3. Runde (Zun-Rd): 5 x [2 fM in 1 Einstichstelle, 1 fM]. Die
letzten 2 Schlingen der letzten fM mit Garn D abm und Garn A
vor der Arbeit halten (= 15 M).
Mit Garn D weiterhäkeln wie folgt:
4. Runde: 1 fM nur ins hMg jeder fM arb.
5. Runde (Zun-Rd): 5 x [2 fM in 1 Einstichstelle, 2 fM] nur in
die hMg der Vorrd arb (= 20 M).
6. Runde (Zun-Rd): Je 1 Km in die nächsten 8 fM, 3 x [2 fM in
1 Einstichstelle, 3 fM] (= 23 M).
7. Runde (Zun-Rd): 2 Lm, dann unter den vMg der 4. Rd
einstechen: 1 fM in jede fM, 1 Km in den 2-Lm-Bg; wenden.

Augenlid

Nächste Reihe (Rückr): Mit je 1 Km in die nächsten 9 fM das
obere Augenlid beenden, 2 Lm, hinter dem Augenlid 1 Km in
die nächste fM der 6. Rd.
Den Faden (Garn D) bis auf ein langes Fadenende abschneiden
und sichern.

Fertigstellung des Auges

Nächste Reihe: Von der rechten Seite der Arbeit aus mit Garn B
1 Km ins vMg jeder M der 3. Rd, um das Auge zu umranden.
1 Km in die 1. M, dann den Faden abschneiden und sichern.

Ohr
1.–4. Reihe

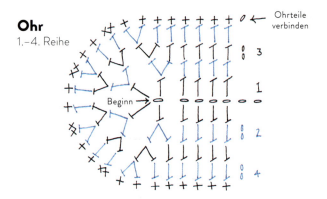

Ohrteile verbinden

Beginn →

Ohren (2 x arb)

Innenteil des Ohrs

Mit der Häkelnd 4 mm und Garn D 7 Lm anschl.
1. Reihe: 1 hStb in die 3. Lm von der Häkelnd aus, je 1 hStb in die nächsten 3 Lm, 4 hStb in die letzte Lm, je 1 hStb in die Rückseite der nächsten 4 Lm; wenden (= 12 M).
2. Reihe (Zun-R): 2 Lm, je 1 hStb in die nächsten 4 hStb, 4 x 2 hStb in 1 Einstichstelle, je 1 hStb in die nächsten 4 hStb; wenden (= 16 M).
3. Reihe (Zun-R): 2 Lm, je 1 hStb in die nächsten 5 hStb, 6 x 2 hStb in 1 Einstichstelle, je 1 hStb in die nächsten 5 hStb; wenden (= 22 M).
4. Reihe (Zun-R): 2 Lm, je 1 hStb in die nächsten 6 hStb, 4 x [2 hStb in 1 Einstichstelle, 2 hStb], je 1 hStb in die nächsten 4 hStb (= 26 M).
Den Faden bis auf ein langes Fadenende abschneiden und sichern.

Außenteil des Ohrs

Mit der Häkelnd 4 mm und Garn B 7 Lm anschl.
1.–4. Reihe: Die 1.–4. R häkeln, wie beim Innenteil des Ohrs beschrieben; die Arbeit wenden. Den Faden am Ende nicht abschneiden.

Ohrteile verbinden

Das innere und das äußere Ohrteil so aufeinanderlegen, dass das innere Teil nach oben zeigt.
Nächste Reihe: 1 Lm, die Häkelnd immer jeweils zuerst unter beiden Mg des inneren und dann unter denen des äußeren Ohrteils einstechen, um beide Teile zu verbinden, je 1 fM in die nächsten 8 hStb, 4 x [2 fM in 1 Einstichstelle, 2 fM], je 1 fM in die nächsten 6 hStb (= 30 M).
Den Faden bis auf ein langes Fadenende abschneiden und sichern.

Fertigstellung

Körper und Unterseite verbinden

Körper und Unterseite links auf links aufeinanderlegen. Das Häkelteil für den Körper zeigt nach oben. Mit der Häkelnd 4 mm Garn D mit 1 Km durch beide Lagen hindurch an der 1. der 115 fM am oberen Ende des Körpers anschlingen, um beide Teile zu verbinden.
Nächste Reihe: Immer in die fM von Körper und Unterseite zugleich einstechen; 1 fM in dieselbe M wie die Km, je 1 fM in die nächsten 114 M, * 5 x [2 fM in 1 Einstichstelle, 5 fM] rund um die Pfote *, je 1 fM in die nächsten 108 fM; von * bis * wdh, je 1 fM in die nächsten 77 fM, 2 fM in den nächsten 1-Lm-Bg, je 1 fM in die nächsten 3 fM, 2 fM in den nächsten 1-Lm-Bg, je 1 fM in die nächsten 77 fM; von * bis * wdh, je 1 fM in die nächsten 108 fM, von * bis * wdh, 1 Km in die 1. M; den Faden abschneiden und sichern.
Mit Garn B jeweils 5 Spannstiche auf jede Pfote sticken, um die Krallen anzudeuten.

Kopf

Den Kopf bis zur 5. R von der Halskante aus mit Füllwatte ausstopfen. Die offenen Kanten mit einer geraden Naht verbinden. Mit den hängen gelassenen Fadenenden den Kopf an Körper und Unterseite annähen.

Nase

Mit der Häkelnd 4 mm und Garn B 1 Km in jede M an einer Seitenkante der Nase nach unten, jeweils 1 Km in die nächsten 2 fM an der Nasenspitze und je 1 Km in jede M entlang der anderen Seitenkante nach oben arb. Den Faden abschneiden und sichern. Mit Garn B einen Fliegenstich arb, um die Nasenspitze auf dem Gesicht zu fixieren und das Maul zu gestalten.

Augen und Ohren

Eine winzige Menge Füllwatte in die Augäpfel stopfen. Die Augen mit den hängen gelassenen Fadenenden rechts und links am Kopf annähen, dabei rund um die Außenkanten nähen. Auf jedes Auge 1–2 kurze Spannstiche mit Garn D sticken. Mit Garn B lange Stiche in die Augenwinkel sticken, die der Form des Oberlids folgen. Die Ohren leicht mit Füllwatte ausstopfen und mit den hängen gelassenen Fadenenden von Garn B und D am Oberkopf annähen.
Alle Fadenenden vernähen.

Nashorn

Biesenartige Falten erwecken bei diesem Teppich den Eindruck der „gepanzerten" Haut am Körper des Nashorns.

Material

- Scheepjes Mighty DK (68 % Baumwolle, 32 % Jute; LL 80 m/50 g)
  - **A** Mountain (Fb 755), 600 g
  - **B** Desert (Fb 760), 400 g
- Scheepjes Catona (100 % merzerisierte Baumwolle; LL 25 m/10 g)
  - **C** Jet Black (Fb 110), 10 g
  - **D** Root Beer (Fb 157), 10 g
  - **E** Snow White (Fb 106), 10 g
- Häkelnadeln 3,5 mm und 4 mm
- Wollnadel
- Kunstfaser-Füllwatte

Größe

Breite ca. 81 cm, Länge ca. 78 cm (ohne Kopf und Schwanzquaste)

Maschenprobe

17 hStb und 12 R mit Häkelnd 4 mm und Garn A = 10 cm x 10 cm
Verwenden Sie gegebenenfalls eine dickere oder dünnere Häkelnadel, um die richtige Maschenprobe zu erzielen.

Technik

Körper und Unterseite werden überwiegend in hStb in Hin- und Rückr gehäkelt. Die Hautfalten des Körpers entstehen dadurch, dass man in die zuvor frei gelassenen Mg häkelt, wobei M unterschiedlicher Höhe die Form ergeben.

Körper und Unterseite werden mit fM umrandet. Anschließend verbindet man Körper, Unterseite und Zehen, indem man in die jeweilige M aller Teile zugleich einsticht.

Der Kopf wird an der Vorderseite des Gesichts begonnen und in fM in Spiralrd gehäkelt. Die Öffnungen für die Nasenlöcher entstehen dadurch, dass jede Seite für sich in R gearbeitet wird. Der Kopf wird in fM und hStb in R fertiggestellt. Rund um die Öffnungen für die Nasenlöcher arbeitet man fM und nimmt M für die Nasenlöcher ab. Die Hörner werden in Rd gehäkelt und bekommen ihre Bogenform durch Zun an einer Seite. Nachdem der Kopf mit Füllwatte ausgestopft ist, werden die M der letzten R mit einer geraden Naht verbunden. Die Augen werden in fM-Rd gearbeitet, und das Augenlid bekommt seine Form durch das Einstechen in die vMg, sodass eine plastische Kante über dem Auge entsteht. Auf jedes Auge wird ein Lichtreflex mit weißem Garn gestickt. Die Ohren werden in fM in Hin- und Rückr gearbeitet und leicht mit Füllwatte ausgestopft. Die Unterkanten werden zusammengenäht, um die Ohren auszuformen, bevor man sie am Kopf annäht. Der Kopf wird dann an die gerade Kante am oberen Ende des Körpers genäht.

Die 1 bzw. 2 Lm am R-Beginn werden durchweg nicht als M gezählt.

Zeichenerklärung

◯	Fadenring	⋀	2 hStb zus abm
◌	Luftmasche (Lm)	⋀̅	3 hStb zus abm
•	Kettmasche (Km)	⸒	Stäbchen (Stb)
+	feste Masche (fM)	⋁	2 Stb in 1 Einstichstelle
⤬	2 fM in 1 Einstichstelle	⋏	2 Stb zus abm
⤢	2 fM zus abm	∩	nur unter dem hMg einstechen
⸏	halbes Stäbchen (hStb)	∪	nur unter dem vMg einstechen
⋁	2 hStb in 1 Einstichstelle		

Körper

Mit der Häkelnd 4 mm und Garn A 82 Lm anschl.

1. Reihe (Hinr): 1 hStb in die 3. Lm von der Häkelnd aus und in jede folg Lm bis R-Ende; wenden (= 80 M).

2.–18. Reihe: 2 Lm, 1 hStb in jedes hStb bis R-Ende; wenden.

19. Reihe: 2 Lm, 1 hStb ins hMg jedes hStb bis R-Ende; wenden.

20.–48. Reihe: 2 Lm, 1 hStb in jedes hStb bis R-Ende; wenden.

49. Reihe (Zun-R): 2 Lm, 2 hStb in 1 Einstichstelle, 1 hStb in jedes hStb bis zur letzten M, 2 hStb in 1 Einstichstelle; wenden (= 82 M).

50.–52. Reihe: 2 Lm, 1 hStb in jedes hStb bis R-Ende; wenden.

53.–60. Reihe (Zun-R): Die 49.–52. R noch 2 x wdh (= 86 M).

61. Reihe: 2 Lm, nur unter dem hMg jeder M einstechen, 2 hStb in 1 Einstichstelle, 1 hStb in jedes hStb bis zur letzten M, 2 hStb in 1 Einstichstelle; wenden (= 88 M).

62. Reihe: 2 Lm, 1 hStb in jedes hStb bis R-Ende; wenden.

63.–74. Reihe (Zun-R): Die 49. und 50. R noch 6 x wdh (= 100 M).

75. Reihe (Zun-R): Die 61. R wdh (= 102 M).

76. Reihe: 2 Lm, 1 hStb in jedes hStb bis R-Ende; wenden.

77.–78. Reihe (Zun-R): Die 49. und 50. R wdh (= 104 M).

1. Hinterbein

79. Reihe (Hinr): 2 Lm, 2 hStb in 1 Einstichstelle, je 1 hStb in die nächsten 32 hStb, 3 hStb zus abm; wenden.
Über diese 35 M weiterhäkeln wie folgt:

80. Reihe (Rückr; Abn-R): 2 Lm, 3 hStb zus abm, 1 hStb in jedes hStb bis zur letzten M, 2 hStb in 1 Einstichstelle; wenden (= 34 M).

81. Reihe (Abn-R): 2 Lm, 2 hStb in 1 Einstichstelle, 1 hStb in jedes hStb bis zu den letzten 3 M, 3 hStb zus abm; wenden (= 33 M).

82. und 83. Reihe (Abn-R): Die 80. und 81. R wdh (= 31 M).

84. Reihe: Die 80. R wdh (= 30 M).

85. Reihe (Abn-R): 2 Lm, 2 hStb zus abm, 1 hStb in jedes hStb bis zu den letzten 3 M, 3 hStb zus abm; wenden (= 27 M).

86. Reihe (Abn-R): 2 Lm, 3 hStb zus abm, 1 hStb in jedes hStb bis zu den letzten 2 M, 2 hStb zus abm; wenden (= 24 M).

87.–92. Reihe (Abn-R): Die 85. und 86.R noch 3 x wdh (= 6 M).

93. Reihe: Die 85. R wdh (= 3 M).

94. Reihe (Abn-R): 2 Lm, 3 hStb zus abm (= 1 M).
Den Faden abschneiden und sichern.

2. Hinterbein

Nach der Häkelschrift für das 1. Hinterbein häkeln.
Von der linken Seite der Arbeit aus Garn A mit der Häkelnd 4 mm mit 1 Km am 1. hStb anschlingen.

1. Reihe (Rückr): 2 Lm, bei der M beginnen, in die zuvor die Km gehäkelt wurde, 2 hStb in 1 Einstichstelle, je 1 hStb in die nächsten 32 hStb, 3 hStb zus abm; wenden.
Über diese 35 M weiterhäkeln wie folgt:

2.–16. Reihe: Die 80.–94. R wdh, um das 2. Bein zu vollenden.
Den Faden abschneiden und sichern.

Körper
1.–14. Reihe
Für die 5.–18. R die 3. und 4. R stets wdh.

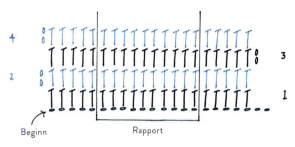

Körper
19.–22. Reihe
Für die 23.–48. R die 21. und 22. R stets wdh.

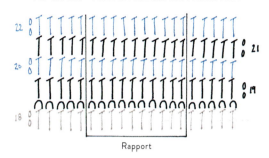

Körper
49.–60. Reihe

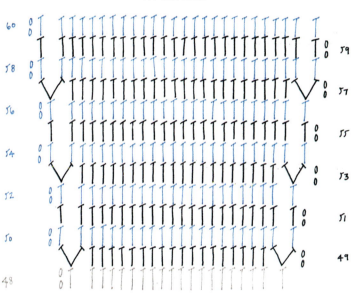

1. Vorderbein

Von der rechten Seite der Arbeit aus mit Häkelnd 4 mm Garn A mit 1 Km an der Kante der 1. M am oberen Ende des Körpers anschlingen.

1. Reihe (Hinr): 1 Lm, bei der M beginnen, in die zuvor die Km gehäkelt wurde, gleichmäßig verteilt 27 fM in die Kante der ersten 18 R häkeln; wenden (= 27 M).

2. Reihe (Rückr; Abn-R): 2 Lm, nur unter dem vMg jeder M einstechen, 2 hStb zus abm, 1 hStb in jede M bis R-Ende; wenden (= 26 M).

3. Reihe (Abn-R): 2 Lm, 1 hStb in jedes hStb bis zu den letzten 2 M, 2 hStb zus abm; wenden (= 25 M).

4. Reihe (Abn-R): 2 Lm, 2 hStb zus abm, 1 hStb in jede M bis R-Ende; wenden (= 24 M).

5. Reihe (Abn-R): Die 3. R wdh (= 23 M).

6. Reihe: 2 Lm, 1 hStb in jedes hStb bis R-Ende; wenden.

7. Reihe (Abn-R): Die 3. R wdh (= 22 M).

8.–10. Reihe: 2 Lm, 1 hStb in jedes hStb bis R-Ende; wenden.

11.–18. Reihe (Abn-R): Die letzten 4 R noch 2 x wdh (= 20 M). Den Faden abschneiden und sichern.

2. Vorderbein

Von der linken Seite der Arbeit aus mit der Häkelnd 4 mm Garn A mit 1 Km an der Kante der 1. M am oberen Ende des Körpers anschlingen.

1. Reihe (Rückr): 1 Lm, bei der M beginnen, in die zuvor die Km gehäkelt wurde, gleichmäßig verteilt 27 fM in die Kante der ersten 18 R häkeln; wenden (= 27 M).

2. Reihe (Hinr; Abn-R): 2 Lm, nur unter dem hMg jeder M einstechen, 2 hStb zus abm, 1 hStb in jede M bis R-Ende; wenden (= 26 M).

3.–18. Reihe: Wie die 3.–18. R des 1. Vorderbeins häkeln.

1. Hautfalte

Von der rechten Seite der Arbeit Garn A mit 1 Km am unbehäkelten hMg der 1. der 27 fM der 1. R des 1. Vorderbeins anschlingen.

1. Reihe (Hinr): Jeweils unter dem unbehäkelten hMg jeder M einstechen, 1 fM in dieselbe M wie die Km, je 1 fM in die

nächsten 25 M, 2 fM in die nächste M; dann in die unbehäkelten vMg der 80 M der 18. R des Körpers häkeln wie folgt: 2 fM in die 1. M, je 1 hStb in die nächsten 2 M, je 1 Stb in die nächsten 74 M, je 1 hStb in die nächsten 2 M, 2 fM in die nächste M; in die unbehäkelten vMg der 27 M der 1. R des 2. Beins häkeln wie folgt: 2 fM in die 1. M, je 1 fM in die nächsten 26 M; wenden (= 138 M).

2. Reihe (Rückr): 1 Lm, je 1 fM in die nächsten 27 fM, 2 x [2 fM in 1 Einstichstelle], je 1 fM in die nächsten 5 M, je 1 hStb in die nächsten 20 M, je 1 Stb in die nächsten 30 M, je 1 hStb in die nächsten 20 M, je 1 fM in die nächsten 5 M, 2 x [2 fM in 1 Einstichstelle], je 1 fM in die nächsten 27 fM (= 142 M).

3. Reihe: 1 Lm, 1 fM in jede M bis R-Ende. Den Faden abschneiden und sichern.

Körper
61.–74. Reihe

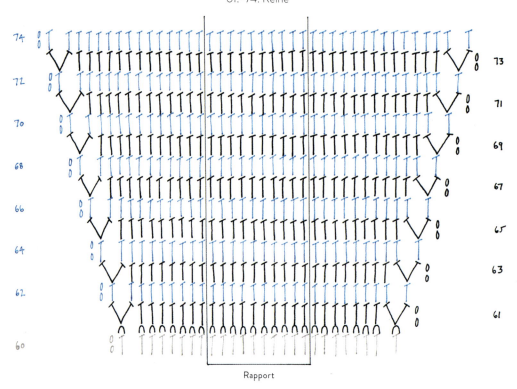

Rapport

2. Hautfalte

Von der rechten Seite der Arbeit aus Garn A mit 1 Km am unbehäkelten vMg des 1. der 86 hStb der 60. R des Körpers anschlingen.

1. Reihe (Hinr): Unter dem unbehäkelten vMg jeder M einstechen, 1 fM in dieselbe M wie die Km, je 1 fM in die nächsten 2 M, je 1 hStb in die nächsten 30 M, je 1 Stb in die nächsten 20 M, je 1 hStb in die nächsten 30 M, je 1 fM in die nächsten 3 M; wenden.

2. Reihe (Rückr): 1 Lm, je 1 fM in die nächsten 3 fM, je 1 hStb in die nächsten 37 M, 2 Stb zus abm, 2 x [2 Stb in 1 Einstichstelle], 2 Stb zus abm, je 1 hStb in die nächsten 37 M, je 1 fM in die nächsten 3 fM; wenden.

3. Reihe: 1 Lm, je 1 fM in die nächsten 39 M, 1 hStb in die nächste M, 2 Stb zus abm, 2 x [2 Stb in 1 Einstichstelle], 2 Stb zus abm, 1 hStb in die nächste M, je 1 fM in die nächsten 39 M.

3. Hautfalte

Von der rechten Seite der Arbeit aus Garn A mit 1 Km am unbehäkelten vMg des 1. der 100 hStb der 74. R des Körpers anschlingen.

1. Reihe (Hinr): Unter dem unbehäkelten vMg jeder M einstechen, 1 fM in dieselbe M wie die Km, je 1 fM in die nächsten 2 M, je 1 hStb in die nächsten 94 M, je 1 fM in die nächsten 3 M; wenden.

Körper
75.–78. Reihe

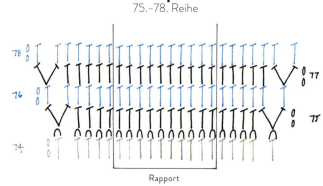

Rapport

2. Reihe (Rückr; Abn-R): 1 Lm, 2 fM zus abm, je 1 fM in die nächsten 3 M, je 1 hStb in die nächsten 90 M, je 1 fM in die nächsten 3 M, 2 fM zus abm; wenden (= 98 M).

3. Reihe (Abn-R): 1 Lm, 2 fM zus abm, je 1 fM in die nächsten 5 M, je 1 hStb in die nächsten 84 M, je 1 fM in die nächsten 5 M, 2 fM zus abm; wenden (= 96 M).

4. Reihe (Abn-R): 1 Lm, 2 fM zus abm, je 1 fM in die nächsten 5 M, je 1 hStb in die nächsten 82 M, je 1 fM in die nächsten 5 M, 2 fM zus abm; wenden (= 94 M).

1. Hinterbein
79.–94. Reihe

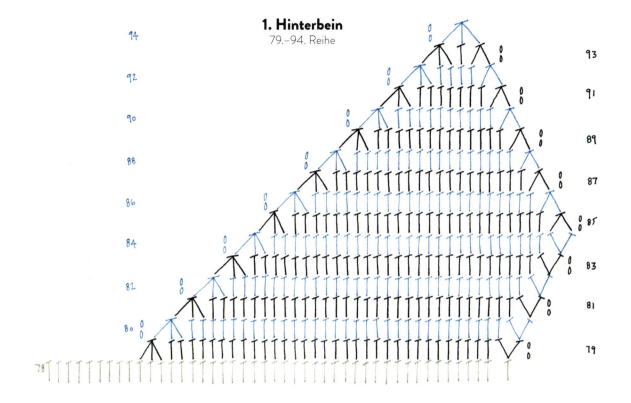

1. Vorderbein
1. und 2. Reihe

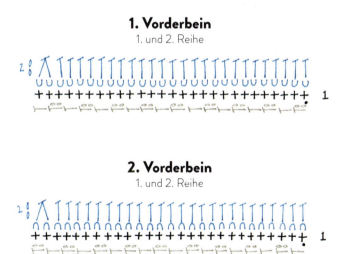

2. Vorderbein
1. und 2. Reihe

1. Vorderbein
3.–18. Reihe

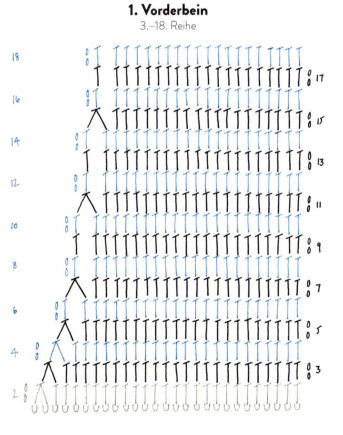

1. Hautfalte
1.–3. Reihe

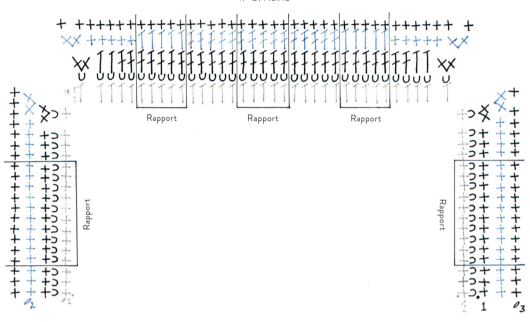

2. Hautfalte
1.–3. Reihe

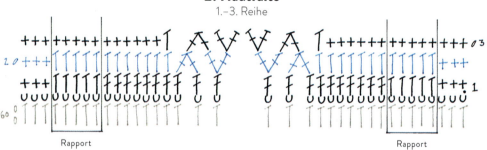

3. Hautfalte
1.–4. Reihe

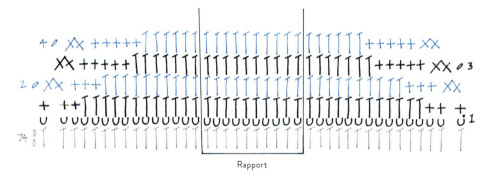

Schwanz

Von der rechten Seite der Arbeit aus mit Häkelnd 4 mm die ersten 43 der 94 M der 4. R der 3. Hautfalte übergehen und Garn A mit 1 Km am nächsten hStb anschlingen.

1. Reihe (Hinr): 2 Lm, 1 hStb in dasselbe hStb wie die Km, je 1 hStb in die nächsten 7 hStb; wenden (= 8 M).

2.–4. Reihe: 2 Lm, 1 hStb in jedes hStb bis R-Ende.

5. Reihe (Abn-R): 2 Lm, 2 hStb zus abm, 1 hStb in jedes hStb bis zu den letzten 2 M, 2 hStb zus abm (= 6 M).

6.–8. Reihe: 2 Lm, 1 hStb in jedes hStb bis R-Ende.

9.–12. Reihe (Abn-R): Die letzten 4 R wdh (= 4 M).

Den Faden abschneiden und sichern.

Umrandung der 3. Hautfalte

Von der rechten Seite der Arbeit aus mit Häkelnd 4 mm Garn A mit 1 Km an der 1. M an der Kante der 1. R der Hautfalte anschlingen.

Nächste Reihe: Bei derselben M wie die Km beginnen, 4 fM gleichmäßig verteilt in die Kante der 4 R der Hautfalte häkeln, 2 fM in die 1. fM, je 1 fM in die nächsten 42 M, 18 fM gleichmäßig in die Kante des Schwanzes nach unten, je 1 fM in die nächsten 4 M an der Schwanzspitze, 1 Lm, 18 fM gleichmäßig verteilt in die Kante des Schwanzes nach oben, je 1 fM in die nächsten 42 M, 2 fM in die letzte fM, 4 fM gleichmäßig verteilt in die Kante der 4 Hautfalten-R nach oben.

Zehen (12 x arb)

Mit der Häkelnd 4 mm und Garn B einen Fadenring arb.

1. Reihe (Hinr): 1 Lm, 6 fM in den Fadenring; wenden (= 6 M).

2. Reihe (Rückr): 1 Lm, 1 fM in jede fM; wenden. Am kurzen Fadenende ziehen, um den Fadenring zu schließen.

3. Reihe: 1 Lm, 6 x [2 fM in 1 Einstichstelle]; wenden (= 12 M).

Nächste Reihe: 4 fM gleichmäßig verteilt in die gerade Kante der Zehe arb, 1 Km in die nächste fM. Den Faden bis auf ein langes Fadenende abschneiden und sichern.

Umrandung

Von der rechten Seite der Arbeit aus mit Häkelnd 4 mm Garn A mit 1 Km an der Kante der 1. M an der Ecke des Vorderbeins anschlingen.

Nächste Reihe: Bei derselben M wie die Km beginnen, 23 fM gleichmäßig verteilt in die ersten 15 R an der Kante des Vorderbeins arb, die Kanten der 1. Hautfalte und des Beins aufeinander ausrichten und 3 fM gleichmäßig verteilt in die nächsten 2 R arb, dabei die Häkelnd in die Hautfalte und das Bein zugleich einstechen, um die Lagen zu verbinden, 1 fM in die Kante der 1. R des Beins arb, je 1 fM in die Rückseite der nächsten 80 Lm, 1 fM in die Kante der 1. R des nächsten Beins, die Kanten der 1. Hautfalte und des Beins aufeinander ausrichten und 3 fM gleichmäßig verteilt in die nächsen 2 R arb, dabei die Häkelnd in die Hautfalte und das Bein zugleich einstechen, um die Lagen zu verbinden, 23 fM gleichmäßig verteilt in die verbleibenden 15 R an der Kante des Vorderbeins arb, 2 fM in die 1. fM am Ende des Beins, je 1 fM in die nächsten 18 fM, 2 fM in die nächste fM, 27 fM gleichmäßig verteilt die Kante des

Schwanz
1.–12. Reihe

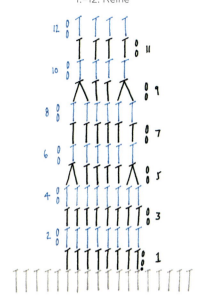

Zehen
1.–3. Reihe

Nächste Reihe

Zehen anhäkeln

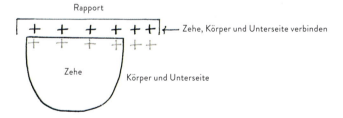

Rapport

Zehe, Körper und Unterseite verbinden

Zehe

Körper und Unterseite

Beins hinunter arb, dabei darauf achten, nicht die Ecke der 1. Hautfalte mitzufassen, 63 fM gleichmäßig verteilt in die Kante der nächsten 42 R des Körpers nach unten arb, die Kanten der 3 R der 2. Hautfalte auf die nächsten 2 R des Körpers ausrichten und 3 fM gleichmäßig verteilt durch beide Lagen hindurch arb, um sie zu verbinden, 33 fM gleichmäßig verteilt in die verbleibenden 22 R des Körpers nach unten arb, 1 Lm, 20 fM gleichmäßig verteilt in das obere Ende des Beins, 1 Lm, 32 fM gleichmäßig verteilt entlang der Kante des Hinterbeins, je 1 fM in die nächsten 32 hStb zwischen den Beinen, dabei darauf

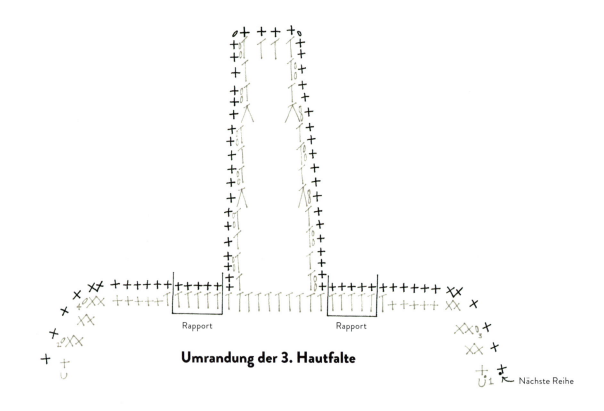

Umrandung der 3. Hautfalte

Ü1 ⤸ Nächste Reihe

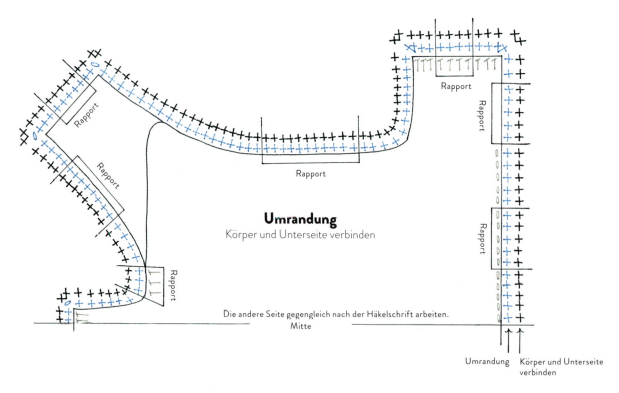

Umrandung
Körper und Unterseite verbinden

Die andere Seite gegengleich nach der Häkelschrift arbeiten.
Mitte

Umrandung   Körper und Unterseite
verbinden

achten, nicht die M der 3. Hautfalte mitzufassen, 32 fM gleichmäßig verteilt entlang der Kante des Hinterbeins, 1 Lm, 20 fM gleichmäßig verteilt entlang des oberen Beinendes, 33 fM gleichmäßig verteilt in die ersten 22 R des Körpers nach oben, die Kanten der 3 R der 2. Hautfalte auf die nächsten 2 R des Körpers ausrichten und 3 fM gleichmäßig verteilt durch beide Lagen hindurch arb, um sie zu verbinden, 63 fM gleichmäßig verteilt in die Kante der nächsten 42 R des Körpers nach oben arb, dabei darauf achten, nicht die Ecke der 1. Hautfalte in den M mitzufassen, 27 fM gleichmäßig verteilt in die Beinkante, 2 fM in die 1. fM am Beinende, je 1 fM in die nächsten 18 fM, 2 fM in die nächste fM, 1 Km in die 1. M; den Faden abschneiden und sichern.

Unterseite

Die 1.–18. und die 21.–60. R nach den Häkelschriften für den Körper auf S. 41 arb; die 62.–74. und die 76.–78. R nach den Häkelschriften für den Körper auf Seite 42 arb.
Mit der Häkelnd 4 mm und Garn B 82 Lm anschl.
1. Reihe (Hinr): 1 hStb in die 3. Lm von der Häkelnd aus und in jede folg Lm bis R-Ende; wenden (= 80 M).
2.–48. Reihe: 2 Lm, 1 hStb in jedes hStb bis R-Ende; wenden.
49. Reihe (Zun-R): 2 Lm, 2 hStb in 1 Einstichstelle, 1 hStb in jedes hStb bis zur letzten M, 2 hStb in 1 Einstichstelle; wenden (82 M).
50.–52. Reihe: 2 Lm, 1 hStb in jedes hStb bis R-Ende; wenden.
53.–60. Reihe (Zun-R): Die 49.–52. R noch 2 x wdh (= 86 M).
61.–78. Reihe (Zun-R): Die 49. und 50. R noch 9 x wdh (= 104 M).

Unterseite des 1. Hinterbeins
Mit Garn B häkeln, wie beim Körper beschrieben.

Unterseite des 2. Hinterbeins
Mit Garn B häkeln, wie beim Körper beschrieben.

Unterseite des 1. Vorderbeins
Von der rechten Seite der Arbeit aus mit Häkelnd 4 mm Garn B mit 1 Km an der Kante der 1. M am oberen Ende des Körpers anschlingen.
1. Reihe: 1 Lm, bei der M beginnen, in die zuvor die Km gehäkelt wurde, 27 fM gleichmäßig verteilt in die Kante der ersten 18 R nach unten arb; wenden (= 27 M).
2. Reihe (Abn-R): 2 Lm, 2 hStb zus abm, 1 hStb in jede M bis R-Ende; wenden (= 26 M).
3.–18. Reihe (Abn-R): Wie die 3.–18. R des 1. Vorderbeins des Körpers häkeln.

Unterseite des 2. Vorderbeins
Nach der Häkelschrift für das 1. Vorderbein arb.
Von der linken Seite der Arbeit aus mit der Häkelnd 4 mm Garn B mit 1 Km an der Kante der 1. M am oberen Ende des Körpers anschlingen.

Unterseite
19. und 20. Reihe

Unterseite
61. Reihe

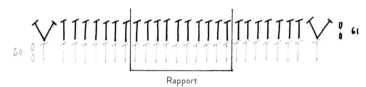

Rapport

Unterseite
75. Reihe

Rapport

Unterseite des 1. Vorderbeins
1. und 2. Reihe

1. und 2. Reihe: Wie die 1. und 2. R der Unterseite des 1. Vorderbeins arb.
3.–18. Reihe (Abn-R): Wie die 3.–18. R des 1. Vorderbeins des Körpers häkeln.

Unterseite des Schwanzes
Von der rechten Seite der Arbeit aus mit Häkelnd 4 mm die ersten 12 der 32 hStb zwischen den Beinen übergehen und Garn B mit 1 Km am nächsten hStb anschlingen.
1.–12. Reihe: Wie die 1.–12. R des Schwanzes beim Körper arb.
Den Faden abschneiden und sichern.

Umrandung der Unterseite
Von der rechten Seite der Arbeit aus mit Häkelnd 4 mm Garn B mit 1 Km an der Kante der 1. M an der Ecke des Vorderbeins anschlingen.

Nächste Reihe: Bei derselben M wie die Km beginnen, 27 fM gleichmäßig verteilt in die Kante des Vorderbeins arb, je 1 fM in die Rückseite der nächsten 80 Lm, 27 fM gleichmäßig verteilt in die Kante des Vorderbeins, 2 fM in die 1. fM am Ende des Beins, je 1 fM in die nächsten 18 fM, 2 fM in die nächste fM, 27 fM gleichmäßig verteilt in die Kante des Beins nach unten, 99 fM gleichmäßig verteilt in die Seitenkante des Körpers nach unten, 1 Lm, 20 fM gleichmäßig verteilt ins obere Ende des Beins, 1 Lm, 32 fM gleichmäßig verteilt in die Kante des Hinterbeins, je 1 fM in die nächsten 12 M zwischen Bein und Schwanz, 18 fM gleichmäßig verteilt in die Kante des Schwanzes nach unten, 1 Lm, je 1 fM in die nächsten 4 M an der Schwanzspitze, 1 Lm, 18 fM gleichmäßig verteilt in die Kante des Schwanzes, je 1 fM in die nächsten 12 M zwischen Bein und Schwanz, 32 fM gleichmäßig verteilt in die Kante des Hinterbeins, 1 Lm, 20 fM gleichmäßig verteilt ins obere Ende des Beins, 1 Lm, 99 fM gleichmäßig verteilt in die Seitenkante des Körpers nach oben, 27 fM gleichmäßig verteilt in die Kante des Vorderbeins, 2 fM in die 1. fM am Beinende, je 1 fM in die nächsten 18 fM, 2 fM in die nächste fM, 1 Km in die 1. M; den Faden abschneiden und sichern.

Kopf

Vorderseite

Mit der Häkelnd 4 mm und Garn A einen Fadenring arb.
1. Runde: 1 Lm, 6 fM in den Fadenring arb (= 6 M).
2. Runde (Zun-Rd): 2 fM in jede M der Vorrd arb. Am kurzen Fadenende ziehen, um den Fadenring zu schließen (= 12 M).
3. Runde (Zun-Rd): 6 x [2 fM in die nächste M, 1 fM] (= 18 M).
4. Runde (Zun-Rd): 6 x [2 fM in die nächste M, 2 fM] (= 24 M).
5.–8. Runde (Zun-Rd): Nach diesem Prinzip in fM weiterhäkeln und in jeder Rd 6 M zun wie eingeteilt (= 48 M).
Die Arbeit wenden, sodass Sie die linke Seite vor Augen haben.

Öffnungen für die Nasenlöcher

In Hin- und Rückr häkeln wie folgt: Jede Seite separat arb; mit einer Rückr beginnen.
1.–5. Reihe: 1 Lm, je 1 fM in die nächsten 22 fM; wenden. Den Faden abschneiden und sichern.
Nächste Reihe: Von der linken Seite der Arbeit aus die ersten 2 der 26 unbehäkelten M der 8. Rd an der Vorderseite des Kopfes übergehen. Garn A mit 1 Km an der nächsten fM anschlingen. Bei derselben M wie die Km beginnen und die 1.–4. R wdh, um die Nasenloch-Öffnung zu vollenden. Den Faden am Ende nicht abschneiden.
6. Reihe (Hinr; Zun-R): 1 Lm, 2 x [1 fM in die nächsten 22 fM, 2 Lm]; um die Enden jeder Nasenloch-Öffnung zu verbinden, 1 Km in die 1. fM; wenden (= 48 M).
7. Reihe (Rückr): 1 fM in die nächsten 2 Lm, je 1 fM in die nächsten 22 fM, je 1 fM in die nächsten 2 Lm, je 1 fM in die nächsten 11 fM, die letzten 11 M vor R-Ende unbehäkelt lassen; wenden.

Vorderseite des Kopfes
1.–8. Runde

Öffnungen für die Nasenlöcher
1.–5. Reihe, nächste Reihe sowie 6. und 7. Reihe

Nächste Reihe

Kopf
1.–3. Reihe

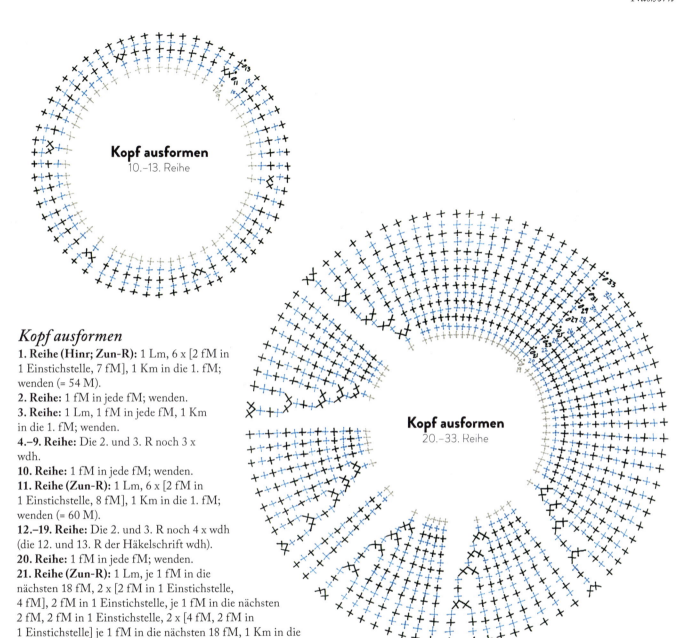

Kopf ausformen
10.–13. Reihe

Kopf ausformen
20.–33. Reihe

Kopf ausformen

1. Reihe (Hinr; Zun-R): 1 Lm, 6 x [2 fM in 1 Einstichstelle, 7 fM], 1 Km in die 1. fM; wenden (= 54 M).

2. Reihe: 1 fM in jede fM; wenden.

3. Reihe: 1 Lm, 1 fM in jede fM, 1 Km in die 1. fM; wenden.

4.–9. Reihe: Die 2. und 3. R noch 3 x wdh.

10. Reihe: 1 fM in jede fM; wenden.

11. Reihe (Zun-R): 1 Lm, 6 x [2 fM in 1 Einstichstelle, 8 fM], 1 Km in die 1. fM; wenden (= 60 M).

12.–19. Reihe: Die 2. und 3. R noch 4 x wdh (die 12. und 13. R der Häkelschrift wdh).

20. Reihe: 1 fM in jede fM; wenden.

21. Reihe (Zun-R): 1 Lm, je 1 fM in die nächsten 18 fM, 2 x [2 fM in 1 Einstichstelle, 4 fM], 2 fM in 1 Einstichstelle, je 1 fM in die nächsten 2 fM, 2 fM in 1 Einstichstelle, 2 x [4 fM, 2 fM in 1 Einstichstelle] je 1 fM in die nächsten 18 fM, 1 Km in die 1. fM; wenden (= 66 M).

22. Reihe: 1 fM in jede fM; wenden.

23. Reihe (Zun-R): 1 Lm, je 1 fM in die nächsten 19 fM, 2 x [2 fM in 1 Einstichstelle, 5 fM], 2 fM in 1 Einstichstelle, je 1 fM in die nächsten 2 fM, 2 fM in 1 Einstichstelle, 2 x [5 fM, 2 fM in 1 Einstichstelle], je 1 fM in die nächsten 19 fM, 1 Km in die 1. fM; wenden (= 72 M).

24. Reihe: 1 fM in jede fM; wenden.

25. Reihe (Zun-R): 1 Lm, je 1 fM in die nächsten 20 fM, 2 x [2 fM in 1 Einstichstelle, 6 fM], 2 fM in 1 Einstichstelle, je 1 fM in die nächsten 2 fM, 2 fM in 1 Einstichstelle, 2 x [6 fM, 2 fM in 1 Einstichstelle], je 1 fM in die nächsten 20 fM, 1 Km in die 1. fM; wenden (= 78 M).

26. Reihe: 1 fM in jede fM; wenden.

27. Reihe: 1 Lm, 1 fM in jede fM, 1 Km in die 1. fM; wenden.

28. Reihe: 1 fM in jede fM; wenden.

29. Reihe (Zun-R): 1 Lm, je 1 fM in die nächsten 21 fM, 2 x [2 fM in 1 Einstichstelle, 7 fM], 2 fM in 1 Einstichstelle, je 1 fM in die nächsten 2 fM, 2 fM in 1 Einstichstelle, 2 x [7 fM, 2 fM in 1 Einstichstelle], je 1 fM in die nächsten 21 fM, 1 Km in die 1. fM; wenden (=84 M).

30. Reihe: 1 fM in jede fM; wenden.

31. Reihe: 1 Lm, 1 fM in jede fM, 1 Km in die 1. fM; wenden.

32. Reihe: 1 fM in jede fM; wenden.

33. Reihe (Zun-R): 1 Lm, je 1 fM in die nächsten 22 fM, 2 x [2 fM in 1 Einstichstelle, 8 fM], 2 fM in 1 Einstichstelle, je 1 fM in die nächsten 2 fM, 2 fM in 1 Einstichstelle, 2 x [8 fM, 2 fM in 1 Einstichstelle], je 1 fM in die nächsten 22 fM, 1 Km in die 1. fM; wenden (= 90 M).

34. Reihe: 1 fM in jede fM; wenden.

35. Reihe: 1 Lm, 1 fM in jede fM, 1 Km in die 1. fM; wenden.

36. Reihe: 1 fM in jede fM; wenden.

37. und 38. Reihe: 2 Lm, 1 hStb in jede M, 1 Km ins 1. hStb; wenden.

39. Reihe (Abn-R): 2 Lm, je 1 hStb in die nächsten 22 hStb, 2 x [2 hStb zus abm, 8 hStb], 2 hStb zus abm, je 1 hStb in die nächsten 2 hStb, 2 hStb zus abm, 2 x [8 hStb, 2 hStb zus abm], je 1 hStb in die nächsten 22 hStb; wenden (= 84 M).

40. Reihe (Abn-R): 2 hStb, je 1 hStb in die nächsten 21 hStb, 2 x [2 hStb zus abm, 7 hStb], 2 hStb zus abm, je 1 hStb in die nächsten 2 hStb, 2 hStb zus abm, 2 x [7 hStb, 2 hStb zus abm], je 1 hStb in die nächsten 21 hStb; wenden (= 78 M).

41. Reihe (Abn-R): 2 hStb, je 1 hStb in die nächsten 20 hStb, 2 x [2 hStb zus abm, 6 hStb], 2 hStb zus abm, je 1 hStb in die nächsten 2 hStb, 2 hStb zus abm, 2 x [6 hStb, 2 hStb zus abm], je 1 hStb in die nächsten 20 hStb; wenden (= 72 M).

42. Reihe (Abn-R): 2 hStb, je 1 hStb in die nächsten 19 hStb, 2 x [2 hStb zus abm, 5 hStb], 2 hStb zus abm, je 1 hStb in die nächsten 2 hStb, 2 hStb zus abm, 2 x [5 hStb, 2 hStb zus abm], je 1 hStb in die nächsten 19 hStb; wenden (= 66 M).

43. Reihe (Abn-R): 2 hStb, je 1 hStb in die nächsten 18 hStb, 2 x [2 hStb zus abm, 4 hStb], 2 hStb zus abm, je 1 hStb in die nächsten 2 hStb, 2 hStb zus abm, 2 x [4 hStb, 2 hStb zus abm], je 1 hStb in die nächsten 18 hStb; wenden (= 60 M).

44. Reihe: 2 Lm, 1 hStb in jede M, 1 Km ins 1. hStb; wenden. Den Faden bis auf ein langes Fadenende abschneiden und sichern.

Nasenlöcher

Von der rechten Seite der Arbeit aus Garn A mit 1 Km an der 1. der 2 übergangenen M der 8. Rd an der Vorderseite des Kopfes anschlingen.

1. Runde: 1 fM in dieselbe M wie die Km, je 1 fM in die nächste fM, gleichmäßig verteilt 5 fM in die Kante der 5 R der Öffnung für das Nasenloch häkeln, je 1 fM in die Rückseite der nächsten 2 Lm, dann gleichmäßig verteilt 5 fM in die Kante an der anderen Seite der Öffnung für das Nasenloch häkeln (= 14 M).

2. Runde: 1 fM ins hMg jeder fM.

3.–7. Runde: 1 fM in jede fM.

8. Runde (Abn-Rd): 7 x 2 fM zus abm (=7 M).

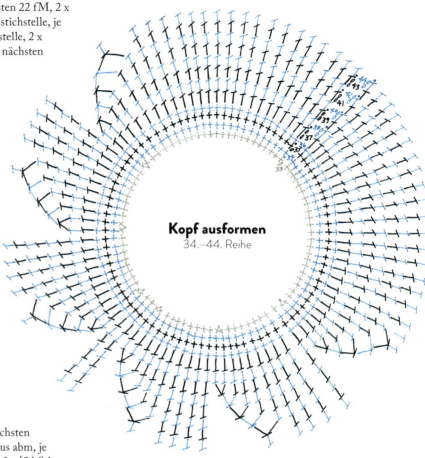

Kopf ausformen
34.–44. Reihe

Nasenlöcher
1.–8. Runde

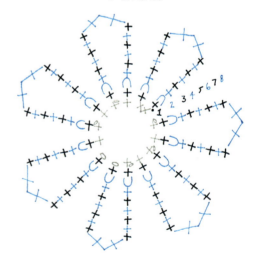

Großes Horn
1.–12. Runde

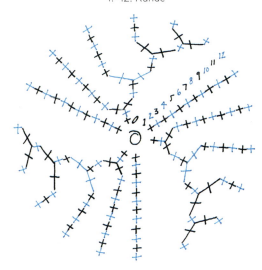

Großes Horn
13.–20. Runde

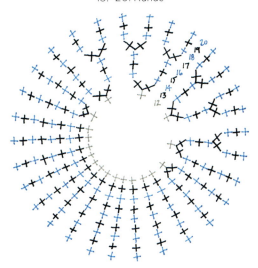

Den Faden abschneiden, durch die M der letzten Rd führen und fest anziehen, um die Öffnung zu schließen. Das Fadenende vernähen.

Das andere Nasenloch genauso arb. Die Nasenlöcher ins Innere des vorderen Kopfteils schieben.

Großes Horn

Mit der Häkelnd 4 mm und Garn B einen Fadenring arb.
1. Runde: 1 Lm, 6 fM in den Fadenring arb (= 6 M).
2. Runde: 1 fM in jede fM. Am kurzen Fadenende ziehen, um den Fadenring zu schließen.
3. Runde (Zun-Rd): 3 x [2 fM in 1 Einstichstelle, 1 fM] (= 9 M).
4. und 5. Runde: 1 fM in jede fM.
6. Runde (Zun-Rd): 3 x [2 fM in 1 Einstichstelle, 2 fM] (= 12 M).
7. und 8. Runde: 1 fM in jede fM.
9. Runde (Zun-Rd): 3 x [2 fM in 1 Einstichstelle, 3 fM] (= 15 M).
10. Runde: 1 fM in jede fM.
11. Runde (Zun-Rd): 3 x [2 fM in 1 Einstichstelle, 4 fM] (= 18 M).
12. Runde: 1 fM in jede fM.
13. Runde (Zun-Rd): 3 x [2 fM in 1 Einstichstelle], je 1 fM in die nächsten 12 fM, 3 x [2 fM in 1 Einstichstelle] (= 24 M).
14.–16. Runde: 1 fM in jede fM.
17. Runde (Zun-Rd): 3 x [2 fM in 1 Einstichstelle], je 1 fM in die nächsten 18 fM, 3 x [2 fM in 1 Einstichstelle] (= 30 M).
18.–20. Runde: 1 fM in jede fM. Die letzte fM bereits mit Garn A abm.

Unterseite des großen Horns
21.–27. Runde

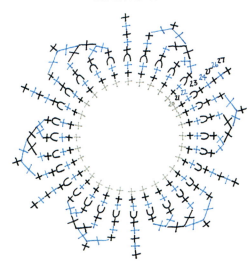

Unterseite des Horns

Mit Garn A weiterhäkeln wie folgt:
21. und 22. Runde: 1 fM in jede fM.
23. Runde: 1 fM ins hMg jeder fM.
24. Runde (Abn-Rd): 6 x [2 fM zus abm, 3 fM] (= 24 M).
25. Runde (Abn-Rd): 6 x [2 fM zus abm, 2 fM] (= 18 M).
26. Runde (Abn-Rd): 6 x [2 fM zus abm, 1 fM] (= 12 M).
27. Runde: 1 fM in jede fM. Das Horn fest mit Füllwatte ausstopfen; dabei darauf achten, dass die Unterseite des Horns flach bleibt. Den Faden in Fb A bis auf ein langes Fadenende abschneiden und sichern. Das Fadenende durch die M der letzten

Rd führen, fest anziehen, um die Öffnung zu schließen, und hängen lassen.

Kleines Horn

Mit der Häkelnd 4 mm und Garn B einen Fadenring arb.

1.–4. Runde: Wie die 1.–4. Runde des großen Horns arb.

5. Runde (Zun-Rd): 3 x [2 fM in 1 Einstichstelle, 2 fM] (= 12 M).

6. Runde: 1 fM in jede fM.

7. Runde (Zun-Rd): 3 x [2 fM in 1 Einstichstelle, 3 fM] (= 15 M).

8. Runde: 1 fM in jede fM.

9. Runde (Zun-Rd): 3 x [2 fM in 1 Einstichstelle, 4 fM] (= 18 M).

10. Runde: 1 fM in jede fM.

11. Runde (Zun-Rd): 3 x [2 fM in 1 Einstichstelle], je 1 fM in die nächsten 12 fM, 3 x [2 fM in 1 Einstichstelle] (= 24 M).

12. Runde: 1 fM in jede fM. Die letzte fM bereits mit Garn A abm.

Unterseite des Horns

Mit Garn A weiterhäkeln wie folgt:

13. und 14. Runde: 1 fM in jede fM.

15. Runde: 1 fM ins hMg jeder fM.

16.–18. Runde (Abn-Rd): Wie die 25.–27. Rd des großen Horns arb.

Die Unterseite beenden, wie beim großen Horn beschrieben.

Augen (2 x arb)

Mit Häkelnd 3,5 mm und Garn C einen Fadenring arb.

1. Runde: 1 Lm, 5 fM in den Fadenring arb; die letzte fM bereits mit Garn D abm (= 5 M).

2. Runde (Zun-Rd): Mit Garn D 2 fM in jede M der Vorrd. Am kurzen Fadenende ziehen, um den Fadenring zu schließen (= 10 M).

3. Runde (Zun-Rd): 5 x [2 fM in 1 Einstichstelle, 1 fM] (= 15 M). Die letzte fM bereits mit Garn A abm.
Mit Garn A weiterhäkeln und Garn C vor der Arbeit hängen lassen.

4. Runde (Zun-Rd): Nur unter dem hMg jeder M einstechen, 5 x [2 fM in 1 Einstichstelle, 2 fM] (= 20 M).
Zur Häkelnd 4 mm wechseln.

5. Runde (Zun-Rd): Nur unter dem hMg jeder M einstechen, 5 x [2 fM in 1 Einstichstelle, 3 fM] (= 25 M).

6. Runde: Unter den vMg der 4. Rd einstechen, je 1 Km in die nächsten 8 fM, je 1 fM in die nächsten 12 fM, 1 Km in die 1. Km; wenden.

Augenlid

In Hin- und Rückr häkeln wie folgt:

1. Reihe (Rückr): Für das Oberlid je 1 Km in die nächsten 12 fM; wenden.

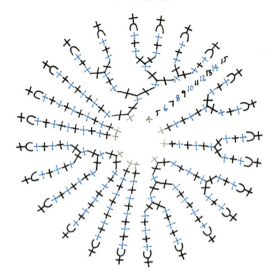

Kleines Horn
5.–15. Runde

Auge
1.–5. Runde

Auge
6. Runde
1. Reihe des Augenlids

Fertigstellung des Auges
2. Reihe

Fertigstellung des Auges

Nächste Reihe

Fertigstellung des Auges

2. Reihe (Hinr): 1 Lm, je 1 fM in die 25 M der 5. Rd des Auges, 1 Km in die 1. M. Den Faden in Fb A bis auf ein langes Fadenende abschneiden und sichern.

Nächste Reihe: Von der rechten Seite der Arbeit aus mit Häkelnd 3,5 mm und Garn C für die Augenkontur 1 Km ins vMg jeder M der 3. Rd. Den Faden abschneiden und sichern.

Ohren (2 x arb)

Mit der Häkelnd 4 mm und Garn A einen Fadenring arb.

1. Reihe (Rückr): 1 Lm, 6 fM in den Fadenring; wenden (= 6 M).

2. Reihe (Hinr; Zun-R): 1 Lm, 3 x [2 fM in 1 Einstichstelle, 1 fM], 1 Km in die 1. fM; wenden (= 9 M). Am kurzen Fadenende ziehen, um den Fadenring zu schließen.

3. Reihe (Zun-R): 3 x [2 fM in 1 Einstichstelle, 2 fM]; wenden (= 12 M).

4. Reihe: 1 Lm, 1 fM in jede fM, 1 Km in die 1. fM; wenden.

5. Reihe (Zun-R): 6 x [2 fM in die nächste M, 1 fM]; wenden (= 18 M).

6. Reihe (Zun-R): 1 Lm, 6 x [2 fM in 1 Einstichstelle, 2 fM], 1 Km in die 1. fM; wenden (= 24 M).

7. Reihe (Zun-R): 6 x [2 fM in die nächste M, 3 fM]; wenden (= 30 M).

8. Reihe (Zun-R): 1 Lm, 6 x [2 fM in 1 Einstichstelle, 4 fM], 1 Km in die 1. fM; wenden (= 36 M).

9. Reihe (Zun-R): 2 fM in 1 Einstichstelle, je 1 fM in die nächsten 34 fM, 2 fM in 1 Einstichstelle; wenden (= 38 M).

10. Reihe (Zun-R): 1 Lm, 2 fM in 1 Einstichstelle, je 1 fM in die nächsten 36 fM, 2 fM in 1 Einstichstelle, 1 Km in die 1. fM; wenden (= 40 M).

11. Reihe (Zun-R): 2 fM in 1 Einstichstelle, je 1 fM in die nächsten 38 fM, 2 fM in 1 Einstichstelle; wenden (= 42 M).

12. Reihe (Zun-R): 1 Lm, 2 fM in 1 Einstichstelle, je 1 fM in die nächsten 40 fM, 2 fM in 1 Einstichstelle, 1 Km in die 1. fM; wenden (= 44 M).

13. Reihe (Abn-R): Je 1 fM in die nächsten 20 fM, 2 x 2 fM zus abm, je 1 fM in die nächsten 20 fM; wenden (= 42 M).

14. Reihe (Abn-R): 1 Lm, je 1 fM in die nächsten 19 fM, 2 x 2 fM zus abm, je 1 fM in die nächsten 19 fM, 1 Km in die 1. fM; wenden (= 40 M).

15. Reihe (Abn-R): 1 fM in die nächsten 18 fM, 2 x 2 fM zus abm, je 1 fM in die nächsten 18 fM; wenden (= 38 M).

16. Reihe (Abn-R): 1 Lm, je 1 fM in die nächsten 17 fM, 2 x 2 fM zus abm, je 1 fM in die nächsten 17 fM, 1 Km in die 1. fM; wenden (= 36 M).

17. Reihe (Abn-R): 1 fM in die nächsten 16 fM, 2 x 2 fM zus abm, je 1 fM in die nächsten 16 fM; wenden (= 34 M).

18. Reihe (Abn-R): 1 Lm, je 1 fM in die nächsten 15 fM, 2 x 2 fM zus abm, je 1 fM in die nächsten 15 fM, 1 Km in die 1. fM; wenden (= 32 M).

19. Reihe (Abn-R): 1 fM in die nächsten 14 fM, 2 x 2 fM zus abm, je 1 fM in die nächsten 14 fM (= 30 M).

Den Faden bis auf ein langes Fadenende abschneiden und sichern.

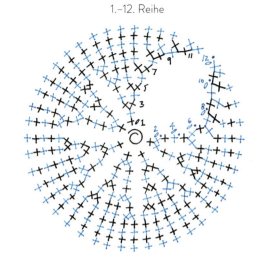

Ohr
1.–12. Reihe

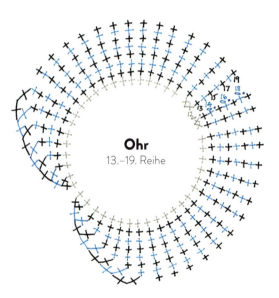

Ohr
13.–19. Reihe

Fertigstellung

Körper und Unterseite verbinden

Körper und Unterseite links auf links aufeinanderlegen. Das Häkelteil für den Körper zeigt nach oben. Mit der Häkelnd 4 mm Garn A mit 1 Km an der 1. der 134 M am oberen Ende von Körper und Unterseite zugleich anschlingen, um beide Teile zu verbinden.

Nächste Reihe: Immer in die fM von Körper und Unterseite zugleich einstechen; 1 fM in dieselbe M wie die Km, je 1 fM in die nächsten 133 fM, 2 fM in 1 Einstichstelle; dann die Zehen anhäkeln wie folgt (siehe Häkelschrift auf Seite 45): * 3 x [je 1 fM in die nächsten 2 fM, mit der rechten Seite der Zehe nach oben je 1 fM in die nächsten 4 M durch Zehe, Körper und Unterseite zugleich], je 1 fM in die nächsten 2 fM *, 2 fM in 1 Einstichstelle, je 1 fM in die nächsten 126 fM, 2 fM in den 1-Lm-Bg; von * bis * wdh; 2 fM in den 1-Lm-Bg, je 1 fM in die nächsten 44 fM, dabei darauf achten, die M der 3. Hautfalte nicht mitzufassen; die Schwanzteile kantenbündig aufeinanderlegen und je 1 fM in die nächsten 18 fM häkeln, 2 fM in den 1-Lm-Bg, je 1 fM in die nächsten 4 fM, 2 fM in den 1-Lm-Bg, je 1 fM in die nächsten 18 fM, die nächsten 8 M der Umrandung zwischen den Beinen übergehen (versteckt zwischen Schwanz und Schwanz-Unterseite), dann je 1 fM in die nächsten 44 fM häkeln, dabei darauf achten, die M der 3. Hautfalte nicht mitzufassen, 2 fM in den 1-Lm-Bg; von * bis * wdh; 2 fM in den 1-Lm-Bg, je 1 fM in die nächsten 126 fM, 2 fM in 1 Einstichstelle; von * bis * wdh; 2 fM in 1 Einstichstelle, 1 Km in die 1. fM; den Faden abschneiden und sichern.

Kopf

Den Kopf bis zur 5. R von der Halskante aus mit Füllwatte ausstopfen. Die M am Beginn und Ende jeder R in der Mitte der Kopf-Unterseite aufeinander ausrichten. Die offenen Kanten mit einer geraden Naht verbinden. Den Kopf mit dem hängen gelassenen Fadenende durch Körper und Unterseite hindurch annähen.

Hörner

Das hängen gelassene Fadenende durch die Unterseite des Horns hindurch zum 1. der unbehäkelten vMg der 22. Rd beim großen bzw. der 14. Rd beim kleinen Horn ziehen. Die Hörner durch die vMg hindurch annähen.

Augen

Ein wenig Füllwatte in die Augen stopfen. Die Augen mit den hängen gelassenen Fadenenden rechts und links am Kopf annähen, dabei rund um die Außenkanten nähen. Mit 1–2 kurzen Spannstichen in Fb E jeweils einen Lichtreflex auf jedes Auge sticken.

Ohren

Jedes Ohr flach drücken, sodass die Verbindungsstelle zwischen Beginn und Ende jeder R an der Seite liegt. Die Ohren leicht mit Füllwatte ausstopfen; sie sollen ihre flache Form behalten. Mit dem langen Fadenende die 15 M an jeder Seite der Unterkante zusammennähen, sodass an jedem Ohr eine gerade Naht entsteht. Die Ecken eines Ohrs zusammenführen und von jeder Seite aus auf einer Länge von 1 cm zusammennähen, damit das Ohr seine Form bekommt. Das andere Ohr gegengleich genauso fertigstellen, sodass zwei spiegelbildliche Ohren entstehen. Die Ohren rund um die Unterkanten fest annähen.

Zehen

Die Zehen mit dem Fadenende rund um die Außenkanten am Körper annähen.

Schwanz

Für jede Franse 2 jeweils 16 cm lange Fadenstücke von Garn A zuschneiden. In jede der 6 M der Umrandung am Schwanzende 1 Franse einknüpfen (siehe Seite 178). Die Fadenenden auf gleiche Länge zurückschneiden.

Alle Fadenenden vernähen.

Zebra

Das gestreifte Fell des Zebras wird für den Körper in der Tapestry-Technik gehäkelt, während beim Kopf ein einfacher Farbwechsel in jeder zweiten Reihe die horizontalen Streifen erzeugt und ein separates Häkelteil für die vertikalen Streifen gearbeitet wird.

Material

- Scheepjes Softfun (60 % Baumwolle, 40 % Poly-acryl; LL 140 m/50 g)
  A Snow (Fb 2412), 250 g
  B Black (Fb 2408), 150 g
  C Mist (Fb 2627), 200 g
- Scheepjes Catona (100 % merzerisierte Baumwolle; LL 25 m/10 g)
  D Jet Black (Fb 110), 10 g
  E Root Beer (Fb 157), 10 g
- Häkelnadeln 3,5 mm und 4 mm
- Wollnadel
- Kunstfaser-Füllwatte

Größe

Breite ca. 79 cm, Länge ca. 84 cm (ohne Kopf und Schwanzquaste)

Maschenprobe

17 hStb und 12 R mit Häkelnd 4 mm und Garn A = 10 cm x 10 cm
Verwenden Sie gegebenenfalls eine dickere oder dünnere Häkelnadel, um die richtige Maschenprobe zu erzielen.

Technik

Der Körper und das Futter für die Unterseite werden in hStb in Hin- und Rückr gehäkelt. Beim Häkeln der Streifen am Körper des Zebras wird der jeweils nicht verwendete Faden auf den Maschen der Vorreihe mitgeführt und mit umhäkelt. Körper und Unterseite werden mit fM umrandet. Die Teile werden miteinander verbunden, indem man jeweils in die entsprechende M der Umrandung des Körpers und der Unterseite zugleich einsticht.

Die Hufe entstehen, indem man in die Maschen häkelt, die Körper und Unterseite verbinden; dabei beginnt man mit den vMg, wendet die Arbeit und häkelt in die freien Mg derselben M. Die Hufe werden in fM in Hin- und Rückr gearbeitet.

Der Kopf wird in Spiralrd in fM begonnen. Die Öffnungen für die Nasenlöcher entstehen, indem man eine bestimmte Zahl von Lm häkelt und damit M der Vorrd übergeht. Der Kopf wird in hStb in Hin- und Rückr mit einem einfachen Fb-Wechsel für das Streifenmuster weitergehäkelt.

Die Nasenlöcher beginnt man, indem man die Rückseite der Lm und die übergangenen M der Öffnungen behäkelt. Anschließend arbeitet man in fM in Rd weiter und schiebt die Nasenlöcher ins Innere des vorderen Kopfteils. Nachdem der Kopf mit Füllwatte ausgestopft ist, werden die M der letzten R mit einer geraden Naht verbunden. Die vertikalen Streifen werden separat mit M unterschiedlicher Höhe gehäkelt, die dem Teil seine Form geben. Die Augen werden mit fM in Rd gehäkelt. Das Augenlid bekommt seine Form dadurch, dass man in die vMg der M einsticht, sodass sich eine plastische Rippe über dem Auge bildet. Auf jedes Auge wird ein Lichtreflex aufgestickt. Jedes Ohr besteht aus zwei gleichen Teilen, die verbunden werden, indem man in die entsprechenden M beider Teile zugleich einsticht; die Ohren werden leicht mit Füllwatte ausgestopft. Schließlich werden die Augen am Kopf und der Kopf an der geraden Kante am oberen Ende des Körpers angenäht.

Fransen werden ins Schwanzende sowie für die Mähne in die Mitte des Kopfes eingeknüpft. Die Mähne wird gebürstet, um die Fasern der Fäden zu trennen und ihnen eine flauschige Optik zu verleihen.

Die 1 bzw. 2 Lm am R-Beginn werden durchweg nicht als M gezählt.

Zeichenerklärung

◯	Fadenring	⋁	2 hStb in 1 Einstichstelle
∅	Luftmasche (Lm)	⋀	2 hStb zus abm
•	Kettmasche (Km)	⟊	Stäbchen (Stb)
+	feste Masche (fM)	⋁	2 Stb in 1 Einstichstelle
⤬⤬	2 fM in 1 Einstichstelle	⋓	3 Stb in 1 Einstichstelle
⤬⤬	2 fM zus abm	∪	nur unter dem vMg einstechen
⤬⋁⤬	3 fM in 1 Einstichstelle	∩	nur unter dem hMg einstechen
⟙	halbes Stäbchen (hStb)		

Farbschlüssel für den Körper

▮ A

▮ B

Körper

Mit der Häkeln 4 mm und Garn A 117 Lm anschl.

1. Reihe (Hinr): 1 hStb in die 3. Lm von der Häkeln aus und in jede folg Lm bis R-Ende; wenden (= 115 M).

2. Reihe (Rückr): 2 Lm, 1 hStb in jedes hStb bis R-Ende; wenden.

3. Reihe: 2 Lm, je 1 hStb in die nächsten 7 hStb, die letzten 2 Schlingen des letzten hStb bereits mit Garn B abm und den jeweils nicht benötigten Faden auf den M der Vorr mit umhäkeln, 4 x [1 hStb mit Garn B, 5 hStb mit Garn A], 53 hStb mit Garn A, 4 x [5 hStb mit Garn A, 1 hStb mit Garn B], 7 hStb mit Garn A; wenden.

4. Reihe: 2 Lm, 6 hStb mit Garn A, 3 x [2 hStb mit Garn B, 4 hStb mit Garn A], 1 hStb mit Garn A, 2 hStb mit Garn B, 61 hStb mit Garn A, 2 hStb mit Garn B, 1 hStb mit Garn A, 3 x [4 hStb mit Garn A, 2 hStb mit Garn B], 6 hStb mit Garn A; wenden.

5. Reihe: 2 Lm, 5 hStb mit Garn A, 3 x [3 hStb mit Garn B, 3 hStb mit Garn A], 2 hStb mit Garn A, 5 hStb mit Garn B, 55 hStb mit Garn A, 5 hStb mit Garn B, 2 hStb mit Garn A, 3 x [3 hStb mit Garn A, 3 hStb mit Garn B], 5 hStb mit Garn A; wenden.

6. Reihe: 2 Lm, 5 hStb mit Garn A, 3 x [2 hStb mit Garn B, 4 hStb mit Garn A], 5 hStb mit Garn A, 19 hStb mit Garn B, 21 hStb mit Garn A, 19 hStb mit Garn B, 5 hStb mit Garn A, 3 x [4 hStb mit Garn A, 2 hStb mit Garn B], 5 hStb mit Garn A; wenden.

7. Reihe: 2 Lm, 5 hStb mit Garn A, 3 x [2 hStb mit Garn B, 4 hStb mit Garn A], 5 hStb mit Garn A, 59 hStb mit Garn B, 5 hStb mit Garn A, 3 x [4 hStb mit Garn A, 2 hStb mit Garn B], 5 hStb mit Garn A; wenden.

8. Reihe: 2 Lm, 5 hStb mit Garn A, 3 x [3 hStb mit Garn B, 3 hStb mit Garn A], 2 hStb mit Garn A, 5 hStb mit Garn B,

Körper
1.–14. Reihe (rechte Seite)

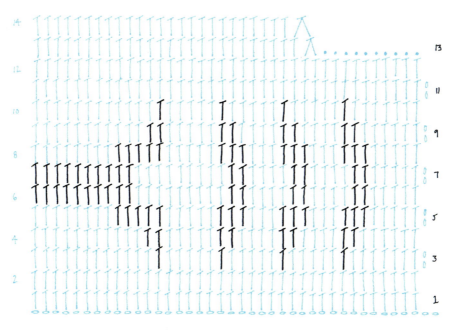

Körper
1.–14. Reihe (Mitte)

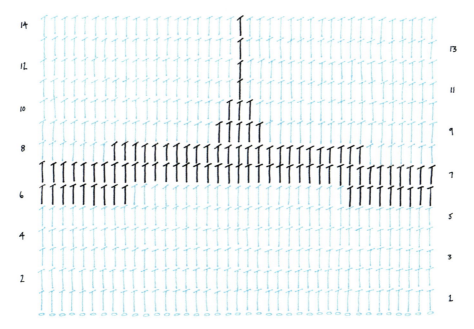

Körper
1.–14. Reihe (linke Seite)

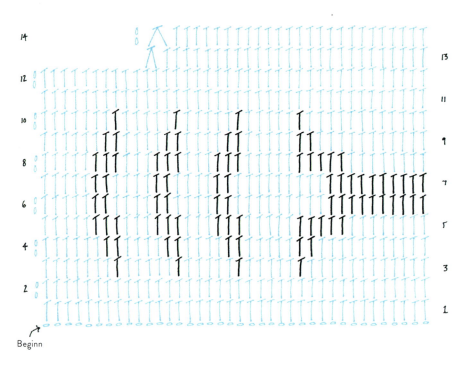

Beginn

Körper
15.–28. Reihe (rechte Seite)

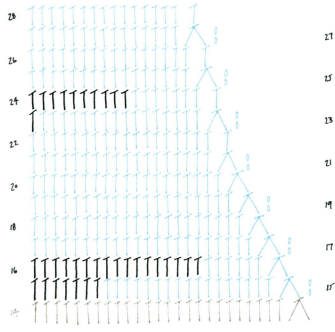

15 hStb mit Garn A, 25 hStb mit Garn B, 15 hStb mit Garn A, 5 hStb mit Garn B, 2 hStb mit Garn A, 3 x [3 hStb mit Garn A, 3 hStb mit Garn B], 5 hStb mit Garn A; wenden.

9. Reihe: 2 Lm, 6 hStb mit Garn A, 3 x [2 hStb mit Garn B, 4 hStb mit Garn A], 1 hStb mit Garn A, 2 hStb mit Garn B, 28 hStb mit Garn A, 5 hStb mit Garn B, 28 hStb mit Garn A, 2 hStb mit Garn B, 1 hStb mit Garn A, 3 x [4 hStb mit Garn A, 2 hStb mit Garn B], 6 hStb mit Garn A; wenden.

10. Reihe: 2 Lm, 7 hStb mit Garn A, 4 x [1 hStb mit Garn B, 5 hStb mit Garn A], 25 hStb mit Garn A, 3 hStb mit Garn B, 25 hStb mit Garn A, 4 x [5 hStb mit Garn A, 1 hStb mit Garn B], 7 hStb mit Garn A; wenden.

11. und 12. Reihe: 2 Lm, 57 hStb mit Garn A, 1 hStb mit Garn B, 57 hStb mit Garn A; wenden.

13. Reihe (Abn-R): Je 1 Km in die nächsten 10 hStb, 2 hStb zus abm, 45 hStb mit Garn A, 1 hStb mit Garn B, 45 hStb mit Garn A, 2 hStb zus abm; wenden.
Über diese 93 hStb weiterhäkeln wie folgt:

14. Reihe (Abn-R): 2 Lm, 2 hStb zus abm, 44 hStb mit Garn A, 1 hStb mit Garn B, 44 hStb mit Garn A, 2 hStb zus abm; wenden (= 91 M).

15. Reihe (Abn-R): 2 Lm, 2 hStb zus abm, 17 hStb mit Garn A, 21 hStb mit Garn B, 5 hStb mit Garn A, 1 hStb mit Garn B, 5 hStb mit Garn A, 21 hStb mit Garn B, 17 hStb mit Garn A, 2 hStb zus abm; wenden (= 89 M).

16. Reihe (Abn-R): 2 Lm, 2 hStb zus abm, 6 hStb mit Garn A, 33 hStb mit Garn B, 3 hStb mit Garn A, 1 hStb mit Garn B, 3 hStb mit Garn A, 33 hStb mit Garn B, 6 hStb mit Garn A, 2 hStb zus abm; wenden (= 87 M).

Körper
15.–28. Reihe (Mitte)

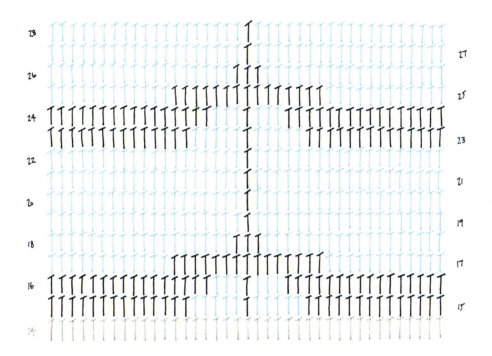

17. Reihe (Abn-R): 2 Lm, 2 hStb zus abm, 34 hStb mit Garn A, 15 hStb mit Garn B, 34 hStb mit Garn A, 2 hStb zus abm; wenden (= 85 M).

18. Reihe (Abn-R): 2 Lm, 2 hStb zus abm, 39 hStb mit Garn A, 3 hStb mit Garn B, 39 hStb mit Garn A, 2 hStb zus abm; wenden (83 M).

19. Reihe (Abn-R): 2 Lm, 2 hStb zus abm, 39 hStb mit Garn A, 1 hStb mit Garn B, 39 hStb mit Garn A, 2 hStb zus abm; wenden (= 81 M).

20. Reihe (Abn-R): 2 Lm, 2 hStb zus abm, 38 hStb mit Garn A, 1 hStb mit Garn B, 38 hStb mit Garn A, 2 hStb zus abm; wenden (= 79 M).

21. Reihe (Abn-R): 2 Lm, 2 hStb zus abm, 37 hStb mit Garn A, 1 hStb mit Garn B, 37 hStb mit Garn A, 2 hStb zus abm; wenden (= 77 M).

22. Reihe: 2 Lm, 38 hStb mit Garn A, 1 hStb mit Garn B, 38 hStb mit Garn A; wenden.

23. Reihe (Abn-R): 2 Lm, 2 hStb zus abm, 16 hStb mit Garn A, 15 hStb mit Garn B, 5 hStb mit Garn A, 1 hStb mit Garn B, 5 hStb mit Garn A, 15 hStb mit Garn B, 16 hStb mit Garn A, 2 hStb zus abm; wenden (= 75 M).

24. Reihe: 2 Lm, 8 hStb mit Garn A, 26 hStb mit Garn B, 3 hStb mit Garn A, 1 hStb mit Garn B, 3 hStb mit Garn A, 26 hStb mit Garn B, 8 hStb mit Garn A; wenden.

25. Reihe (Abn-R): 2 Lm, 2 hStb zus abm, 28 hStb mit Garn A, 15 hStb mit Garn B, 28 hStb mit Garn A, 2 hStb zus abm; wenden (= 73 M).

Körper
15.–28. Reihe (linke Seite)

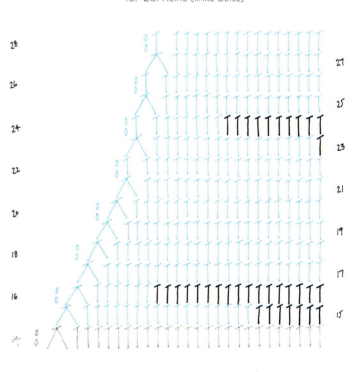

Körper
29.–38. Reihe (rechte Seite)

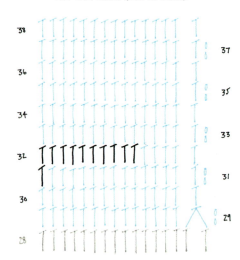

Körper
29.–38. Reihe (linke Seite)

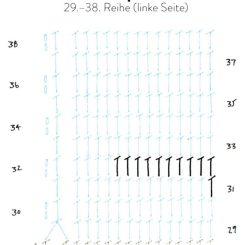

Körper
29.–38. Reihe (Mitte)

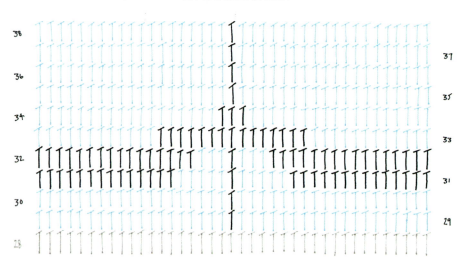

26. Reihe: 2 Lm, 35 hStb mit Garn A, 3 hStb mit Garn B, 35 hStb mit Garn A; wenden.

27. Reihe (Abn-R): 2 Lm, 2 hStb zus abm, 34 hStb mit Garn A, 1 hStb mit Garn B, 34 hStb mit Garn A, 2 hStb zus abm; wenden (= 71 M).

28. Reihe: 2 Lm, 35 hStb mit Garn A, 1 hStb mit Garn B, 35 hStb mit Garn A; wenden.

29. Reihe (Abn-R): 2 Lm, 2 hStb zus abm, 33 hStb mit Garn A, 1 hStb mit Garn B, 33 hStb mit Garn A, 2 hStb zus abm; wenden (= 69 M).

30. Reihe: 2 Lm, 34 hStb mit Garn A, 1 hStb mit Garn B, 34 hStb mit Garn A; wenden.

31. Reihe: 2 Lm, 14 hStb mit Garn A, 15 hStb mit Garn B, 5 hStb mit Garn A, 1 hStb mit Garn B, 5 hStb mit Garn A, 15 hStb mit Garn B, 14 hStb mit Garn A; wenden.

32. Reihe: 2 Lm, 5 hStb mit Garn A, 26 hStb mit Garn B, 3 hStb mit Garn A, 1 hStb mit Garn B, 3 hStb mit Garn A, 26 hStb mit Garn B, 5 hStb mit Garn A; wenden.

33. Reihe: 2 Lm, 27 hStb mit Garn A, 15 hStb mit Garn B, 27 hStb mit Garn A; wenden.

34. Reihe: 2 Lm, 33 hStb mit Garn A, 3 hStb mit Garn B, 33 hStb mit Garn A; wenden.

35.–38. Reihe: 2 Lm, 34 hStb mit Garn A, 1 hStb mit Garn B, 34 hStb mit Garn A; wenden.

39.–46. Reihe: Die 31.–38. R wdh.

47. Reihe (Abn-R): Je 1 Km in die nächsten 5 hStb, 2 hStb zus abm, 12 hStb mit Garn A, 31 hStb mit Garn B, 12 hStb mit Garn A, 2 hStb zus abm; wenden.
Über diese 57 hStb weiterhäkeln wie folgt:

Körper
47.–55. Reihe (rechte Seite)

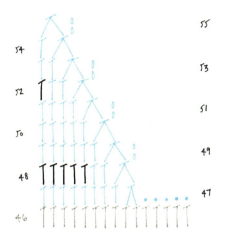

Körper
47.–55. Reihe (linke Seite)

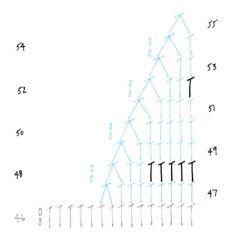

Körper
47.–55. Reihe (Mitte)

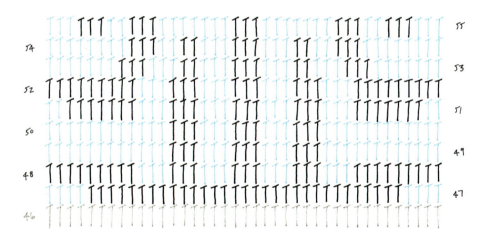

48. Reihe (Abn-R): 2 Lm, 2 hStb zus abm, 2 hStb mit Garn A, 14 hStb mit Garn B, 3 x [3 hStb mit Garn A, 3 hStb mit Garn B], 3 hStb mit Garn A, 14 hStb mit Garn B, 2 hStb mit Garn A, 2 hStb zus abm; wenden (= 55 M).

49. Reihe (Abn-R): 2 Lm, 2 hStb zus abm, 18 hStb mit Garn A, 2 x [3 hStb mit Garn B, 3 hStb mit Garn A], 3 hStb mit Garn B, 18 hStb mit Garn A, 2 hStb zus abm; wenden (= 53 M).

50. Reihe (Abn-R): 2 Lm, 2 hStb zus abm, 17 hStb mit Garn A, 2 x [3 hStb mit Garn B, 3 hStb mit Garn A], 3 hStb mit Garn B, 17 hStb mit Garn A, 2 hStb zus abm; wenden (= 51 M).

51. Reihe (Abn-R): 2 Lm, 2 hStb zus abm, 6 hStb mit Garn A, 7 hStb mit Garn B, 3 x [3 hStb mit Garn A, 3 hStb mit Garn B], 3 hStb mit Garn A, 7 hStb mit Garn B, 6 hStb mit Garn A, 2 hStb zus abm; wenden (= 49 M).

52. Reihe (Abn-R): 2 Lm, 2 hStb zus abm, 2 hStb mit Garn A, 10 hStb mit Garn B, 3 x [3 hStb mit Garn A, 3 hStb mit Garn B], 3 hStb mit Garn A, 10 hStb mit Garn B, 2 hStb mit Garn A, 2 hStb zus abm; wenden (= 47 M).

53. Reihe (Abn-R): 2 Lm, 2 hStb zus abm, 9 hStb mit Garn A, 3 hStb mit Garn B, 3 hStb mit Garn A, 2 hStb mit Garn B, 3 hStb mit Garn A, 3 hStb mit Garn B, 3 hStb mit Garn A, 2 hStb mit Garn B, 3 hStb mit Garn A, 3 hStb mit Garn B, 9 hStb mit Garn A, 2 hStb zus abm; wenden (= 45 M).

54. Reihe (Abn-R): 2 Lm, 2 hStb zus abm, 9 hStb mit Garn A, 3 hStb mit Garn B, 2 hStb mit Garn A, 2 hStb mit Garn B, 3 hStb mit Garn A, 3 hStb mit Garn B, 3 hStb mit Garn A, 2 hStb mit Garn B, 2 hStb mit Garn A, 3 hStb mit Garn B, 9 hStb mit Garn A, 2 hStb zus abm; wenden (= 43 M).

Körper
56.–64. Reihe

Körper
65.–72. Reihe

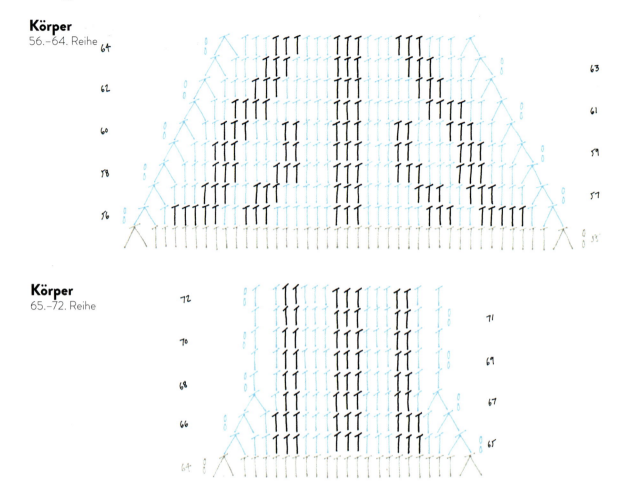

55. Reihe (Abn-R): 2 Lm, 2 hStb zus abm, 3 hStb mit Garn A, 3 hStb mit Garn B, 2 hStb mit Garn A, 3 hStb mit Garn B, 2 x [7 hStb mit Garn A, 3 hStb mit Garn B], 2 hStb mit Garn A, 3 hStb mit Garn B, 3 hStb mit Garn A, 2 hStb zus abm; wenden (= 41 M).

56. Reihe (Abn-R): 2 Lm, 2 hStb zus abm, 1 hStb mit Garn A, 5 hStb mit Garn B, 2 hStb mit Garn A, 3 hStb mit Garn B, 2 x [6 hStb mit Garn A, 3 hStb mit Garn B], 2 hStb mit Garn A, 5 hStb mit Garn B, 1 hStb mit Garn A, 2 hStb zus abm; wenden (= 39 M).

57. Reihe (Abn-R): 2 Lm, 2 hStb zus abm, 3 hStb mit Garn A, 3 hStb mit Garn B, 2 hStb mit Garn A, 3 hStb mit Garn B, 2 x [5 hStb mit Garn A, 3 hStb mit Garn B], 2 hStb mit Garn A, 3 hStb mit Garn B, 3 hStb mit Garn A, 2 hStb zus abm; wenden (= 37 M).

58. Reihe (Abn-R): 2 Lm, 2 hStb zus abm, 5 x [3 hStb mit Garn A, 3 hStb mit Garn B], 3 hStb mit Garn A, 2 hStb zus abm; wenden (= 35 M).

59. Reihe (Abn-R): 2 Lm, 2 hStb zus abm, 2 hStb mit Garn A, 3 hStb mit Garn B, 4 hStb mit Garn A, 2 hStb mit Garn B, 3 hStb mit Garn A, 3 hStb mit Garn B, 3 hStb mit Garn A, 2 hStb mit Garn B, 4 hStb mit Garn A, 3 hStb mit Garn B, 2 hStb mit Garn A, 2 hStb zus abm; wenden (= 33 M).

60. Reihe (Abn-R): 2 Lm, 2 hStb zus abm, 2 hStb mit Garn A, 3 hStb mit Garn B, 3 hStb mit Garn A, 2 hStb mit Garn B, 3 hStb mit Garn A, 3 hStb mit Garn B, 3 hStb mit Garn A, 2 hStb mit Garn B, 3 hStb mit Garn A, 3 hStb mit Garn B, 2 hStb mit Garn A, 2 hStb zus abm; wenden (= 31 M).

61. Reihe (Abn-R): 2 Lm, 2 hStb zus abm, 2 hStb mit Garn A, 4 hStb mit Garn B, 6 hStb mit Garn A, 3 hStb mit Garn B, 6 hStb mit Garn A, 4 hStb mit Garn B, 2 hStb mit Garn A, 2 hStb zus abm; wenden (= 29 M).

62. Reihe (Abn-R): 2 Lm, 2 hStb zus abm, 3 hStb mit Garn A, 3 hStb mit Garn B, 5 hStb mit Garn A, 3 hStb mit Garn B, 5 hStb mit Garn A, 3 hStb mit Garn B, 3 hStb mit Garn A, 2 hStb zus abm; wenden (= 27 M).

63. Reihe (Abn-R): 2 Lm, 2 hStb zus abm, 3 hStb mit Garn A, 3 hStb mit Garn B, 4 hStb mit Garn A, 3 hStb mit Garn B, 4 hStb mit Garn A, 3 hStb mit Garn B, 3 hStb mit Garn A, 2 hStb zus abm; wenden (= 25 M).

64. Reihe (Abn-R): 2 Lm, 2 hStb zus abm, 3 x [3 hStb mit Garn A, 3 hStb mit Garn B], 3 hStb mit Garn A, 2 hStb zus abm; wenden (= 23 M).

65. Reihe (Abn-R): 2 Lm, 2 hStb zus abm, 2 hStb mit Garn A, 2 x [3 hStb mit Garn B, je 1 hStb in die nächsten 3 hStb mit

Schwanz
73.–96. Reihe

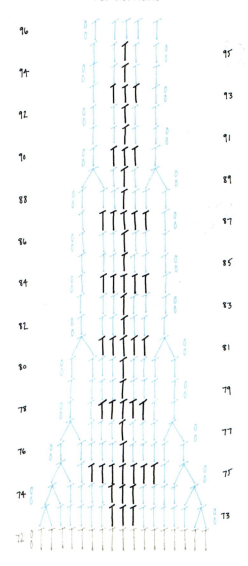

Schwanz

73. Reihe (Abn-R): 2 Lm, 2 hStb zus abm, 5 hStb mit Garn A, 3 hStb mit Garn B, 5 hStb mit Garn A, 2 hStb zus abm; wenden (= 15 M).

74. Reihe (Abn-R): 2 Lm, 2 hStb zus abm, 4 hStb mit Garn A, 3 hStb mit Garn B, 4 hStb mit Garn A, 2 hStb zus abm; wenden (13 M).

75. Reihe (Abn-R): 2 Lm, 2 hStb zus abm, 1 hStb mit Garn A, 7 hStb mit Garn B, 1 hStb mit Garn A, 2 hStb zus abm; wenden (= 11 M).

76. Reihe: 2 Lm, 5 hStb mit Garn A, 1 hStb mit Garn B, 5 hStb mit Garn A; wenden.

77. Reihe (Abn-R): 2 Lm, 2 hStb zus abm, 3 hStb mit Garn A, 1 hStb mit Garn B, 3 hStb mit Garn A, 2 hStb zus abm; wenden (= 9 M).

78. Reihe: 2 Lm, 2 hStb mit Garn A, 5 hStb mit Garn B, 2 hStb mit Garn A; wenden.

79. und 80. Reihe: 2 Lm, 4 hStb mit Garn A, 1 hStb mit Garn B, 4 hStb mit Garn A; wenden.

81. Reihe (Abn-R): 2 Lm, 2 hStb zus abm mit Garn A, 5 hStb mit Garn B, 2 hStb zus abm mit Garn A; wenden (= 7 M).

82. und 83. Reihe: 2 Lm, 3 hStb mit Garn A, 1 hStb mit Garn B, 3 hStb mit Garn A; wenden.

84. Reihe: 2 Lm, 1 hStb mit Garn A, 5 hStb mit Garn B, 1 hStb mit Garn A; wenden.

85.–87. Reihe: Die 82.–84. R wdh.

88. Reihe: Die 82. R wdh.

89. Reihe (Abn-R): 2 Lm, 2 hStb zus abm, 1 hStb mit Garn A, 1 hStb mit Garn B, 1 hStb mit Garn A, 2 hStb zus abm mit Garn A; wenden (= 5 M).

90. Reihe: 2 Lm, 1 hStb mit Garn A, 3 hStb mit Garn B, 1 hStb mit Garn A; wenden.

91. und 92. Reihe: 2 Lm, 2 hStb mit Garn A, 1 hStb mit Garn B, 2 hStb mit Garn A; wenden.

93.–95. Reihe: Die 90.–92. R wdh.

96. Reihe: 2 Lm, 1 hStb in jedes hStb mit Garn A. Den Faden abschneiden und sichern.

1. Hinterbein

Von der rechten Seite der Arbeit aus Garn A mit 1 Km am 1. der 5 abgenommenen hStb in der 47. R des Körpers anschlingen.

1. Reihe: 2 Lm, 1 hStb in dieselbe M wie die Km, je 1 hStb in die nächsten 4 hStb, 39 hStb gleichmäßig verteilt in die Kante der nächsten 26 R arb, dabei am MM enden; wenden (= 44 M).

2. Reihe: 2 Lm, 1 hStb in jedes hStb; wenden.

3. Reihe (Abn-R): 2 Lm, 2 hStb zus abm, je 1 hStb in die nächsten 2 hStb, Garn B dazunehmen und 1 hStb in jedes hStb bis zu den letzten 4 M arb; mit Garn A je 1 hStb in die nächsten 2 hStb, 2 hStb zus abm; wenden (= 42 M).

4. Reihe: 2 Lm, 3 hStb mit Garn A, 1 hStb in jedes hStb bis zu den letzten 3 M mit Garn B, 3 hStb mit Garn A; wenden.

5. Reihe (Abn-R): Mit Garn A 2 Lm, 2 hStb zus abm, 1 hStb in jedes hStb bis zu den letzten 2 M, 2 hStb zus abm; wenden (= 40 M).

6. Reihe: 2 Lm, 1 hStb in jedes hStb mit Garn A; wenden.

Garn A], 3 hStb mit Garn B, 2 hStb mit Garn A, 2 hStb zus abm; wenden (= 21 M).

66. Reihe (Abn-R): 2 Lm, 2 hStb zus abm, 1 hStb mit Garn A, 2 x [3 hStb mit Garn B, 3 hStb mit Garn A], 3 hStb mit Garn B, 1 hStb mit Garn A, 2 hStb zus abm; wenden (= 19 M).

67. Reihe (Abn-R): 2 Lm, 2 hStb zus abm, 1 hStb mit Garn A, 2 hStb mit Garn B, 3 hStb mit Garn A, 3 hStb mit Garn B, 3 hStb mit Garn A, 2 hStb mit Garn B, 1 hStb mit Garn A, 2 hStb zus abm; wenden (= 17 M).

68.–72. Reihe: 2 Lm, 2 hStb mit Garn A, 2 hStb mit Garn B, 3 hStb mit Garn A, 3 hStb mit Garn B, 3 hStb mit Garn A, 2 hStb mit Garn B, 2 hStb mit Garn A; wenden. Beginn und Ende der letzten R mit je 1 MM kennzeichnen

1. Hinterbein
1.–14. Reihe

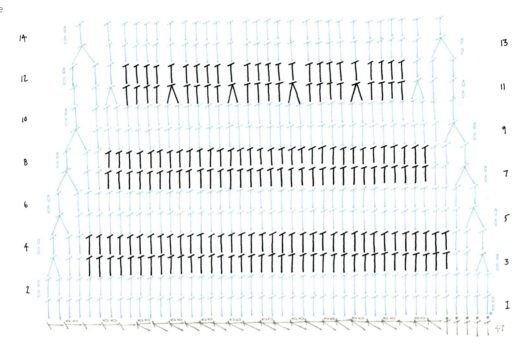

7. Reihe (Abn-R): 2 Lm, 2 hStb zus abm, 2 hStb mit Garn A, 1 hStb in jedes hStb bis zu den letzten 4 M mit Garn B, 2 hStb mit Garn A, 2 hStb zus abm; wenden (= 38 M).

8.–10. Reihe (Abn-R): Die 4.–6. R wdh (= 36 M).

11. Reihe (Abn-R): 2 Lm, 2 hStb, 2 hStb zus abm mit Garn A; mit Garn B 4 x [4 hStb, 2 hStb zus abm], je 1 hStb in die nächsten 4 hStb; mit Garn A 2 hStb zus abm, je 1 hStb in die nächsten 2 hStb (= 30 M).

12. Reihe: Die 4. R wdh.

13. und 14. Reihe (Abn-R): Die 5. und 6. R wdh (= 28 M).

15. Reihe (Abn-R): Die 7. R wdh (= 26 M).

16.–23. Reihe (Abn-R): Die 4.–7. R 2 x wdh (= 18 M).

24. Reihe: Die 4. R wdh.

25. und 26. Reihe: 2 Lm, 1 hStb in jedes hStb mit Garn A; wenden.

27. und 28. Reihe: Wie die 4. R häkeln.
Den Faden abschneiden und sichern.

2. Hinterbein
Nach der Häkelschrift für das 1. Hinterbein häkeln.
Von der linken Seite der Arbeit aus mit der Häkelnd 4 mm Garn A mit 1 Km am 1. der 5 übergangenen hStb der 47. R des Körpers anschlingen.

1.–28. Reihe: Die 1.–28. R des 1. Hinterbeins für das 2. Hinterbein wdh. Den Faden abschneiden und sichern.

Umrandung

Von der rechten Seite der Arbeit aus mit Häkelnd 4 mm Garn A mit 1 Km auf der Rückseite der 1. Lm anschlingen.

Nächste Reihe: 1 fM in dieselbe M wie die Km, je 1 fM in die Rückseite der nächsten 114 Lm, 1 Lm, 18 fM gleichmäßig verteilt in das obere Ende des Beins, 1 Lm, je 1 fM in die 10 M des Vorderbeins, 51 fM gleichmäßig verteilt in die Seitenkante des Körpers nach unten, 42 fM gleichmäßig verteilt in die Seitenkante des Hinterbeins nach unten, 2 fM in die 1. fM am Beinende, je 1 fM in die nächsten 16 fM, 2 fM in die nächste fM, 42 fM gleichmäßig verteilt in die Seitenkante des Hinterbeins nach oben, 36 fM gleichmäßig verteilt in die Seitenkante des Schwanzes nach unten, 1 Lm, je 1 fM in die nächsten 5 M an der Schwanzspitze, 1 Lm, 42 fM gleichmäßig verteilt in die Seitenkante des Hinterbeins nach unten, 2 fM in die 1. fM am Beinende, je 1 fM in die nächsten 16 fM, 2 fM in die nächste fM, 42 fM gleichmäßig verteilt in die Seitenkante des Hinterbeins nach oben, 51 fM gleichmäßig verteilt in die Seitenkante des Körpers nach oben, je 1 fM in die 10 M des Vorderbeins, 1 Lm, 18 fM gleichmäßig verteilt in das obere Ende des Beins, 1 Lm, 1 Km in die 1. M; den Faden abschneiden und sichern.

Unterseite
Nach den Häkelschriften für den Körper, jedoch durchweg mit Garn C häkeln wie folgt:
Mit der Häkelnd 4 mm und Garn C 117 Lm anschl.

1. Hinterbein
15.–28. Reihe

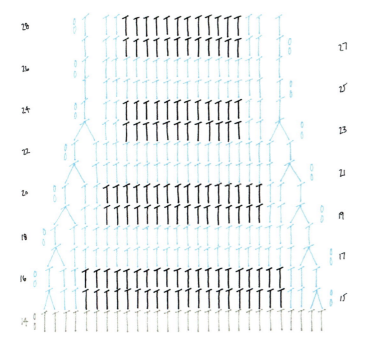

1. Reihe (Hinr): 1 hStb in die 3. Lm von der Häkelnd aus und in jede folg Lm bis R-Ende; wenden (= 115 M).

2.–12. Reihe: 2 Lm, 1 hStb in jedes hStb bis R-Ende; wenden.

13. Reihe (Abn-R): Je 1 Km in die nächsten 10 hStb, 2 hStb zus abm, 1 hStb in jedes hStb bis zu den letzten 12 hStb, 2 hStb zus abm; wenden.

Über diese 93 hStb weiterhäkeln wie folgt:

14.–21. Reihe (Abn-R): 2 Lm, 2 hStb zus abm, 1 hStb in jedes hStb bis zu den letzten 2 M, 2 hStb zus abm; wenden (= 77 M).

22. Reihe: 2 Lm, 1 hStb in jedes hStb bis R-Ende; wenden.

23.–30. Reihe (Abn-R): Die 22. und 23. R noch 4 x wdh (= 69 M).

31.–46. Reihe: 2 Lm, 1 hStb in jedes hStb bis R-Ende; wenden.

47. Reihe (Abn-R): Je 1 Km in die nächsten 5 hStb, 2 hStb zus abm, 1 hStb in jedes hStb bis zu den letzten 7 hStb, 2 hStb zus abm; wenden.

Über diese 57 hStb weiterhäkeln wie folgt:

48.–67. Reihe (Abn-R): 2 Lm, 2 hStb zus abm, 1 hStb in jedes hStb bis zur letzten M, 2 hStb zus abm; wenden (= 17 M).

68.–72. Reihe: 2 Lm, 1 hStb in jedes hStb bis R-Ende; wenden. Beginn und Ende der letzten R jeweils mit 1 MM kennzeichnen.

Unterseite des Schwanzes

73.–75. Reihe (Abn-R): 2 Lm, 2 hStb zus abm, 1 hStb in jedes hStb bis zu den letzten 2 M, 2 hStb zus abm; wenden (= 11 M).

76. Reihe: 2 Lm, 1 hStb in jedes hStb bis R-Ende; wenden.

77. Reihe (Abn-R): 2 Lm, 2 hStb zus abm, 1 hStb in jedes hStb bis zu den letzten 2 M, 2 hStb zus abm; wenden (= 9 M).

78.–80. Reihe: 2 Lm, 1 hStb in jedes hStb bis R-Ende; wenden.

81. Reihe (Abn-R): Die 77. R wdh (= 7 M).

82.–88. Reihe: 2 Lm, 1 hStb in jedes hStb bis R-Ende; wenden.

89.–96. Reihe: Die 81.–88. R wdh (= 5 M).

Den Faden abschneiden und sichern.

Umrandung
Körper und Unterseite verbinden

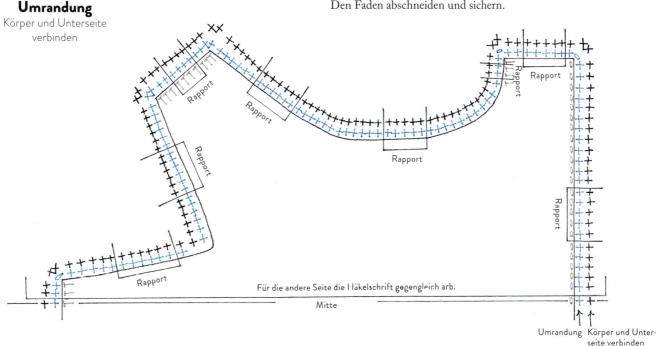

Unterseite des 1. Hinterbeins

Von der rechten Seite der Arbeit aus Garn C mit 1 Km am 1. der 5 abgenommenen hStb der 47. R des Körpers anschlingen.

1. Reihe: 2 Lm, 1 hStb in dieselbe M wie die Km, je 1 hStb in die nächsten 4 hStb, 39 hStb gleichmäßig verteilt in die Kante der nächsten 26 R arb, am MM enden; wenden (= 44 M).

2. Reihe: 2 Lm, 1 hStb in jedes hStb; wenden.

3. Reihe (Abn-R): 2 Lm, 2 hStb zus abm, 1 hStb in jedes hStb bis zu den letzten 2 M, 2 hStb zus abm; wenden (= 42 M).

4.–9. Reihe (Abn-R): Die letzten 2 R noch 3 x wdh (= 36 M).

10. Reihe: 2 Lm, 1 hStb in jedes hStb; wenden.

11. Reihe (Abn-R): 2 Lm, 6 x [2 hStb, 2 hStb zus abm, 2 hStb] (= 30 M).

12.–23. Reihe (Abn-R): Die 2. und 3. R 6 x wdh (= 18 M).

24.–28. Reihe: 2 Lm, 1 hStb in jedes hStb; wenden. Den Faden abschneiden und sichern.

Unterseite des 2. Hinterbeins

Von der linken Seite der Arbeit aus mit der Häkelnd 4 mm Garn C mit 1 Km am 1. der 5 übergangenen hStb in der 47. R des Körpers anschlingen.

1.–28. Reihe: Die 1.–28. R des 1. Hinterbeins für das 2. Hinterbein wdh. Den Faden abschneiden und sichern.

Umrandung der Unterseite

Mit der Häkelnd 4 mm und Garn C wie die Umrandung des Körpers arb.

Körper und Unterseite verbinden

Körper und Unterseite links auf links aufeinanderlegen. Das Häkelteil für den Körper zeigt nach oben. Mit der Häkelnd 4 mm Garn A mit 1 Km an der 1. der 115 fM am oberen Ende von Körper und Unterseite zugleich anschlingen, um beide Teile zu verbinden.

Nächste Reihe: Immer in die fM von Körper und Unterseite zugleich einstechen; 1 fM in dieselbe M wie die Km, je 1 fM in die nächsten 114 M, 2 fM in den 1-Lm-Bg, je 1 fM in die nächsten 18 fM, 2 fM in den 1-Lm-Bg, je 1 fM in die nächsten 103 fM, 2 fM in 1 Einstichstelle, je 1 fM in die nächsten 18 fM, 2 fM in 1 Einstichstelle, je 1 fM in die nächsten 78 fM, 2 fM in den 1-Lm-Bg, je 1 fM in die nächsten 5 fM, 2 fM in den 1-Lm-Bg, je 1 fM in die nächsten 78 fM, 2 fM in 1 Einstichstelle, je 1 fM in die nächsten 18 fM, 2 fM in 1 Einstichstelle, je 1 fM in die nächsten 103 fM, 2 fM in den 1-Lm-Bg, je 1 fM in die nächsten 18 fM, 2 fM in den 1-Lm-Bg, 1 Km in die 1. M; den Faden abschneiden und sichern.

Hufe

Mit der Häkelnd 4 mm Garn B mit 1 Km am vMg der 1. der 20 fM anschlingen, die Körper und Unterseite am Ende eines Beins verbinden.

1. Reihe (Hinr): Nur unter dem vMg jeder M einstechen, 1 fM in dieselbe M wie die Km, je 1 fM in die nächsten 19 fM;

wenden, je 1 fM in die unbehäkelten hMg der 20 fM arb; wenden (= 40 M).

2.–6. Reihe: 1 Lm, 1 fM in jede fM; wenden.

7. Reihe (Abn-R): 1 Lm, 2 x [2 fM zus abm, je 1 fM in die nächsten 16 fM, 2 fM zus abm]; wenden (= 36 M).

8. Reihe (Abn-R): 1 Lm, 2 x [2 fM zus abm, je 1 fM in die nächsten 14 fM, 2 fM zus abm]; wenden (= 32 M).

9. Reihe (Abn-R): 1 Lm, 2 x [2 fM zus abm, je 1 fM in die nächsten 12 fM, 2 fM zus abm]; wenden (= 28 M).

10. Reihe (Rückr; Abn-R): 1 Lm, 2 x [2 fM zus abm, je 1 fM in die nächsten 10 fM, 2 fM zus abm]; wenden (= 24 M).

Oberkante des Hufs schließen

Nächste Reihe (Hinr): Je 1 Km in die 12 M beider Seiten des Hufs zugleich arb. Den Faden bis auf ein langes Fadenende abschneiden und sichern. Das Fadenende auf der Innenseite des Hufs zur seitlichen Öffnung führen. Die Seitenkanten des Hufs zusammennähen.

Die übrigen 3 Hufe genauso fertigstellen.

Kopf

Nase

Mit der Häkelnd 4 mm und Garn B einen Fadenring arb.

1. Runde: 1 Lm, 6 fM in den Fadenring arb (= 6 M).

2. Runde (Zun-Rd): 2 fM in jede M der Vorrd. Am kurzen Fadenende ziehen, um den Fadenring zu schließen (= 12 M).

3. Runde (Zun-Rd): 6 x [2 fM in die nächste M, 1 fM] (= 18 M).

4. Runde (Zun-Rd): 6 x [2 fM in die nächste M, 2 fM] (= 24 M).

5. und 6. Runde: Nach diesem Prinzip weiterhäkeln und in jeder Rd 6 M zun wie eingeteilt (= 36 M).

Öffnungen für die Nasenlöcher

7. Runde (Zun-Rd): 8 Lm, die nächsten 6 M übergehen, 2 fM in 1 Einstichstelle, je 1 fM in die nächsten 5 fM, 8 Lm, die nächsten 6 M übergehen, 3 x [2 fM in 1 Einstichstelle, 5 fM] (= 28 M + zwei 8-Lm-Bg).

8. Runde (Zun-Rd): 1 fM in die nächsten 8 Lm, 2 fM in 1 Einstichstelle, je 1 fM in die nächsten 6 fM, je 1 fM in die nächsten 8 Lm, 3 x [2 fM in 1 Einstichstelle, 6 fM] (= 48 M).

9.–12. Runde: 1 fM in jede fM.

13. Runde (Abn-Rd): 6 x [2 fM zus abm, 6 fM]; wenden (= 42 M).

14. Runde: 1 fM in die nächsten 12 fM, zwischen den Nasenlöchern enden.

Gesicht

In Hin- und Rückr häkeln wie folgt:

1. Reihe (Hinr): 1 Km in die nächste fM, 2 Lm, 1 hStb in dieselbe M wie die Km, je 1 hStb in die nächsten 41 fM, 1 Km ins 1. hStb; wenden.

Hufe
1.–10. Reihe

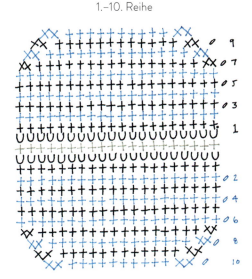

Hufe
Oberkante zusammenhäkeln

Nase
1.–6. Runde: Nase
7.–14. Runde: Öffnungen für
die Nasenlöcher

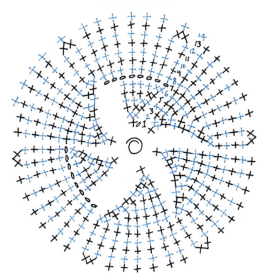

2. Reihe: 2 Lm, 1 hStb in jedes hStb, 1 Km ins 1. hStb; wenden. Garn A dazunehmen und den jeweils nicht benötigten Faden auf den M der Vorr mit umhäkeln.

3. und 4. Reihe: 2 Lm, 1 hStb in jedes hStb mit Garn A, 1 Km ins 1. hStb; wenden.

5. und 6. Reihe: 2 Lm, 1 hStb in jedes hStb mit Garn B, 1 Km ins 1. hStb; wenden.

7. Reihe (Zun-R): 2 Lm, 6 x [3 hStb, 2 hStb in 1 Einstichstelle, 3 hStb] mit Garn A, 1 Km ins 1. hStb; wenden (= 48 M).

8. Reihe: 2 Lm, 1 hStb in jedes hStb mit Garn A, 1 Km ins 1. hStb; wenden.

9. Reihe (Zun-R): Mit Garn B 2 Lm, je 1 hStb in die nächsten 16 hStb, 5 x [2 hStb in 1 Einstichstelle, 2 hStb], 2 hStb in 1 Einstichstelle, je 1 hStb in die nächsten 16 hStb, 1 Km ins 1. hStb; wenden (= 54 M).

10. Reihe: 2 Lm, 1 hStb in jedes hStb mit Garn B, 1 Km ins 1. hStb; wenden.

11. Reihe (Zun-R): Mit Garn A 2 Lm, je 1 hStb in die nächsten 16 hStb, 2 hStb in 1 Einstichstelle, 2 x [3 hStb, 2 hStb in 1 Einstichstelle], je 1 hStb in die nächsten 4 hStb, 2 x [2 hStb in 1 Einstichstelle, 3 hStb], 2 hStb in 1 Einstichstelle, je 1 hStb in die nächsten 16 hStb, 1 Km ins 1. hStb; wenden (= 60 M).

12. Reihe: 2 Lm, 1 hStb in jedes hStb mit Garn A, 1 Km ins 1. hStb; wenden.

13. Reihe (Zun-R): Mit Garn B 2 Lm, je 1 hStb in die nächsten 16 hStb, 2 hStb in 1 Einstichstelle, 2 x [4 hStb, 2 hStb in 1 Einstichstelle], je 1 hStb in die nächsten 6 hStb, 2 x [2 hStb in 1 Einstichstelle, 4 hStb], 2 hStb in 1 Einstichstelle, je 1 hStb in die nächsten 16 hStb, 1 Km ins 1. hStb; wenden (= 66 M).

14. Reihe: 2 Lm, 1 hStb in jedes hStb mit Garn B, 1 Km ins 1. hStb; wenden.

15. Reihe (Zun-R): Mit Garn A 2 Lm, je 1 hStb in die nächsten 16 hStb, 2 hStb in 1 Einstichstelle, 2 x [5 hStb, 2 hStb in 1 Einstichstelle], je 1 hStb in die nächsten 8 hStb, 2 x [2 hStb in

1 Einstichstelle, 5 hStb], 2 hStb in 1 Einstichstelle, je 1 hStb in die nächsten 16 hStb, 1 Km ins 1. hStb; wenden (= 72 M).

16. Reihe: 2 Lm, 1 hStb in jedes hStb mit Garn A, 1 Km ins 1. hStb; wenden.

17. und 18. Reihe: 2 Lm, 1 hStb in jedes hStb mit Garn B, 1 Km ins 1. hStb; wenden.

19. und 20. Reihe: 2 Lm, 1 hStb in jedes hStb mit Garn A, 1 Km ins 1. hStb; wenden (die 16. und 17. R der Häkelschrift wdh).

21.–28. Reihe: Die 17.–20. R noch 2 x wdh.

29. Reihe (Abn-R): Mit Garn B 2 Lm, je 1 hStb in die nächsten 16 hStb, 2 hStb zus abm, 2 x [5 hStb, 2 hStb zus abm], je 1 hStb in die nächsten 8 hStb, 2 x [2 hStb zus abm, 5 hStb], 2 hStb zus abm, je 1 hStb in die nächsten 16 hStb, 1 Km ins 1. hStb; wenden (= 66 M).

30. Reihe: 2 Lm, 1 hStb in jedes hStb mit Garn B, 1 Km ins 1. hStb; wenden.

31. und 32. Reihe: 2 Lm, 1 hStb in jedes hStb mit Garn A, 1 Km ins 1. hStb; wenden.

33. und 34. Reihe: 2 Lm, 1 hStb in jedes hStb mit Garn B, 1 Km ins 1. hStb; wenden (die 31. und 32. R der Häkelschrift wdh).
Die Fäden abschneiden und sichern, dabei ein langes Fadenende von Garn B hängen lassen.

Nasenlöcher

Von der rechten Seite der Arbeit Garn B mit
1 Km an der 1. der 6 übergangenen M der 6. Rd
an der Vorderseite des Kopfes anschlingen.
1. Runde: 1 fM in dieselbe M wie die Km, je
1 fM in die nächsten 5 fM, je 1 fM in die
Rückseite der nächsten 8 Lm (= 14 M).
2. Runde: 1 fM ins hMg jeder fM.
3.–7. Runde: 1 fM in jede fM.
8. Runde (Abn-Rd): 7 x 2 fM zus abm (= 7 M).
Den Faden abschneiden und sichern; das
Fadenende durch die M der letzten Rd führen,
fest anziehen, um die Öffnung zu schließen, und
vernähen.
Das andere Nasenloch genauso arb. Die
Nasenlöcher ins Innere des vorderen Kopfteils
schieben.

Vertikale Streifen

Mit der Häkelnd 4 mm und Garn A 12 Lm
anschl.
1. Reihe (Hinr): 1 fM in die 2. Lm von der
Häkelnd aus, je 1 fM in die nächsten 9 Lm,
3 fM in die nächste Lm, je 1 fM in die Rückseite
der nächsten 10 Lm. Die letzte fM bereits mit
Garn B abm; wenden (= 23 M).

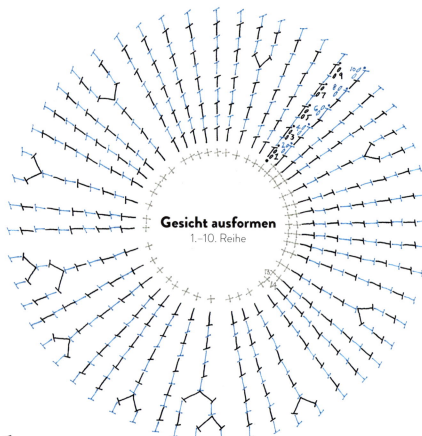

Gesicht ausformen
1.–10. Reihe

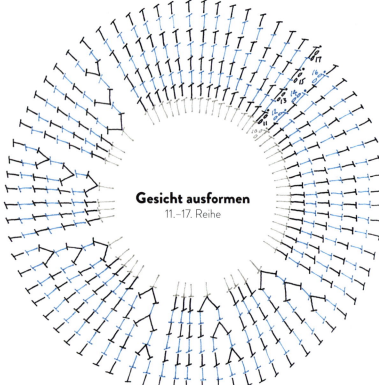

Gesicht ausformen
11.–17. Reihe

2. Reihe (Rückr; Zun-R): Mit Garn B 1 Lm, 3 fM
in 1 Einstichstelle, je 1 fM in die nächsten 2 M, je
1 hStb in die nächsten 3 M, 1 Stb in die nächste M,
3 Stb in 1 Einstichstelle, 1 Stb in die nächste M,
1 hStb in die nächste M, 1 fM in die nächste M,
3 fM in 1 Einstichstelle, 1 fM in die nächste M,
1 hStb in die nächste M, 1 Stb in die nächste M,
3 Stb in 1 Einstichstelle, 1 Stb in die nächste M, je
1 hStb in die nächsten 3 M, je 1 fM in die nächsten
2 M, 3 fM in 1 Einstichstelle; wenden (= 33 M).
3. Reihe (Zun-R): Mit Garn B 1 Lm, 3 fM in
1 Einstichstelle, je 1 fM in die nächsten 4 M, je
1 hStb in die nächsten 4 M, 1 Stb in die nächste M,
3 Stb in 1 Einstichstelle, 1 Stb in die nächste M, je
1 hStb in die nächsten 2 M, je 1 fM in die nächsten
2 M, 3 fM in 1 Einstichstelle, je 1 fM in die
nächsten 2 M, je 1 hStb in die nächsten 2 M, 1 Stb
in die nächste M, 3 Stb in 1 Einstichstelle, 1 Stb in
die nächste M, je 1 hStb in die nächsten 4 M, je
1 fM in die nächsten 4 M, 3 fM in 1 Einstichstelle;
wenden (= 43 M).
4. Reihe (Zun-R): Mit Garn A 1 Lm, 1 fM in die
nächste M, 2 fM in 1 Einstichstelle, je 1 fM in die
nächsten 8 M, je 1 hStb in die nächsten 2 M, 1 Stb

Gesicht ausformen
29.–32. Reihe

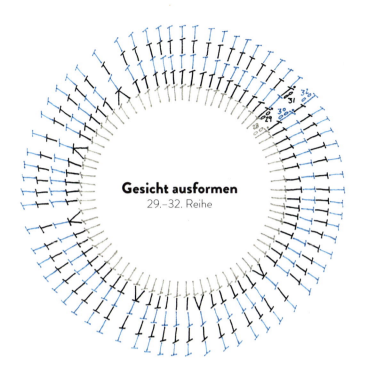

Nasenlöcher
1.–8. Runde

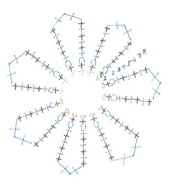

in die nächste M, 3 Stb in 1 Einstichstelle, 1 Stb in die nächste M, je 1 hStb in die nächsten 3 M, je 1 fM in die nächsten 3 M, 3 fM in 1 Einstichstelle, je 1 fM in die nächsten 3 M, je 1 hStb in die nächsten 3 M, 1 Stb in die nächste M, 3 Stb in 1 Einstichstelle, 1 Stb in die nächste M, je 1 hStb in die nächsten 2 M, je 1 fM in die nächsten 8 M, 2 fM in 1 Einstichstelle, 1 fM in die nächste M; wenden (= 51 M).

5. Reihe (Zun-R): Mit Garn A 1 Lm, je 1 fM in die nächsten 2 M, 2 fM in 1 Einstichstelle, je 1 fM in die nächsten 7 M, je 1 hStb in die nächsten 4 M, 1 Stb in die nächste M, 3 Stb in 1 Einstichstelle, 1 Stb in die nächste M, je 1 hStb in die nächsten 4 M, je 1 fM in die nächsten 4 M, 3 fM in 1 Einstichstelle, je 1 fM in die nächsten 4 M, je 1 hStb in die nächsten 4 M, 1 Stb in die nächste M, 3 Stb in 1 Einstichstelle, 1 Stb in die nächste M, je 1 hStb in die nächsten 4 M, je 1 fM in die nächsten 7 M, 2 fM in 1 Einstichstelle, je 1 fM in die nächsten 2 M; wenden (= 59 M).

Vertikale Streifen
1.–9. Reihe

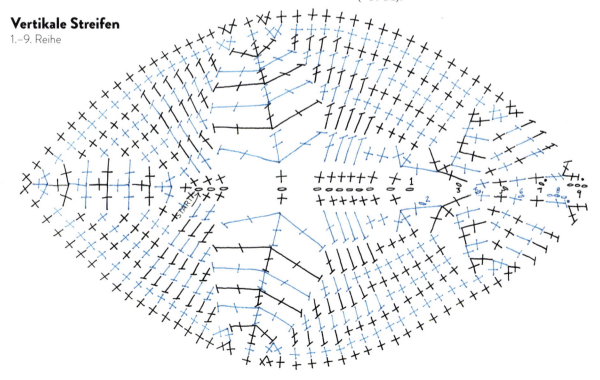

6. Reihe (Zun-R): Mit Garn B 1 Lm, je 1 fM in die nächsten 3 M, 2 fM in 1 Einstichstelle, je 1 fM in die nächsten 6 M, je 1 hStb in die nächsten 6 M, 1 Stb in die nächste M, 3 Stb in 1 Einstichstelle, 1 Stb in die nächste M, je 1 hStb in die nächsten 5 M, je 1 fM in die nächsten 5 M, 3 fM in 1 Einstichstelle, je 1 fM in die nächsten 5 M, je 1 hStb in die nächsten 5 M, 1 Stb in die nächste M, 3 Stb in 1 Einstichstelle, 1 Stb in die nächste M, je 1 hStb in die nächsten 6 M, je 1 fM in die nächsten 6 M, 2 fM in 1 Einstichstelle, je 1 fM in die nächsten 3 M; wenden (= 67 M).

7. Reihe (Zun-R): Mit Garn B 1 Lm, je 1 fM in die nächsten 4 M, 2 fM in 1 Einstichstelle, je 1 fM in die nächsten 10 M, je 1 hStb in die nächsten 3 M, 1 Stb in die nächste M, 3 Stb in 1 Einstichstelle, 1 Stb in die nächste M, je 1 hStb in die nächsten 6 M, je 1 fM in die nächsten 6 M, 3 fM in 1 Einstichstelle, je 1 fM in die nächsten 6 M, je 1 hStb in die nächsten 6 M, 1 Stb in die nächste M, 3 Stb in 1 Einstichstelle, 1 Stb in die nächste M, je 1 hStb in die nächsten 3 M, je 1 fM in die nächsten 10 M, 2 fM in 1 Einstichstelle, je 1 fM in die nächsten 4 M, 1 Km in die 1. fM; wenden (= 75 M).

8. Reihe (Zun-R): Mit Garn A 3 Lm, 1 Stb in die nächsten 2 M, je 1 hStb in die nächsten 2 M, 2 fM in 1 Einstichstelle, je 1 fM in die nächsten 15 M, 2 fM in 1 Einstichstelle, 1 fM in die nächste M, 2 fM in 1 Einstichstelle, je 1 fM in die nächsten 14 M, 3 fM in 1 Einstichstelle, je 1 fM in die nächsten 14 M, 2 fM in 1 Einstichstelle, 1 fM in die nächste M, 2 fM in 1 Einstichstelle, je 1 fM in die nächsten 15 M, 2 fM in 1 Einstichstelle, je 1 hStb in die nächsten 2 M, 1 Stb in die nächsten 2 M, 1 Km ins 1. Stb; wenden (= 83 M).

9. Reihe (Zun-R): Mit Garn A 3 Lm, 2 Stb in 1 Einstichstelle, 1 Stb in die nächste M, je 1 hStb in die nächsten 2 M, 2 fM in 1 Einstichstelle, je 1 fM in die nächsten 17 M, 2 fM in 1 Einstichstelle, 1 fM in die nächste M, 2 fM in 1 Einstichstelle, 2 x [16 M, 2 fM in 1 Einstichstelle], 1 fM in die nächste M, 2 fM in 1 Einstichstelle, je 1 fM in die nächsten 17 M, 2 fM in 1 Einstichstelle, je 1 hStb in die nächsten 2 M, 1 Stb in die nächste M, 2 Stb in 1 Einstichstelle, 1 Km ins 1. Stb; wenden (= 92 M).

Die Fäden von Garn A und B bis auf lange Fadenenden abschneiden und sichern.

Ohren (2 x arb)

Mit der Häkelnd 4 mm und Garn A 12 Lm anschl.

1. Reihe (Hinr): 1 hStb in die 3. Lm von der Häkelnd aus, je 1 hStb in die nächsten 8 Lm, 3 hStb in die nächste Lm, je 1 hStb in die Rückseite der nächsten 9 Lm; wenden (= 21 M).

2. Reihe (Rückr; Zun-R): 2 Lm, je 1 hStb in die nächsten 10 hStb, 5 hStb in 1 Einstichstelle, je 1 hStb in die nächsten 10 hStb; wenden (= 25 M).

3. Reihe (Zun-R): 2 Lm, 2 hStb in 1 Einstichstelle, je 1 hStb in die nächsten 11 hStb, 5 hStb in 1 Einstichstelle, je 1 hStb in die nächsten 11 hStb, 2 hStb in 1 Einstichstelle; wenden (= 31 M).

4. Reihe (Zun-R): 2 Lm, 2 hStb in 1 Einstichstelle, je 1 hStb in die nächsten 14 hStb, 5 hStb in 1 Einstichstelle, je 1 hStb in die nächsten 14 hStb, 2 hStb in 1 Einstichstelle; wenden (= 37 M).

Ohren
1.–5. Reihe

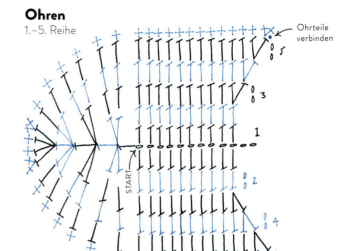

Ohren
Ohrteile verbinden

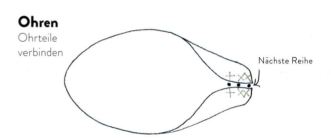

5. Reihe (Zun-R): 2 Lm, 2 hStb in 1 Einstichstelle, je 1 hStb in die nächsten 17 hStb, 4 hStb in 1 Einstichstelle, je 1 hStb in die nächsten 17 hStb, 2 hStb in 1 Einstichstelle; wenden (= 42 M).
Den Faden bis auf ein langes Fadenende abschneiden und sichern.
Ein 2. Ohrteil genauso häkeln.

Ohrteile verbinden

2 Ohrteile links auf links aufeinanderlegen und Garn B mit 1 Km an der 1. fM beider Teile zugleich anschlingen.

Nächste Reihe: 1 Lm, die Häkelnd jeweils unter beiden Mg jeder M beider Teile einstechen, um sie zu verbinden, 2 fM in 1 Einstichstelle in dieselbe M wie die Km, je 1 fM in die nächsten 18 hStb, 2 fM in 1 Einstichstelle, je 1 fM in die nächsten 2 hStb, 2 fM in 1 Einstichstelle, je 1 fM in die nächsten 18 hStb, 2 fM in 1 Einstichstelle; wenden (= 46 M).
Eine dünne Schicht Füllwatte in das Ohr schieben, sodass es flach bleibt.

Nächste Reihe: Das Ohr so zusammenlegen, dass die M an jeder Seite übereinstimmen. Je 1 Km in die ersten 3 fM beider Ohrseiten zugleich arb, um die Unterkante zusammenzuhäkeln. Den Faden abschneiden und sichern.

Augen (2 x arb)

Mit der Häkelnd 3,5 mm und Garn D einen Fadenring arb.
1. Runde: 1 Lm, 5 fM in den Fadenring arb; die letzte fM bereits mit Garn E abm (= 5 M).

Ohren
1.–6. Runde

Augenlid
1. Reihe

Fertigstellung des Auges

Nächste Reihe

2. Runde (Zun-Rd): Mit Garn E 2 fM in jede M der Vorrd. Am kurzen Fadenende ziehen, um den Fadenring zu schließen (= 10 M).
3. Runde: 1 fM in jede fM.
4. Runde (Zun-Rd): Mit Garn D 5 x [2 fM in 1 Einstichstelle, 1 fM]. Die letzte fM bereits mit Garn A abm und Garn D vor der Arbeit hängen lassen (= 15 M).
Zur Häkelnd 4 mm wechseln. Mit Garn A weiterhäkeln wie folgt:
5. Runde (Zun-Rd): Nur unter dem hMg jeder M einstechen, 5 x [2 fM in 1 Einstichstelle, 2 fM] (= 20 M).
6. Runde (Zun-Rd): Nur unter dem hMg jeder M einstechen, 4 x [2 fM in 1 Einstichstelle, 4 fM], 1 Km in die 1. fM; wenden (= 24 M).

Augenlid
In Hin- und Rückr häkeln wie folgt:
1. Reihe: Unter den vMg der 5. Rd einstechen, je 1 fM in die nächste fM, je 1 hStb in die nächsten 10 fM, je 1 fM in die nächste fM; wenden, sodass Sie die rechte Seite der Arbeit vor Augen haben, 1 Km in die nächste fM der Vorrd. Den Faden abschneiden und sichern, dabei ein langes Fadenende von Garn A hängen lassen.

Fertigstellung des Auges
Nächste Reihe: Mit der Häkelnd 3,5 mm und Garn D in die vMg der 4. Rd häkeln wie folgt: Je 1 Km in die nächsten 6 fM, 1 Km in dieselbe fM wie die Km an der Ecke des Augenlids, je 1 hStb in die nächsten 9 fM, 1 Km in dieselbe fM wie die Km an der Ecke des Augenlids. Den Faden abschneiden und sichern.

Fertigstellung

Kopf
Den Kopf bis zur 5. R von der Halskante aus mit Füllwatte ausstopfen. Die M am Beginn und am Ende jeder R auf die Mitte der Kopfunterseite ausrichten. Die offenen Kanten mit einer geraden Naht verbinden. Den Kopf mit dem hängen gelassenen Fadenende durch Körper und Unterseite hindurch annähen. Mit den hängen gelassenen Fadenenden des vertikal gestreiften Teils die Kanten der 1.–6. R so zusammennähen, dass die Streifen übereinstimmen. Die zusammengenähte Unterkante des 2. Streifens in Fb B auf die Oberkante der 2. R des Gesichtsteils ausrichten, sodass die Unterkante der letzten 2 R des vertikal gestreiften Teils den oberen Teil der Nase überlappt. Das vertikal gestreifte Teil annähen.

Augen und Ohren
Eine winzige Menge Füllwatte in die Augäpfel stopfen. Die Augen mit den hängen gelassenen Fadenenden rechts und links am Kopf annähen, dabei rund um die Außenkanten nähen. Auf jedes Auge 1–2 kurze Spannstiche in Fb A sticken. Die offenen Kanten der miteinander verbundenen Ohrteile zusammennähen. Jedes Ohr rund um die Unterkante herum am Oberkopf annähen.

Mähne
Zum Einknüpfen von Fransen siehe Seite 178. Für jede Franse 2 jeweils 20 cm lange Fadenstücke zuschneiden. Die Fransen um die mittleren 4 M jeder R farblich passend zu den Streifen einknüpfen. Zwischen den Ohren beginnen und die Mähne bei der letzten R im Nacken beenden. Die Fäden der Fransen bürsten, um sie aufzudröseln und die Einzelfäden aufbauschen, sodass die Mähne aufrecht steht.

Schwanz
Für jede Franse 3 jeweils 30 cm lange Fäden von Garn B zuschneiden. In jede der 7 M an der Kante des Schwanzendes 1 Franse einknüpfen. Die Fadenenden auf gleiche Länge zurückschneiden.

Alle Fadenenden vernähen.

Schwarzbär

Wenn man dieses Modell in Brauntönen häkelt, wird ein Grizzlybär-Teppich draus. Tatsächlich kann das Fell von Schwarzbären braun, blauschwarz, blaugrau und sogar weiß sein.

Material
- Rowan Pure Wool Superwash DK (100 % Wolle; LL 125 m/50 g)
  - **A** Caviar (Fb 114), 300 g
  - **B** Granite (Fb 118), 200 g
  - **C** Mole (Fb 119), 50 g
  - **D** Dust (Fb 110) oder ein anderes Garn mittlerer Stärke in Braun für die Augen, ca. 250 cm
  - **E** Snow (Fb 012) oder ein anderes Garn mittlerer Stärke in Weiß, ca. 60 cm
- Häkelnadel 4 mm
- Wollnadel
- Kunstfaser-Füllwatte

Größe
Breite ca. 82 cm, Länge ca. 70 cm (ohne Kopf)

Maschenprobe
17 hStb und 14 R mit Häkelnd 4 mm und Garn A = 10 cm x 10 cm
Verwenden Sie gegebenenfalls eine dickere oder dünnere Häkelnadel, um die richtige Maschenprobe zu erzielen.

Technik

Der Körper und die Unterseite in gleicher Form und Größe werden in hStb in Hin- und Rückr gehäkelt. Jedes Teil wird mit fM umhäkelt, bevor die Pfoten bzw. die Unterseiten der Pfoten angebracht werden. Die Teile werden miteinander verbunden, indem man jeweils in die M der Umrandung und der Pfoten an Körper und Futter zugleich einsticht.

Die Schnauze des Schwarzbären entsteht in fM in Spiralrd. Dann wechselt man zur Grundfarbe und häkelt den Kopf in hStb in Hin- und Rückr. Nachdem der Kopf mit Füllwatte ausgestopft ist, werden die M der letzten R mit einer geraden Naht verbunden. Anschließend wird der Kopf an die gerade Kante am oberen Ende des Körpers genäht. Die Nase wird in fM in Spiralrd gehäkelt. Für jedes Nasenloch übergeht man einige M und arbeitet fM in die nächste M-Gruppe. Die Augen werden in fM in Rd gehäkelt, und das Augenlid bekommt seine Form durch das Einstechen in die vMg, sodass sich eine erhabene Kante über dem Auge bildet. Auf jedes Auge wird ein Lichtreflex mit weißem Garn gestickt. Die Ohren werden in fM in Rd gehäkelt und leicht mit Füllwatte ausgestopft, bevor man die Unterkante zum Bogen ausformt und die Ohren am Kopf annäht. Zuletzt näht man Augen und Nase an und stickt lange Spannstiche für die Krallen auf jede Pfote.

Die 1 bzw. 2 Lm am R-Beginn werden durchweg nicht als M gezählt.

Körper

Mit der Häkelnd 4 mm und Garn A 124 Lm anschl.
1. Reihe (Hinr): 1 hStb in die 3. Lm von der Häkelnd aus und in jede folg Lm bis R-Ende; wenden (= 122 M).
2.–14. Reihe: 2 Lm, 1 hStb in jedes hStb bis R-Ende; wenden.
15.–19. Reihe: Je 1 Km in die nächsten 4 hStb, 1 fM ins nächste hStb, 1 hStb in jedes hStb bis zu den letzten 5 hStb, je 1 fM in die nächsten hStb; wenden, die letzten 4 M der R bleiben unbehäkelt (= 82 M).
20. Reihe (Abn-R): 2 Lm, 2 hStb zus abm, 1 hStb in jedes hStb bis zu den letzten 2 M, 2 hStb zus abm; wenden (= 80 M).
21. Reihe: 2 Lm, 1 hStb in jedes hStb bis R-Ende; wenden.
22.–27. Reihe: Die letzten 2 R noch 3 x wdh (= 74 M).
28.–48. Reihe: 2 Lm, 1 hStb in jedes hStb bis R-Ende; wenden.
49. Reihe (Zun-R): 2 Lm, 2 hStb in 1 Einstichstelle, 1 hStb in jedes hStb bis zur letzten M, 2 hStb in 1 Einstichstelle; wenden (= 76 M).
50.–52. Reihe: 2 Lm, 1 hStb in jedes hStb bis R-Ende; wenden.
53.–60. Reihe (Zun-R): Die 49.–52. R noch 2 x wdh (= 80 M).
61.–68. Reihe (Zun-R): Die 49. und 50. R noch 4 x wdh (= 88 M).
69.–78. Reihe (Zun-R): Die 49. R noch 10 x wdh (= 108 M).

Zeichenerklärung

⌒	Fadenring	
⌀	Luftmasche (Lm)	
•	Kettmasche (Km)	
+	feste Masche (fM)	
✕✕	2 fM in 1 Einstich-stelle	
✕✕	2 fM zus abm	
T	halbes Stäbchen (hStb)	

⋁	2 hStb in 1 Einstichstelle
⋀	2 hStb zus abm
⋀	3 hStb zus abm
U	nur unter dem vMg einstechen
⋂	nur unter dem hMg einstechen

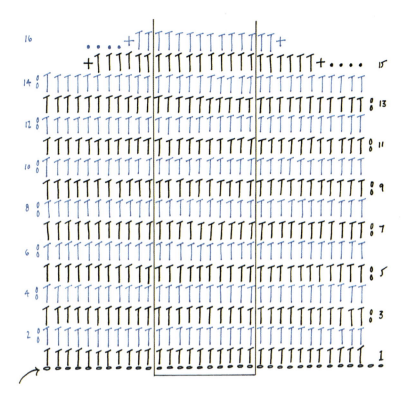

Schwarzbär

Körper
1.–16. Reihe

Körper
17.–48. Reihe

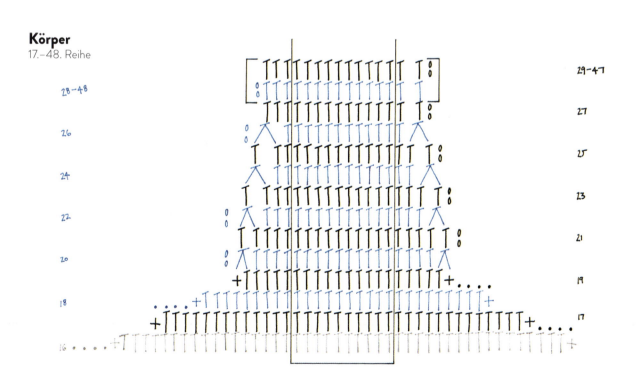

77

Körper
49.–64. Reihe

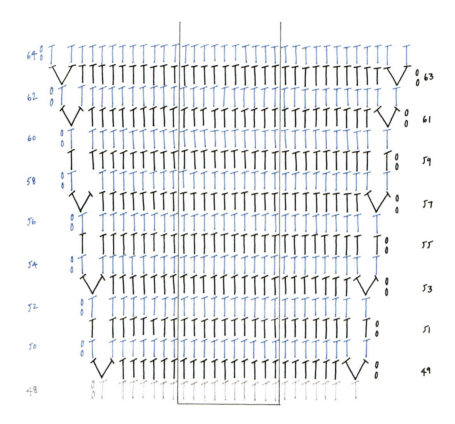

Körper
65.–78. Reihe

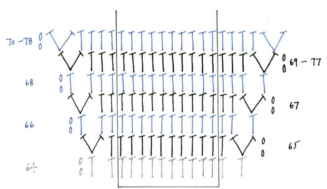

1. Hinterbein

79. Reihe (Hinr; Abn-R): 2 Lm, 2 hStb zus abm, je 1 hStb in die nächsten 31 hStb, 3 hStb zus abm; wenden.
Über diese 33 M weiterhäkeln wie folgt:
80. Reihe (Rückr; Abn-R): 2 Lm, 3 hStb zus abm, 1 hStb in jedes hStb bis zu den letzten 2 M, 2 hStb zus abm; wenden (= 30 M).
81. Reihe (Abn-R): 2 Lm, 2 hStb zus abm, 1 hStb in jedes hStb bis zu den letzten 3 M, 3 hStb zus abm; wenden (= 27 M).

82.–89. Reihe (Abn-R): Die 80. und 81. R noch 4 x wdh (= 3 M).
90. Reihe (Abn-R): 2 Lm, 3 hStb zus abm (= 1 M).
Den Faden abschneiden und sichern.

2. Hinterbein

Nach der Häkelschrift für das 1. Hinterbein häkeln.
Von der linken Seite der Arbeit aus Garn A mit der Häkelnd 4 mm mit 1 Km am 1. hStb anschlingen.

1. Hinterbein
79.–90. Reihe

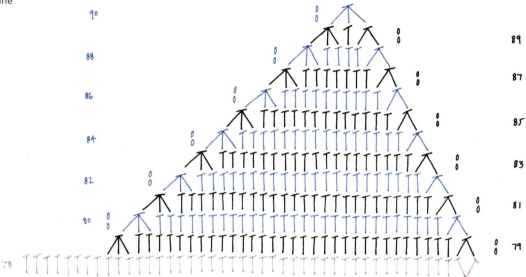

Schwanz
1.–6. Reihe

1. Reihe (Rückr): 2 Lm, bei der M beginnen, in die zuvor die Km gehäkelt wurde, 2 hStb zus abm, je 1 hStb in die nächsten 31 hStb, 3 hStb zus abm; wenden.
Über diese 33 M weiterhäkeln wie folgt:
2.–12. Reihe: Die 80.–90. R wdh, um das 2. Bein zu vollenden.
Den Faden abschneiden und sichern.

Schwanz
Von der rechten Seite der Arbeit aus mit Häkelnd 4 mm die ersten 12 der 36 hStb zwischen den Beinen übergehen und Garn A mit 1 Km am nächsten hStb anschlingen.
1. Reihe (Hinr): 2 Lm, 1 hStb in dasselbe hStb wie die Km, je 1 hStb in die nächsten 11 hStb; wenden (= 12 M).
2. Reihe: 2 Lm, 1 hStb in jedes hStb bis R-Ende.
3.–6. Reihe (Abn-R): 2 Lm, 2 hStb zus abm, 1 hStb in jedes hStb bis zu den letzten 2 M, 2 hStb zus abm (= 4 M).
Den Faden abschneiden und sichern.

Umrandung
Von der rechten Seite der Arbeit aus mit Häkelnd 4 mm Garn A mit 1 Km auf der Rückseite der 1. Lm anschlingen.
Nächste Reihe: 1 fM in dieselbe M wie die Km, je 1 fM in die Rückseite der nächsten 121 Lm, 1 Lm, 19 fM gleichmäßig verteilt in das Ende des Beins arb, 1 Lm, 20 fM gleichmäßig verteilt in die Kante des Vorderbeins nach unten, 100 fM gleichmäßig verteilt in die Seitenkante des Körpers, 1 Lm, 19 fM gleichmäßig verteilt in das obere Ende des Beins, 1 Lm, 23 fM gleichmäßig verteilt in die Kante des Hinterbeins, je 1 fM in die nächsten 12 M zwischen Bein und Schwanz, 9 fM gleichmäßig

verteilt in die Kante des Schwanzes nach unten, 1 Lm, je 1 fM in die nächsten 4 M an der Schwanzspitze, 1 Lm, 9 fM gleichmäßig verteilt in die Kante des Schwanzes nach oben, je 1 fM in die nächsten 12 M zwischen Bein und Schwanz, 23 fM gleichmäßig verteilt in die Kante des Hinterbeins, 1 Lm, 19 fM gleichmäßig verteilt in das obere Ende des Beins, 1 Lm, 100 fM gleichmäßig verteilt in die Seitenkante des Körpers, 20 fM in die Kante des Vorderbeins, 1 Lm, 19 fM gleichmäßig verteilt in das Ende des Beins arb, 1 Lm, 1 Km in die 1. M; den Faden abschneiden und sichern.

Umrandung
Körper und Unterseite verbinden

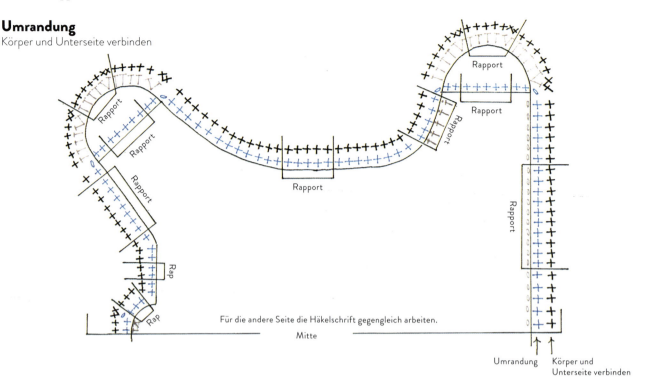

Für die andere Seite die Häkelschrift gegengleich arbeiten.

Mitte

Umrandung   Körper und
Unterseite verbinden

Pfoten (4 x arb)

Nach der Häkelschrift für die Pfote des Tigers arb (siehe Seite 30).
Mit der Häkelnd 4 mm und Garn A einen Fadenring arb.
1. Reihe (Rückr): 2 Lm, 5 hStb in den Fadenring; wenden (= 5 M).
2. Reihe (Hinr; Zun-R): 2 Lm, 2 hStb in jede der 5 M der Vorr; wenden. Fest am kurzen Fadenende ziehen, um den Fadenring zu schließen (= 10 M).
3. Reihe: 2 Lm, 5 x [2 hStb in 1 Einstichstelle, 1 hStb]; wenden (= 15 M).
4. Reihe: 2 Lm, 5 x [2 hStb in 1 Einstichstelle, 2 hStb]; wenden (= 20 M).
5. Reihe: 2 Lm, 5 x [2 hStb in 1 Einstichstelle, 3 hStb]; wenden (= 25 M).
6. Reihe: 2 Lm, 5 x [2 hStb in 1 Einstichstelle, 4 hStb] (= 30 M).
Nächste Reihe: 1 Lm, 19 fM gleichmäßig verteilt in die gerade Kante der Pfote arb, 1 Lm, 1 Km ins nächste hStb; wenden.

Pfote und Bein verbinden

Die Pfote rechts auf rechts auf das Bein des Bären legen.
Nächste Reihe: Die Häkelnd unter beiden Schlingen jeder M von Pfote und Bein einstechen, um die Teile zu verbinden; 1 Km in den 1-Lm-Bg, je 1 fM in die nächsten 19 fM, 1 Km in den nächsten 1-Lm-Bg. Den Faden abschneiden und sichern.

Unterseite

Mit der Häkelnd 4 mm und Garn B häkeln, wie beim Körper beschrieben.

Unterseite der Pfoten

Mit der Häkelnd 4 mm und Garn B häkeln, wie bei den Pfoten beschrieben.

Kopf

Schnauze

Mit der Häkelnd 4 mm und Garn C einen Fadenring arb.
1. Runde: 1 Lm, 6 fM in den Fadenring arb (= 6 M).
2. Runde (Zun-Rd): 6 x jeweils 2 fM in 1 Einstichstelle. Am kurzen Fadenende ziehen, um den Fadenring zu schließen (= 12 M).
3. Runde (Zun-Rd): 6 x [2 fM in die nächste M, 1 fM] (= 18 M).
4. Runde (Zun-Rd): 6 x [2 fM in die nächste M, 2 fM] (= 24 M).
5. Runde (Zun-Rd): 6 x [2 fM in die nächste M, 3 fM] (= 30 M).
6.–10. Runde: 1 fM in jede fM.
11. Runde (Zun-Rd): 6 x [2 fM in die nächste M, 4 fM] (= 36 M).
12.–20. Runde: 1 fM in jede fM. Die letzte fM bereits mit Garn A abm; wenden.

Kopf ausformen

In Hin- und Rückr häkeln wie folgt:

Mit Garn A weiterhäkeln wie folgt:

1. Reihe (Rückr; Zun-R): 2 Lm, je 1 hStb in die nächsten 10 fM, 6 x [2 hStb in 1 Einstichstelle, 2 hStb], je 1 hStb in die nächsten 8 fM, 1 Km ins 1. hStb; wenden (= 42 M).

2. Reihe (Hinr; Zun-R): 2 Lm, je 1 hStb in die nächsten 10 hStb, 3 x [2 hStb in 1 Einstichstelle, 3 hStb], 1 hStb ins nächste hStb, 3 x [2 hStb in 1 Einstichstelle, 3 hStb], je 1 hStb in die nächsten 7 hStb, 1 Km ins 1. hStb; wenden (= 48 M).

3. Reihe (Zun-R): 2 Lm, je 1 hStb in die nächsten 10 hStb, 3 x [2 hStb in 1 Einstichstelle, 4 hStb], je 1 hStb in die nächsten 2 hStb, 3 x [2 hStb in 1 Einstichstelle, 4 hStb], je 1 hStb in die nächsten 6 hStb, 1 Km ins 1. hStb; wenden (= 54 M).

4. Reihe (Zun-R): 2 Lm, je 1 hStb in die nächsten 10 hStb, 3 x [2 hStb in 1 Einstichstelle, 5 hStb], je 1 hStb in die nächsten 3 hStb, 3 x [2 hStb in 1 Einstichstelle, 5 hStb], je 1 hStb in die nächsten 5 hStb, 1 Km ins 1. hStb; wenden (= 60 M).

5. Reihe (Zun-R): 2 Lm, je 1 hStb in die nächsten 10 hStb, * 3 x [2 hStb in 1 Einstichstelle, 6 hStb], je 1 hStb in die nächsten 4 hStb; ab * wdh, 1 Km ins 1. hStb; wenden (= 66 M).

6. Reihe (Zun-R): 2 Lm, je 1 hStb in die nächsten 10 hStb, 3 x [2 hStb in 1 Einstichstelle, 7 hStb], je 1 hStb in die nächsten 5 hStb, 3 x [2 hStb in 1 Einstichstelle, 7 hStb], je 1 hStb in die

Schnauze
1.–20. Runde

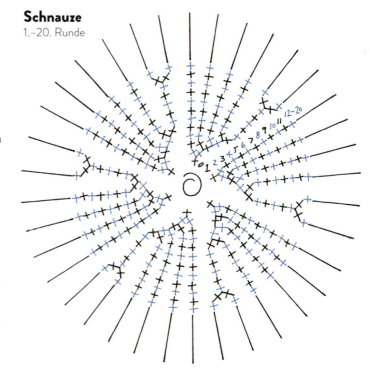

Kopf ausformen
1.–17. Reihe

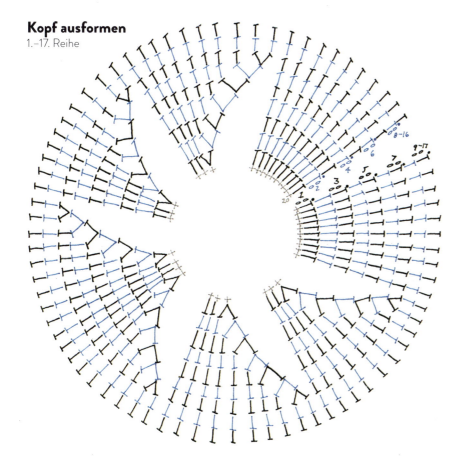

nächsten 3 hStb, 1 Km ins 1. hStb; wenden (= 72 M).

7. Reihe (Zun-R): 2 Lm, je 1 hStb in die nächsten 10 hStb, 3 x [2 hStb in 1 Einstichstelle, 8 hStb], je 1 hStb in die nächsten 6 hStb, 3 x [2 hStb in 1 Einstichstelle, 8 hStb], je 1 hStb in die nächsten 2 hStb, 1 Km ins 1. hStb; wenden (= 78 M).

8.–17. Reihe: 2 Lm, 1 hStb in dasselbe hStb wie die Km, 1 hStb in jedes hStb, 1 Km ins 1. hStb; wenden.

18. Reihe (Abn-R): 2 Lm, je 1 hStb in die nächsten 10 hStb, 3 x [2 hStb zus abm, 8 hStb], je 1 hStb in die nächsten 6 hStb, 3 x [2 hStb zus abm, 8 hStb], je 1 hStb in die nächsten 2 hStb, 1 Km ins 1. hStb; wenden (= 72 M).

19. Reihe: 2 Lm, 1 hStb in jedes hStb, 1 Km ins 1. hStb; wenden.

20. Reihe (Abn-R): 2 Lm, je 1 hStb in die nächsten 10 hStb, 3 x [2 hStb zus abm, 7 hStb], je 1 hStb in die nächsten 5 hStb, 3 x [2 hStb zus abm, 7 hStb], je 1 hStb in die nächsten 3 hStb, 1 Km ins 1. hStb; wenden (= 66 M).

21. Reihe: 2 Lm, 1 hStb in jedes hStb, 1 Km ins 1. hStb; wenden.

22. Reihe (Abn-R): 2 Lm, je 1 hStb in die nächsten 10 hStb, * 3 x [2 hStb zus abm, 6 hStb], je 1 hStb in die nächsten 4 hStb; ab * wdh, 1 Km ins 1. hStb; wenden (= 60 M).

23. Reihe: 2 Lm, 1 hStb in jedes hStb, 1 Km ins 1. hStb; wenden.

24. Reihe (Abn-R): 2 Lm, je 1 hStb in die nächsten 10 hStb, 3 x [2 hStb zus abm, 5 hStb], je 1 hStb in die nächsten 3 hStb, 3 x [2 hStb zus abm, 5 hStb], je 1 hStb in die nächsten 5 hStb, 1 Km ins 1. hStb; wenden (= 54 M).

25. Reihe: 2 Lm, 1 hStb in jedes hStb, 1 Km ins 1. hStb; wenden.

26. Reihe (Abn-R): 2 Lm, je 1 hStb in die nächsten 10 hStb, 3 x [2 hStb in 1 Einstichstelle, 4 hStb], je 1 hStb in die nächsten 2 hStb, 3 x [2 hStb in 1 Einstichstelle, 4 hStb], je 1 hStb in die nächsten 6 hStb, 1 Km ins 1. hStb; wenden (= 48 M).

27.–29. Reihe: 2 Lm, 1 hStb in jedes hStb, 1 Km ins 1. hStb; wenden.
Den Faden bis auf ein langes Fadenende abschneiden und sichern.

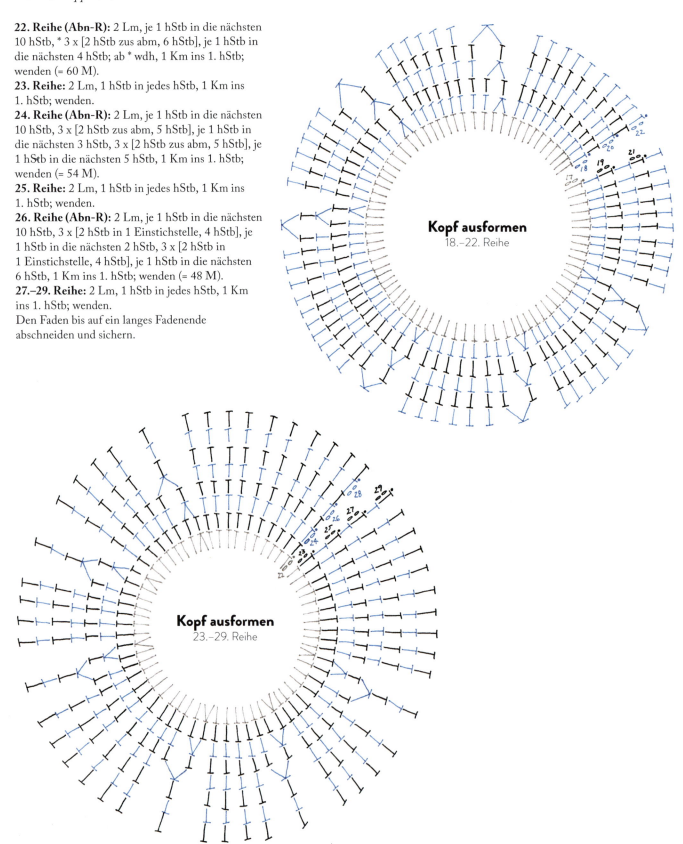

Kopf ausformen
18.–22. Reihe

Kopf ausformen
23.–29. Reihe

Augen (2 x arb)

Mit der Häkelnd 4 mm und Garn A einen Fadenring arb.
1. Runde: 1 Lm, 5 fM in den Fadenring arb; die letzte fM bereits mit Garn D abm (= 5 M).
2. Runde (Zun-Rd): Mit Garn D je 2 fM in die 5 M der Vorrd arb. Am kurzen Fadenende ziehen, um den Fadenring zu schließen (= 10 M).
3. Runde (Zun-Rd): 5 x [2 fM in 1 Einstichstelle, 1 fM] (= 15 M).
Mit Garn A weiterhäkeln wie folgt:
4. Runde (Zun-Rd): 5 x [2 fM in 1 Einstichstelle, 2 fM] (= 20 M).
5. Runde: Nur unter dem hMg jeder M einstechen, je 1 fM in die nächsten 8 fM, 3 x [2 fM in 1 Einstichstelle, 3 fM] (= 23 M).
6. Runde: Nur unter den vMg der 4. Rd einstechen, je 1 Km in die nächsten 8 fM, je 1 fM in die nächsten 12 fM, 1 Km in die 1. Km; wenden.

Augenlid

Nächste Reihe (Rückr): Für das obere Augenlid je 1 Km in die nächsten 12 fM, 1 Km in die nächste Km der Vorrd. Den Faden in Fb A bis auf ein langes Fadenende abschneiden und sichern.

Ohren (2 x arb)

Mit der Häkelnd 4 mm und Garn A einen Fadenring arb.
1. Runde: 1 Lm, 6 fM in den Fadenring arb (= 6 M).
2. Runde (Zun-Rd): 2 fM in jede der 6 M der Vorrd arb. Am kurzen Fadenende ziehen, um den Fadenring zu schließen (= 12 M).
3. Runde (Zun-Rd): 6 x [2 fM in die nächste M, 1 fM] (= 18 M).
4. Runde (Zun-Rd): 6 x [2 fM in die nächste M, 2 fM] (= 24 M).
5. Runde (Zun-Rd): 6 x [2 fM in die nächste M, 3 fM] (= 30 M).
6.–8. Runde: 1 fM in jede fM.
9. Runde (Zun-Rd): 6 x [2 fM in die nächste M, 4 fM] (= 36 M).
10.–17. Runde: 1 fM in jede fM.
18. Runde (Abn-Rd): 6 x [2 fM zus abm, 4 fM] (= 30 M).
19. und 20. Runde: 1 fM in jede fM.
1 Km in die nächste M, dann den Faden bis auf ein langes Fadenende abschneiden und sichern.

Augen
1.–5. Runde

Augen und Augenlid
6. Runde
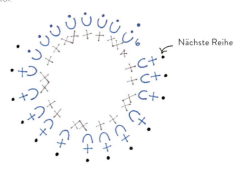
Nächste Reihe

Ohren
1.–20. Runde
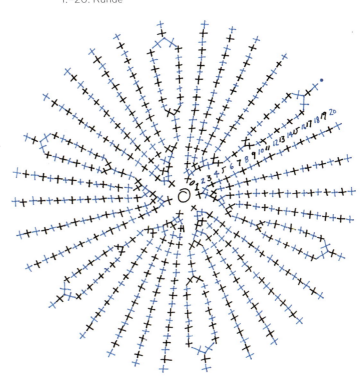

83

Nase

Mit der Häkelnd 4 mm und Garn A einen Fadenring arb.
1. Runde: 1 Lm, 6 fM in den Fadenring arb (= 6 M).
2. Runde (Zun-Rd): 2 fM in jede der 6 M der Vorrd arb. Am kurzen Fadenende ziehen, um den Fadenring zu schließen (= 12 M).
3. Runde (Zun-Rd): 2 fM in jede M der Vorrd arb (= 24 M).
4. Runde (Zun-Rd): 12 x [2 fM in 1 Einstichstelle, 1 fM] (= 36 M).
5. Runde: 1 fM in jede fM.
6. Runde: Die nächsten 6 fM übergehen, je 1 Km in die nächsten 6 fM, die nächsten 6 fM übergehen, je 1 Km in die nächsten 18 fM. Den Faden bis auf ein langes Fadenende abschneiden und sichern.

Nase
1.–6. Runde

Fertigstellung

Körper und Unterseite verbinden

Körper und Unterseite links auf links aufeinanderlegen. Das Häkelteil für den Körper zeigt nach oben. Mit der Häkelnd 4 mm Garn A an der jeweils 1. der 122 fM am oberen Ende des Körpers und der Unterseite zugleich anschlingen, um beide Teile zu verbinden.
Nächste Reihe: Immer in die fM von Körper und Unterseite zugleich einstechen; 1 fM in dieselbe M wie die Km, je 1 fM in die nächsten 121 fM, * 5 x [2 fM in 1 Einstichstelle, 5 fM] rund um die Pfote *, je 1 fM in die nächsten 120 fM; von * bis * wdh, je 1 fM in die nächsten 44 fM, 2 fM in den nächsten 1-Lm-Bg, je 1 fM in die nächsten 4 fM, 2 fM in den nächsten 1-Lm-Bg, je 1 fM in die nächsten 44 fM; von * bis * wdh, je 1 fM in die nächsten 120 fM, von * bis * wdh, 1 Km in die 1. M; den Faden abschneiden und sichern.
In Fb C jeweils 5 Spannstiche für die Krallen auf jede Pfote sticken.

Kopf

Den Kopf bis zur 5. R von der Halskante aus mit Füllwatte ausstopfen. Die M am Beginn und am Ende jeder R in der Mitte der Kopf-Unterseite aufeinander ausrichten. Die offenen Kanten mit einer geraden Naht verbinden. Den Kopf mit dem hängen gelassenen Fadenende durch Körper und Unterseite hindurch annähen.

Nase und Maul

Ein wenig Füllwatte in die Nase stopfen. Die Nase rund um die Außenkanten herum ans Schnauzenende nähen. Für das Maul einen Fliegenstich mit Garn A aufsticken.

Augen

Eine winzige Menge Füllwatte in die Augäpfel stopfen. Die Augen mit den hängen gelassenen Fadenenden rechts und links am Kopf annähen, dabei rund um die Außenkanten nähen. 1–2 kurze Stiche mit Garn E auf jedes Auge sticken.

Ohren

Die Ohren nur ganz leicht mit Füllwatte ausstopfen, damit sie ihre flache Form behalten. Mit dem langen Fadenende die 15 M an jeder Seite der Unterkante zusammennähen, sodass an jedem Ohr eine gerade Naht entsteht. Die Unterkante jedes Ohrs zum Bogen formen und rundherum fest annähen.

Alle Fadenenden vernähen.

Krokodil

Das Krokodil bekommt durch ein Noppenmuster seine charakteristische Struktur an Rücken und Schwanz. Auch die Zähne in den aufgerissenen Kiefern werden durch Noppen gebildet.

Material

- King Cole Majestic DK (30 % Premium-Polyacryl, 50 % Superwash-Wolle, 20 % Polyamid; LL 121 m/50 g)
  - **A** Bayleaf (Fb 2663), 350 g
  - **B** Apple (Fb 2647), 300 g
  - **C** Milk Chocolate (Fb 2664), 100 g
  - **D** White (Fb 2641), 50 g
  - **E** Black (Fb 2640) oder ein anderes Garn in Schwarz, ca. 55 cm für die Augen
- Häkelnadel 4 mm
- Wollnadel
- Kunstfaser-Füllwatte

Größe

Breite ca. 82,5 cm, Länge ca. 97,5 cm (ohne Kopf)

Maschenprobe

17 hStb und 14 R mit Häkelnd 4 mm und Garn A = 10 cm x 10 cm
Verwenden Sie gegebenenfalls eine dickere oder dünnere Häkelnadel, um die richtige Maschenprobe zu erzielen.

Technik

Körper und Unterseite werden in hStb in Hin- und Rückr gearbeitet, wobei der Körper zusätzlich mit Noppen gemustert wird. Jedes Teil wird mit fM umrandet. Anschließend werden beide Teile verbunden, indem man in die entsprechenden M der Umrandung von Körper und Unterseite zugleich einsticht, bevor die Füße angehäkelt werden. Die Füße entstehen, indem man in die M der Verbindung zwischen Körper und Unterseite einsticht: erst in die vMg, dann dreht man die Arbeit um und behäkelt die zuvor frei gebliebenen Mg derselben M ebenfalls. Danach häkelt man die Füße in fM in Hin- und Rückr weiter und formt die Zehen einzeln in Rd. Sie werden leicht mit Füllwatte ausgestopft. Kiefer und Maul des Krokodils werden einzeln in fM in Hin- und Rückr gearbeitet. Dann verbindet man Ober- und Unterkiefer miteinander und häkelt den Oberkopf weiter in fM, hStb und Noppen in Hin- und Rückr. Das Maul wird verbunden und in fM in Rd weitergehäkelt. Ober- und Unterkiefer werden mit fM umhäkelt. Das Maul bekommt eine Umrandung aus fM mit gleichmäßig verteilten Noppen als Zähne. Dann wird das Maul zwischen die Kiefer eingepasst und durch Einstechen in die Umrandung von Maulteil und Kieferteil zugleich mit ihnen

verbunden. Nachdem der Kopf mit Füllwatte ausgestopft ist, werden die M der letzten R mit einer geraden Naht verbunden. Die Augen werden vorwiegend in fM in Rd und R gearbeitet. Das Augenlid bekommt seine Form, indem man fM, hStb und Stb in die vMg arbeitet, sodass eine erhabene Kante über dem Auge entsteht. Anschließend werden eine vertikale Pupille und ein Lichtreflex auf jedes Auge gestickt. Die Nasenscheibe wird in fM in Hin- und Rückr gehäkelt. Für jedes Nasenloch arbeitet man einige Lm und häkelt anschließend in den Lm-Bg. Augen und Nasenscheibe werden auf den Kopf genäht, anschließend wird der Kopf an die gerade Kante des Körpers genäht.

Die 1 bzw. 2 Lm am R-Beginn werden durchweg nicht als M gezählt.

Körper

Die Noppen erscheinen auf der Rückseite der Arbeit: Dies ist die rechte Seite. Eine Anleitung zum Häkeln der Noppen finden Sie auf Seite 172.

Mit der Häkelnd 4 mm und Garn A 125 Lm anschl.

1. Reihe (Hinr): 1 hStb in die 3. Lm von der Häkelnd aus und in jede folg Lm bis R-Ende; wenden (= 123 M).

2. und 3. Reihe: 2 Lm, 1 hStb in jedes hStb bis R-Ende; wenden.

4. Reihe: 2 Lm, je 1 hStb in die nächsten 52 hStb, 3 x [1 Noppe, 5 hStb], 1 Noppe, 1 hStb in jedes hStb bis R-Ende; wenden.

5.–7. Reihe: 2 Lm, 1 hStb in jede M bis R-Ende; wenden.

8. Reihe: Die 4. R wdh.

9.–11 Reihe: Je 1 Km in die nächsten 4 M, je 1 fM in die nächsten hStb, 1 hStb in jedes hStb bis zu den letzten 5 hStb, 1 fM ins nächste hStb; wenden, die letzten 4 M der R bleiben unbehäkelt (= 99 M).

12. Reihe: 2 Lm, 2 hStb zus abm, je 1 hStb in die nächsten 32 hStb, 5 x [1 Noppe, 5 hStb], 1 Noppe, 1 hStb in jedes hStb bis zu den letzten 2 M, 2 hStb zus abm; wenden (= 97 M).

13.–15. Reihe (Abn-R): 2 Lm, 2 hStb zus abm, 1 hStb in jede M bis zu den letzten 2 M, 2 hStb zus abm; wenden (= 91 M).

16. Reihe: 2 Lm, 2 hStb zus abm, je 1 hStb in die nächsten 28 hStb, 5 x [1 Noppe, 5 hStb], 1 Noppe, 1 hStb in jedes hStb bis zu den letzten 2 M, 2 hStb zus abm; wenden (= 89 M).

17.–19. Reihe: 2 Lm, 2 hStb zus abm, 1 hStb in jede M bis zu den letzten 2 M, 2 hStb zus abm; wenden (= 83 M).

20. Reihe (Abn-R): 2 Lm, 2 hStb zus abm, je 1 hStb in die nächsten 18 hStb, 7 x [1 Noppe, 5 hStb], 1 Noppe, 1 hStb in jedes hStb bis zu den letzten 2 M, 2 hStb zus abm; wenden (= 81 M).

21. Reihe: 2 Lm, 1 hStb in jede M bis R-Ende; wenden.

22. Reihe (Abn-R): 2 Lm, 2 hStb zus abm, 1 hStb in jedes hStb bis zu den letzten 2 M, 2 hStb zus abm; wenden (= 79 M).

23. Reihe: 2 Lm, 1 hStb in jedes hStb bis R-Ende; wenden.

24. Reihe (Abn-R): 2 Lm, 2 hStb zus abm, je 1 hStb in die nächsten 16 hStb, 7 x [1 Noppe, 5 hStb], 1 Noppe, 1 hStb in jedes hStb bis zu den letzten 2 M, 2 hStb zus abm; wenden (77 M).

25. Reihe: 2 Lm, 1 hStb in jede M bis R-Ende; wenden.

26. und 27. Reihe: Die 22. und 23. R wdh (= 75 M).

28. Reihe: 2 Lm, je 1 hStb in die nächsten 16 hStb, 7 x [1 Noppe, 5 hStb], 1 Noppe, 1 hStb in jedes hStb bis R-Ende; wenden.

Zeichenerklärung

- ⟳ Fadenring
- ⟀ Luftmasche (Lm)
- • Kettmasche (Km)
- + feste Masche (fM)
- ⤬⤬ 2 fM in 1 Einstich-stelle
- ⤬⤬ 2 fM zus abm
- ⤬⇂⤬ 3 fM in 1 Einstich-stelle
- ⤬⇂⤬ 3 fM zus abm
- ⊤ halbes Stäbchen (hStb)
- ⋁ 2 hStb in 1 Einstichstelle
- ⋀ 2 hStb zus abm
- ⨎ Stäbchen (Stb)
- ⊕ Noppe
- ∪ nur unter dem vMg einstechen
- ∩ nur unter dem hMg einstechen

Farbschlüssel für den Kopf

- ◼ A
- ◼ B

Körper
1.–9. Reihe

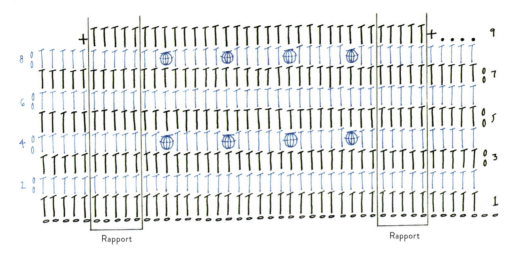

Rapport   Rapport

Körper
10.–13. Reihe

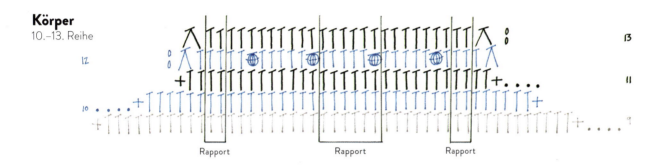

Rapport   Rapport   Rapport

Körper
14.–18. Reihe

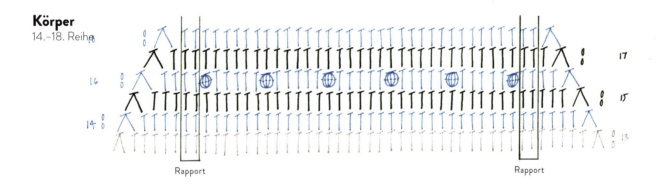

Rapport   Rapport

29.–31. Reihe: 2 Lm, 1 hStb in jede M bis R-Ende; wenden.
32.–47. Reihe: Die letzten 4 R noch 4 x wdh.
48. Reihe: 2 Lm, je 1 hStb in die nächsten 22 hStb, 5 x [1 Noppe, 5 hStb], 1 Noppe, 1 hStb in jedes hStb bis R-Ende; wenden.
49. Reihe: 2 Lm, 1 hStb in jede M bis R-Ende; wenden.

Hinterbeine

50. Reihe (Zun-R): 13 Lm, 1 fM in die 2. Lm von der Häkelnd aus, je 1 fM in die nächsten 11 Lm, 1 hStb in jede folg M bis R-Ende (= 87 M).
51. Reihe (Zun-R): 14 Lm, 1 hStb in die 3. Lm von der Häkelnd aus, je 1 hStb in die nächsten 11 Lm, je 1 hStb in die nächsten 75 hStb, je 1 fM in die nächsten 12 fM; wenden (= 99 M).
52. Reihe: 2 Lm, je 1 hStb in die nächsten 34 hStb, 5 x [1 Noppe, 5 hStb], 1 Noppe, 1 hStb in jedes hStb bis R-Ende; wenden.

Körper
19.–25. Reihe

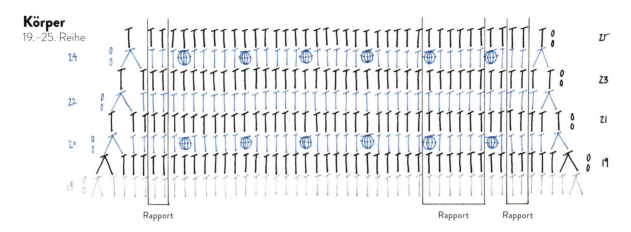

Rapport   Rapport   Rapport

Körper
28.–49. Reihe

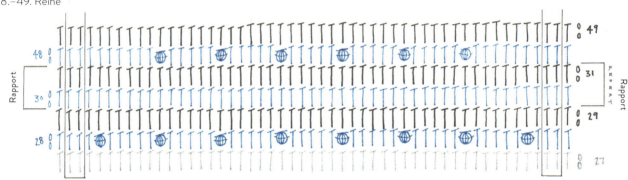

Hinterbeine
50.–61. Reihe

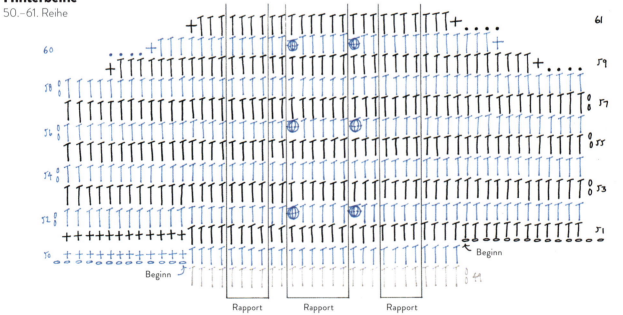

Rapport   Rapport   Rapport

90

Schwanz
62.–76. Reihe

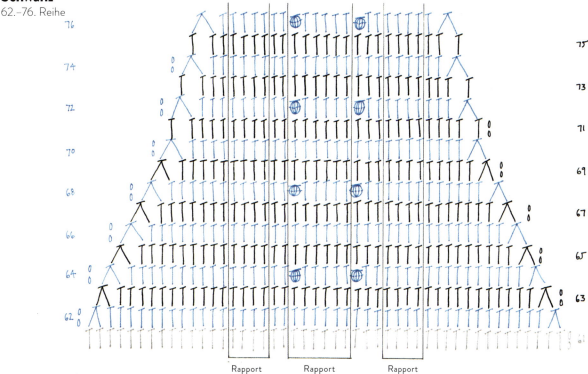

53.–55. Reihe: 2 Lm, 1 hStb in jede M bis R-Ende; wenden.
56.–58. Reihe: Die 52.–54. R wdh.
59. Reihe: Je 1 Km in die nächsten 4 M, 1 fM ins nächste hStb, 1 hStb in jede folg M bis zu den letzten 5 hStb, 1 fM ins nächste hStb; wenden, die letzten 4 M der R bleiben unbehäkelt (= 91 M).
60. Reihe: Je 1 Km in die nächsten 4 M, 1 fM ins nächste hStb, je 1 hStb in die nächsten 25 hStb, 5 x [1 Noppe, 5 hStb], 1 Noppe, 1 hStb in jedes hStb bis zu den letzten 5 hStb, 1 fM ins nächste hStb; wenden, die letzten 4 M der R bleiben unbehäkelt (= 83 M).
61. Reihe (Abn-R): Die 59. R wdh (= 75 M).

Schwanz
62. und 63. Reihe (Abn-R): 2 Lm, 2 hStb zus abm, 1 hStb in jedes hStb bis zu den letzten 2 M, 2 hStb zus abm; wenden (= 71 M).
64. Reihe (Abn-R): 2 Lm, 2 hStb zus abm, je 1 hStb in die nächsten 24 hStb, 3 x [1 Noppe, 5 hStb], 1 Noppe, 1 hStb in jedes hStb bis zu den letzten 2 M, 2 hStb zus abm; wenden (= 69 M).
65.–67. Reihe (Abn-R): 2 Lm, 2 hStb zus abm, 1 hStb in jede M bis zu den letzten 2 M, 2 hStb zus abm; wenden (= 63 M).
68. Reihe (Abn-R): 2 Lm, 2 hStb zus abm, je 1 hStb in die nächsten 20 hStb, 3 x [1 Noppe, 5 hStb], 1 Noppe, 1 hStb in jedes hStb bis zu den letzten 2 M, 2 hStb zus abm; wenden (= 61 M).
69. und 70. Reihe (Abn-R): 2 Lm, 2 hStb zus abm, 1 hStb in jede M bis zu den letzten 2 M, 2 hStb zus abm; wenden (= 57 M).
71. Reihe: 2 Lm, 1 hStb in jedes hStb bis R-Ende; wenden.

72. Reihe (Abn-R): 2 Lm, 2 hStb zus abm, je 1 hStb in die nächsten 17 hStb, 3 x [1 Noppe, 5 hStb], 1 Noppe, 1 hStb in jedes hStb bis zu den letzten 2 M, 2 hStb zus abm; wenden (= 55 M).
73. Reihe: 2 Lm, 1 hStb in jede M bis R-Ende; wenden.
74. Reihe (Abn-R): 2 Lm, 2 hStb zus abm, 1 hStb in jedes hStb bis zu den letzten 2 M, 2 hStb zus abm; wenden (= 53 M).
75. Reihe: 2 Lm, 1 hStb in jedes hStb bis R-Ende; wenden.
76. Reihe (Abn-R): 2 Lm, 2 hStb zus abm, je 1 hStb in die nächsten 15 hStb, 3 x [1 Noppe, 5 hStb], 1 Noppe, 1 hStb in jedes hStb bis zu den letzten 2 M, 2 hStb zus abm; wenden (= 51 M).
77.–79. Reihe: Die 73.–75. R wdh (= 49 M).
80. Reihe (Abn-R): 2 Lm, 2 hStb zus abm, je 1 hStb in die nächsten 13 hStb, 3 x [1 Noppe, 5 hStb], 1 Noppe, 1 hStb in jedes hStb bis zu den letzten 2 M, 2 hStb zus abm; wenden (= 47 M).
81.–83. Reihe: Die 73.–75. R wdh (= 45 M).
84. Reihe (Abn-R): 2 Lm, 2 hStb zus abm, je 1 hStb in die nächsten 11 hStb, 3 x [1 Noppe, 5 hStb], 1 Noppe, 1 hStb in jedes hStb bis zu den letzten 2 M, 2 hStb zus abm; wenden (= 43 M).
85.–87. Reihe: Die 73.–75. R wdh (= 41 M).
88. Reihe (Abn-R): 2 Lm, 2 hStb zus abm, je 1 hStb in die nächsten 15 hStb, 1 Noppe, je 1 hStb in die nächsten 5 hStb, 1 Noppe, 1 hStb in jedes hStb bis zu den letzten 2 M, 2 hStb zus abm; wenden (= 39 M).
89.–91. Reihe: Die 73.–75. R wdh (= 37 M).
92. Reihe (Abn-R): 2 Lm, 2 hStb zus abm, je 1 hStb in die nächsten 13 hStb, 1 Noppe, je 1 hStb in die nächsten 5 hStb, 1 Noppe, 1 hStb in jedes hStb bis zu den letzten 2 M, 2 hStb zus abm; wenden (= 35 M).

Schwanz
80.–95. Reihe

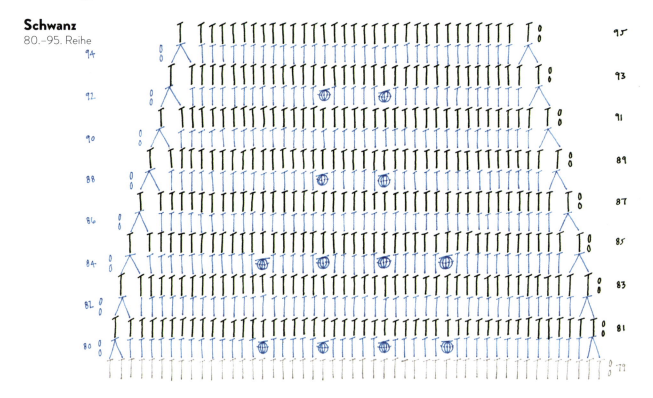

93.–95. Reihe: Die 73.–75. R wdh (= 33 M).

96. Reihe (Abn-R): 2 Lm, 2 hStb zus abm, je 1 hStb in die nächsten 11 hStb, 1 Noppe, je 1 hStb in die nächsten 5 hStb, 1 Noppe, 1 hStb in jedes hStb bis zu den letzten 2 M, 2 hStb zus abm; wenden (= 31 M).

97.–99. Reihe: Die 73.–75. R wdh (= 29 M).

100. Reihe (Abn-R): 2 Lm, 2 hStb zus abm, je 1 hStb in die nächsten 9 hStb, 1 Noppe, je 1 hStb in die nächsten 5 hStb, 1 Noppe, 1 hStb in jedes hStb bis zu den letzten 2 M, 2 hStb zus abm; wenden (= 27 M).

101.–103. Reihe: Die 73.–75. R wdh (= 25 M).

104. Reihe (Abn-R): 2 Lm, 2 hStb zus abm, je 1 hStb in die nächsten 7 hStb, 1 Noppe, je 1 hStb in die nächsten 5 hStb, 1 Noppe, 1 hStb in jedes hStb bis zu den letzten 2 M, 2 hStb zus abm; wenden (= 23 M).

105.–107. Reihe: Die 73.–75. R wdh (= 21 M).

108. Reihe (Abn-R): 2 Lm, 2 hStb zus abm, 2 x [5 hStb, 1 Noppe], 1 hStb in jedes hStb bis zu den letzten 2 M, 2 hStb zus abm; wenden (= 19 M).

109.–111. Reihe: Die 73.–75. R wdh (= 17 M).

112. Reihe (Abn-R): 2 Lm, 2 hStb zus abm, je 1 hStb in die nächsten 4 hStb, 1 Noppe, je 1 hStb in die nächsten 3 hStb, 1 Noppe, 1 hStb in jedes hStb bis zu den letzten 2 M, 2 hStb zus abm; wenden (= 15 M).

113.–115. Reihe: Die 73.–75. R wdh (= 13 M).

116. Reihe (Abn-R): 2 Lm, 2 hStb zus abm, je 1 hStb in die nächsten 4 hStb, 1 Noppe, 1 hStb in jedes hStb bis zu den letzten 2 M, 2 hStb zus abm; wenden (= 11 M).

117.–119. Reihe (Abn-R): Die 73.–75. R wdh (= 9 M).

120. Reihe (Abn-R): 2 Lm, 2 hStb zus abm, je 1 hStb in die nächsten 2 hStb, 1 Noppe, 1 hStb in jedes hStb bis zu den letzten 2 M, 2 hStb zus abm; wenden (= 7 M).

121.–123. Reihe (Abn-R): Die 73.–75. R wdh (= 5 M).

124. Reihe (Abn-R): 2 Lm, 2 hStb zus abm, 1 hStb ins nächste hStb, 2 hStb zus abm; wenden (= 3 M).

125. Reihe (Abn-R): 1 Lm, 3 fM zus abm (= 1 M).

Umrandung

Von der rechten Seite der Arbeit aus mit Häkelnd 4 mm Garn A mit 1 Km auf der Rückseite der 1. Lm anschlingen.

Nächste Reihe: 1 fM in dieselbe M wie die Km, je 1 fM in die Rückseite der nächsten 122 Lm, 1 Lm, 12 fM gleichmäßig verteilt ins Ende des Beins arb, 1 Lm, 12 fM in die Kante des Beins nach unten, 58 fM gleichmäßig verteilt in die Seitenkante des Körper, je 1 fM in die Rückseite der nächsten 12 Lm des Hinterbeins, 1 Lm, 12 fM gleichmäßig verteilt ins Ende des Beins, 1 Lm, 12 fM in die Kante des Beins nach unten, 94 fM gleichmäßig verteilt in die Kante des Schwanzes nach unten, 5 fM in die fM an der Schwanzspitze, 94 fM gleichmäßig verteilt in die Kante des Schwanzes nach oben, 12 fM in die Kante des Hinterbeins nach oben, 1 Lm, 12 fM gleichmäßig verteilt ins Ende des Beins, 1 Lm, je 1 fM in die Rückseite der nächsten 12 Lm des Hinterbeins, 58 fM gleichmäßig verteilt in die Seitenkante des Körpers, 12 fM in die Kante des Vorderbeins nach oben, 1 Lm, 12 fM gleichmäßig verteilt ins Ende des Beins, 1 Lm, 1 Km in die 1. M; den Faden abschneiden und sichern.

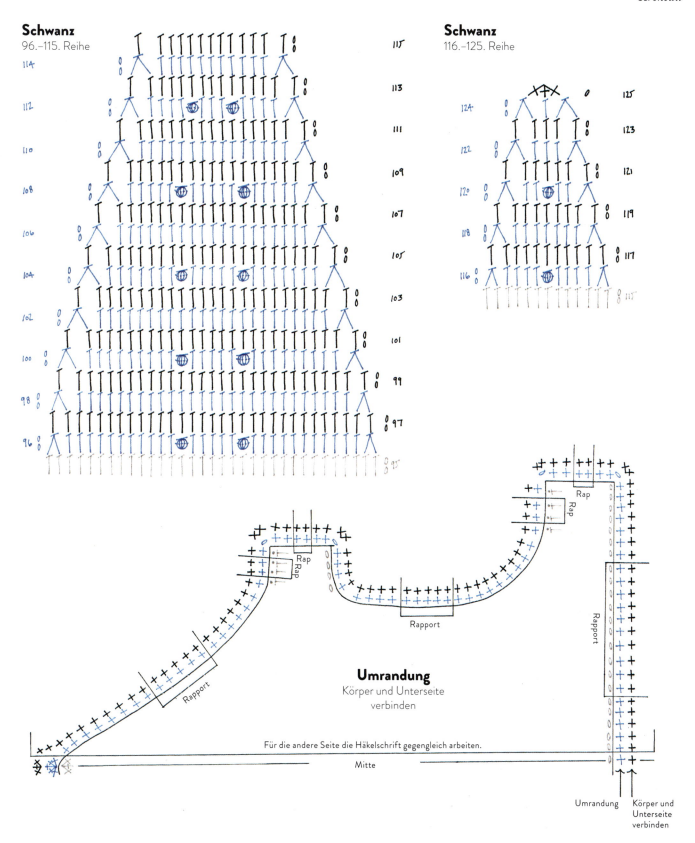

Schwanz
96.–115. Reihe

Schwanz
116.–125. Reihe

Umrandung
Körper und Unterseite
verbinden

Rapport

Rap

Rap

Rapport

Für die andere Seite die Häkelschrift gegengleich arbeiten.

Mitte

Umrandung

Körper und
Unterseite
verbinden

Umrandung
1.–11. Reihe

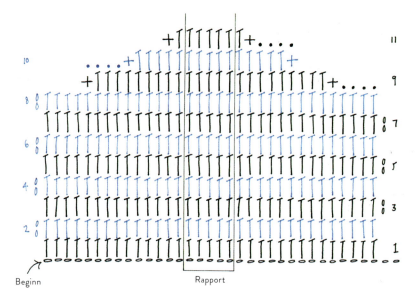

Umrandung
12.–21. Reihe

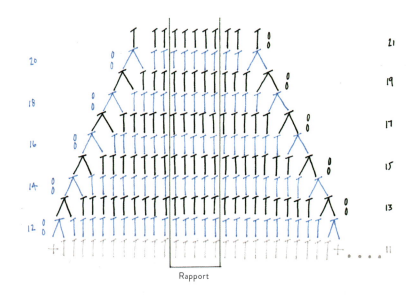

Umrandung
28. und 29. Reihe

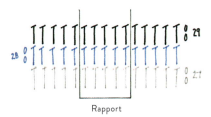

Unterseite

Mit der Häkelnd 4 mm und Garn B 125 Lm anschl.

1. Reihe (Hinr): 1 hStb in die 3. Lm von der Häkelnd aus und in jede folg Lm bis R-Ende; wenden (= 123 M).

2.–8. Reihe: 2 Lm, 1 hStb in jedes hStb bis R-Ende; wenden.

9.–11. Reihe: Je 1 Km in die nächsten 4 M, 1 fM ins nächste hStb, 1 hStb in jedes hStb bis zu den letzten 5 hStb, 1 fM ins nächste hStb; wenden, die letzten 4 M der R bleiben unbehäkelt (= 99 M).

12.–20. Reihe (Abn-R): 2 Lm, 2 hStb zus abm, 1 hStb in jedes hStb bis zu den letzten 2 M, 2 hStb zus abm; wenden (= 81 M).

21. Reihe: 2 Lm, 1 hStb in jedes hStb bis R-Ende; wenden.

22.–27. Reihe: Die 20. und 21. R noch 3 x wdh (= 75 M).

Hinterbeine
50.–61. Reihe

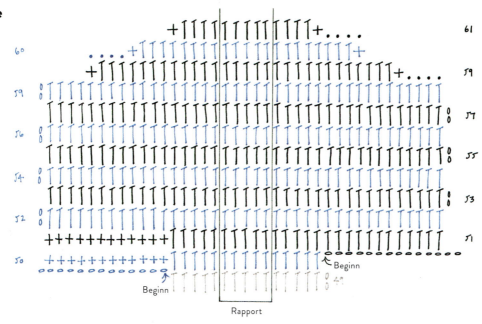

Schwanz
62.–72. Reihe

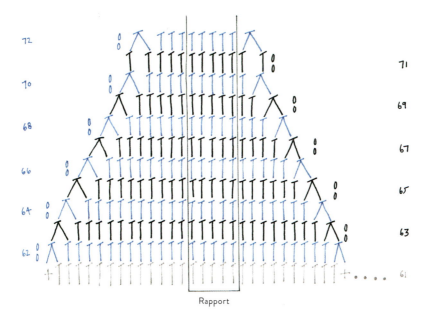

28.–49. Reihe: 2 Lm, 1 hStb in jedes hStb bis R-Ende; wenden. 2 Lm, 1 hStb in jedes hStb bis R-Ende; wenden (die 28. und 29. R der Häkelschrift wdh).

Hinterbeine
50. Reihe (Zun-R): 13 Lm, 1 fM in die 2. Lm von der Häkelnd aus, je 1 fM in die nächsten 11 Lm, 1 hStb in jede folg M bis R-Ende (= 87 M).

51. Reihe (Zun-R): 14 Lm, 1 hStb in die 3. Lm von der Häkelnd aus, je 1 hStb in die nächsten 11 Lm, je 1 hStb in die nächsten 75 hStb, je 1 fM in die nächsten 12 fM; wenden (= 99 M).
52.–58. Reihe: 2 Lm, 1 hStb in jedes hStb bis R-Ende; wenden.
59.–61. Reihe: Je 1 Km in die nächsten 4 M, 1 fM ins nächste hStb, 1 hStb in jedes hStb bis zu den letzten 5 hStb, 1 fM ins nächste hStb; wenden, die letzten 4 M der R bleiben unbehäkelt (= 75 M).

Schwanz

62.–70. Reihe (Abn-R): 2 Lm, 2 hStb zus abm, 1 hStb in jedes hStb bis zu den letzten 2 M, 2 hStb zus abm; wenden (= 57 M).
71. Reihe: 2 Lm, 1 hStb in jedes hStb bis R-Ende; wenden.
72. Reihe (Abn-R): 2 Lm, 2 hStb zus abm, 1 hStb in jedes hStb bis zu den letzten 2 M, 2 hStb zus abm; wenden (= 55 M).
73.–124. Reihe: Die letzten 2 R noch 26 x wdh (die 71. und 72. R der Häkelschrift wdh; = 3 M).
125. Reihe (Abn-R): 1 Lm, 3 fM zus abm (= 1 M).

Umrandung

Mit der Häkelnd 4 mm und Garn B wie die Umrandung des Körpers arb.

Körper und Unterseite verbinden

Körper und Unterseite links auf links aufeinanderlegen. Das Häkelteil für den Körper zeigt nach oben. Mit der Häkelnd 4 mm Garn A mit 1 Km an der jeweils 1. der 123 fM am oberen Ende des Körpers zugleich anschlingen, um beide Teile zu verbinden.

Nächste Reihe: Immer in die fM von Körper und Unterseite zugleich einstechen; 1 fM in dieselbe M wie die Km, je 1 fM in die nächsten 122 fM, * 2 fM in den 1-Lm-Bg, je 1 fM in die nächsten 12 fM, 2 fM in den 1-Lm-Bg, je 1 fM in die nächsten 82 fM, 2 fM in den 1-Lm-Bg, je 1 fM in die nächsten 12 fM, 2 fM in den 1-Lm-Bg *, je 1 fM in die nächsten 108 fM, 3 fM in 1 Einstichstelle, je 1 fM in die nächsten 108 fM; von * bis * wdh, 1 Km in die 1. M; den Faden abschneiden und sichern.

Füße (4 x arb)

Mit der Häkelnd 4 mm Garn A mit 1 Km am vMg der 1. der 14 fM anschlingen, die Körper und Unterseite am Ende eines Beins verbinden.

1. Reihe (Hinr): Nur unter dem vMg jeder M einstechen, 1 fM in dieselbe M wie die Km, je 1 fM in die nächsten 13 fM; wenden, je 1 fM in die unbehäkelten hMg der 14 fM arb; wenden (= 28 M).
2. Reihe (Rückr): 1 Lm, 1 fM in jede fM; wenden.
3. Reihe (Zun-R): 1 Lm, 2 fM in 1 Einstichstelle, je 1 fM in die nächsten 12 fM, 2 x [2 fM in 1 Einstichstelle], je 1 fM in die nächsten 12 fM, 2 fM in 1 Einstichstelle; wenden (= 32 M).
4. Reihe: 1 Lm, 1 fM in jede fM; wenden.
5. Reihe (Zun-R): 1 Lm, 2 fM in 1 Einstichstelle, je 1 fM in die nächsten 14 fM, 2 x [2 fM in 1 Einstichstelle], je 1 fM in die nächsten 14 fM, 2 fM in 1 Einstichstelle; wenden (= 36 M).
6. Reihe: 1 Lm, 1 fM in jede fM; wenden.
7. Reihe (Zun-R): 1 Lm, 2 fM in 1 Einstichstelle, je 1 fM in die nächsten 16 fM, 2 x [2 fM in 1 Einstichstelle], je 1 fM in die nächsten 16 fM, 2 fM in 1 Einstichstelle; wenden (= 40 M).
8. Reihe: 1 Lm, 1 fM in jede fM, 1 Km in die 1. fM; wenden.

Schwanz
125. Reihe

Füße
1.–8. Reihe

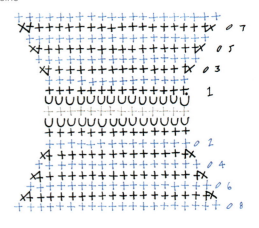

1. Zehe
1.–5. Runde

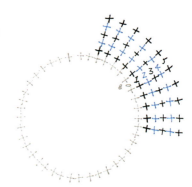

Zehen
6. Runde

2. Zehe
1. Runde

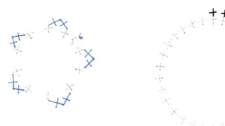

1. Zehe

In Rd weiterhäkeln wie folgt:
1. Runde: Je 1 fM in die nächsten 5 fM, die nächsten 30 fM übergehen, je 1 fM in die nächsten 5 fM.
Nur über diese 10 M weiterhäkeln wie folgt:
2.–5. Runde: 1 fM in jede fM.
6. Runde (Abn-Rd): 5 x 2 fM zus abm (= 5 M).
Den Faden abschneiden und sichern. Das Fadenende durch die M der letzten Rd führen, fest anziehen, um die Öffnung zu schließen, und vernähen.

2. Zehe

Mit der Häkelnd 4 mm Garn A mit 1 Km an der 1. der 30 übergangenen M anschlingen.
1. Runde: 1 fM in dieselbe M wie die Km, je 1 fM in die nächsten 4 fM, die nächsten 20 fM übergehen, je 1 fM in die nächsten 5 fM.
Nur über diese 10 M weiterhäkeln wie folgt:
2.–6. Runde: Wie die 2.–6. Rd der 1. Zehe häkeln und die Zehe beenden, wie dort beschrieben.

3. Zehe

Mit der Häkelnd 4 mm Garn A mit 1 Km an der 1. der 20 übergangenen M anschlingen.
1. Runde: 1 fM in dieselbe M wie die Km, je 1 fM in die nächsten 4 fM, die nächsten 10 fM übergehen, je 1 fM in die nächsten 5 fM, 1 Km in die 1. fM.
Nur über diese 10 M weiterhäkeln wie folgt:
2.–6. Runde: Wie die 2.–6. Rd der 1. Zehe häkeln und die Zehe beenden, wie dort beschrieben.

4. Zehe

Mit der Häkelnd 4 mm Garn A mit 1 Km an der 1. der 10 übergangenen M anschlingen.
1. Runde: 1 fM in dieselbe M wie die Km, je 1 fM in die nächsten 9 fM, 1 Km in die 1. fM.
Nur über diese 10 M weiterhäkeln wie folgt:
2.–6. Runde: Wie die 2.–6. Rd der 1. Zehe häkeln und die Zehe beenden, wie dort beschrieben.
Den Fuß leicht mit Füllwatte ausstopfen und die offenen Kanten zusammennähen. Die übrigen 3 Füße genauso arb.

Kopf

Unterkiefer

Mit der Häkelnd 4 mm und Garn B einen Fadenring arb.
1. Reihe: 1 Lm, 6 fM in den Fadenring; wenden (= 6 M).
2. Reihe: 1 Lm, 1 fM in jede fM; wenden. Am kurzen Fadenende ziehen, um den Fadenring zu schließen.
3. Reihe (Zun-R): 1 Lm, 6 x [2 fM in 1 Einstichstelle]; wenden (= 12 M).
4. Reihe (Zun-R): 1 Lm, 6 x [2 fM in 1 Einstichstelle, 1 fM]; wenden (= 18 M).

3. Zehe
1. Runde

4. Zehe
1. Runde

Unter- und Oberkiefer
1.–6. Reihe

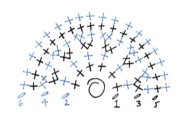

5.–18. Reihe: 1 Lm, 1 fM in jede fM; wenden (die 5. und 6. R der Häkelschrift wdh).
19. Reihe (Abn-R): 1 Lm, 2 fM zus abm, 1 fM in jede fM bis zu den letzten 2 M, 2 fM zus abm; wenden (= 16 M).
20. Reihe: 1 Lm, 1 fM in jede fM; wenden.
21. Reihe (Zun-R): 1 Lm, 2 fM in 1 Einstichstelle, 1 fM in jede fM bis zur letzten M, 2 fM in 1 Einstichstelle; wenden (= 18 M).
22.–24. Reihe: 1 Lm, 1 fM in jede fM; wenden.
25.–60. Reihe (Zun-R): Die letzten 4 R noch 9 x wdh (= 36 M). Beginn und Ende der letzten R mit je 1 MM kennzeichnen. Den Faden abschneiden und sichern. Das Häkelteil vorerst beiseitelegen.

Oberkiefer

Mit der Häkelnd 4 mm und Garn A einen Fadenring arb.
1.–60. Reihe: Wie den Unterkiefer arb. Den Faden am Ende nicht abschneiden.

Kopf ausformen

61. Reihe (Hinr; Zun-R): 1 Lm, * 3 x [11 fM, 2 fM in 1 Einstichstelle]. Die letzte fM bereits mit Garn B abm; von der rechten Seite des Unterkieferteils aus mit Garn B ab * wdh, 1 Km in die 1. fM; wenden (= 78 M).
62. Reihe (Rückr): Mit Garn B je 1 fM in die nächsten 39 fM; mit Garn A je 1 fM in die nächsten 39 fM; wenden.
63. Reihe: Mit Garn A 1 Lm, je 1 fM in die nächsten 39 fM; mit Garn B je 1 fM in die nächsten 39 fM, 1 Km in die 1. fM; wenden.
64. Reihe: Die 62. R wdh.

Unter- und Oberkiefer

19.–60. Reihe

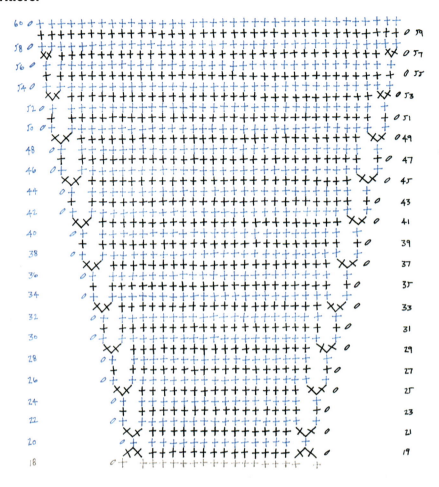

65. Reihe (Zun-R): 1 Lm, * 3 x [2 fM in 1 Einstichstelle, 12 fM]; mit Garn B ab * wdh, 1 Km in die 1. fM; wenden (= 84 M).

66. Reihe: Mit Garn B je 1 fM in die nächsten 42 fM; mit Garn A je 1 fM in die nächsten 42 fM; wenden.

67. Reihe: Mit Garn A 1 Lm, je 1 fM in die nächsten 42 fM; mit Garn B je 1 fM in die nächsten 42 fM, 1 Km in die 1. fM; wenden.

68. Reihe: Die 66. R wdh.

69. Reihe (Zun-R): 1 Lm, * 3 x [13 fM, 2 fM in 1 Einstichstelle]; mit Garn B ab * wdh, 1 Km in die 1. fM; wenden (= 90 M).

70. Reihe: Mit Garn B je 1 fM in die nächsten 45 fM; mit Garn A je 1 fM in die nächsten 45 fM; wenden.

71. Reihe: Mit Garn A 1 Lm, je 1 fM in die nächsten 45 fM; mit Garn B je 1 fM in die nächsten 45 fM, 1 Km in die 1. fM; wenden.

72. Reihe: Die 70. R wdh.

73. Reihe (Abn-R): Mit Garn A 2 Lm, * 2 hStb zus abm, je 1 hStb in die nächsten 41 fM, 2 hStb zus abm; mit Garn B ab * wdh, 1 Km ins 1. hStb; wenden (= 86 M).

74. Reihe: Mit Garn B 2 Lm, je 1 hStb in die nächsten 43 hStb; mit Garn A je 1 hStb in die nächsten 12 hStb, 3 x [1 Noppe, 5 hStb], 1 Noppe, je 1 hStb in die nächsten 12 hStb, 1 Km ins 1. hStb; wenden.

75. Reihe (Abn-R): Mit Garn A 2 Lm, * 2 hStb zus abm, je 1 hStb in die nächsten 39 fM, 2 hStb zus abm; mit Garn B ab * wdh, 1 Km ins 1. hStb; wenden (= 82 M).

76. Reihe: Mit Garn B 2 Lm, je 1 hStb in die nächsten 41 M; mit Garn A je 1 hStb in die nächsten 41 M, 1 Km ins 1. hStb; wenden.

77. Reihe (Abn-R): Mit Garn A 2 Lm, * 2 hStb zus abm, je 1 hStb in die nächsten 37 fM, 2 hStb zus abm; mit Garn B ab * wdh, 1 Km ins 1. hStb; wenden (= 78 M).

78. Reihe: Mit Garn B 2 Lm, je 1 hStb in die nächsten 39 hStb; mit Garn A je 1 hStb in die nächsten 10 hStb, 3 x [1 Noppe, 5 hStb], 1 Noppe, je 1 hStb in die nächsten 10 hStb, 1 Km ins 1. hStb; wenden.

79. Reihe (Abn-R): Mit Garn A 2 Lm, * 2 hStb zus abm, je 1 hStb in die nächsten 35 fM, 2 hStb zus abm; mit Garn B ab * wdh, 1 Km ins 1. hStb; wenden (= 74 M).

80. Reihe: Mit Garn B 2 Lm, je 1 hStb in die nächsten 37 M; mit Garn A je 1 hStb in die nächsten 37 M, 1 Km ins 1. hStb; wenden.

81. Reihe (Abn-R): Mit Garn A 2 Lm, * 2 hStb zus abm, je 1 hStb in die nächsten 33 fM, 2 hStb zus abm; mit Garn B ab * wdh, 1 Km ins 1. hStb; wenden (= 70 M).

82. Reihe: Mit Garn B 2 Lm, je 1 hStb in die nächsten 35 hStb; mit Garn A je 1 hStb in die nächsten 8 hStb, 3 x [1 Noppe, 5 hStb], 1 Noppe, je 1 hStb in die nächsten 8 hStb, 1 Km ins 1. hStb; wenden.

83. Reihe (Abn-R): Mit Garn A 2 Lm, * 2 hStb zus abm, je 1 hStb in die nächsten 31 fM, 2 hStb zus abm; mit Garn B ab * wdh, 1 Km ins 1. hStb; wenden (= 66 M).

84. Reihe: Mit Garn B 2 Lm, je 1 hStb in die nächsten 33 M; mit Garn A je 1 hStb in die nächsten 33 M, 1 Km ins 1. hStb; wenden. Die Fäden der Garne A und B jeweils bis auf ein langes Fadenende abschneiden und sichern.

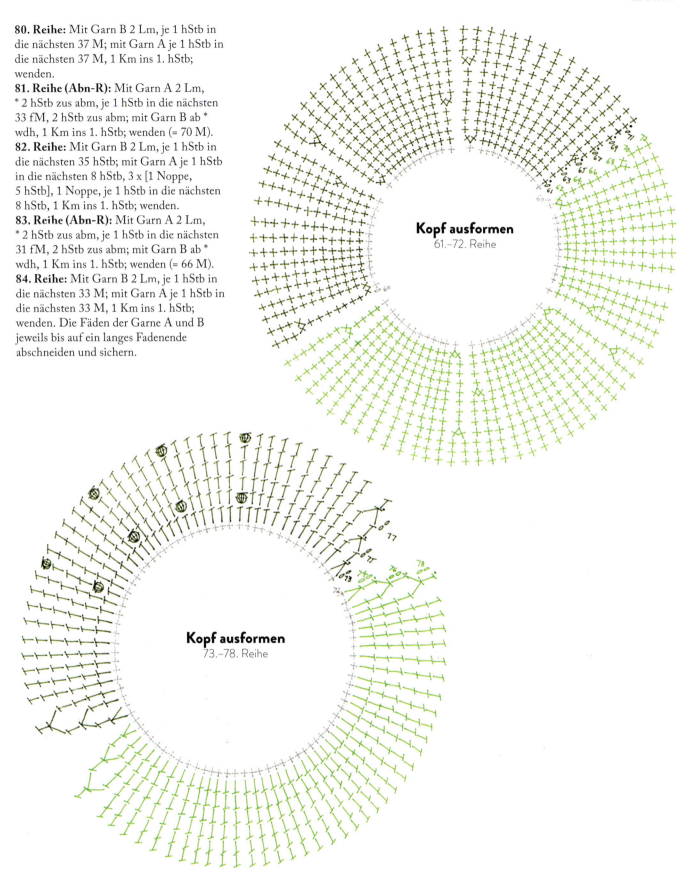

Kopf ausformen
61.–72. Reihe

Kopf ausformen
73.–78. Reihe

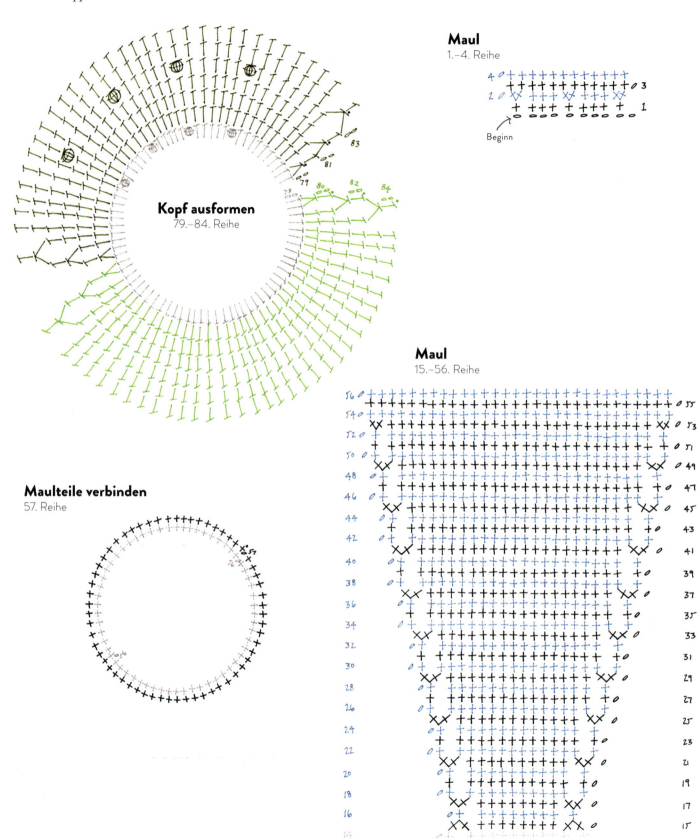

Kopf ausformen
79.–84. Reihe

Maul
1.–4. Reihe

Beginn

Maul
15.–56. Reihe

Maulteile verbinden
57. Reihe

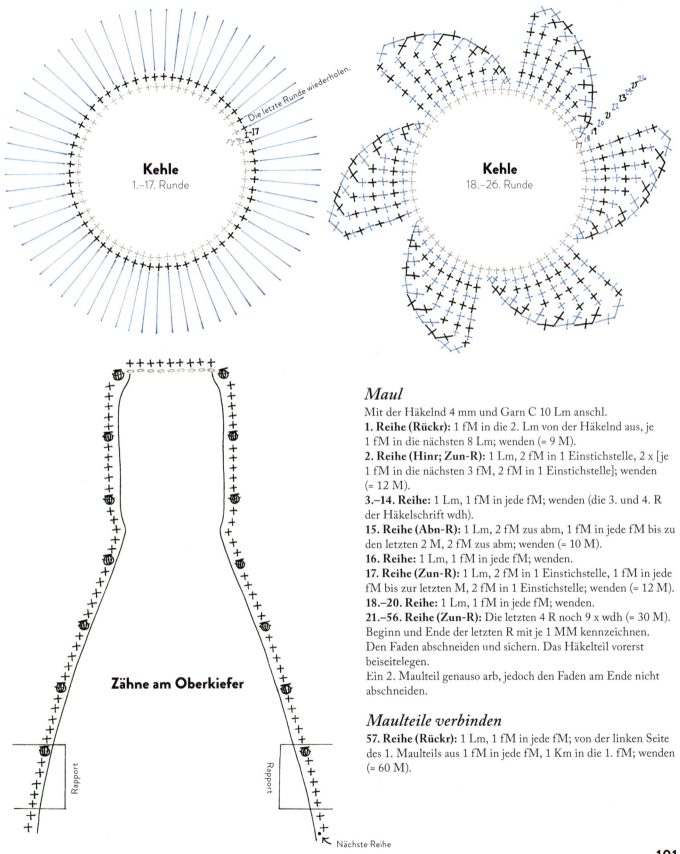

Kehle
1.–17. Runde

Kehle
18.–26. Runde

Die letzte Runde wiederholen.

1–17

17
18
19 20 21 22 23 24 25 26

Zähne am Oberkiefer

Rapport

Rapport

Nächste Reihe

Maul

Mit der Häkelnd 4 mm und Garn C 10 Lm anschl.
1. Reihe (Rückr): 1 fM in die 2. Lm von der Häkelnd aus, je 1 fM in die nächsten 8 Lm; wenden (= 9 M).
2. Reihe (Hinr; Zun-R): 1 Lm, 2 fM in 1 Einstichstelle, 2 x [je 1 fM in die nächsten 3 fM, 2 fM in 1 Einstichstelle]; wenden (= 12 M).
3.–14. Reihe: 1 Lm, 1 fM in jede fM; wenden (die 3. und 4. R der Häkelschrift wdh).
15. Reihe (Abn-R): 1 Lm, 2 fM zus abm, 1 fM in jede fM bis zu den letzten 2 M, 2 fM zus abm; wenden (= 10 M).
16. Reihe: 1 Lm, 1 fM in jede fM; wenden.
17. Reihe (Zun-R): 1 Lm, 2 fM in 1 Einstichstelle, 1 fM in jede fM bis zur letzten M, 2 fM in 1 Einstichstelle; wenden (= 12 M).
18.–20. Reihe: 1 Lm, 1 fM in jede fM; wenden.
21.–56. Reihe (Zun-R): Die letzten 4 R noch 9 x wdh (= 30 M). Beginn und Ende der letzten R mit je 1 MM kennzeichnen. Den Faden abschneiden und sichern. Das Häkelteil vorerst beiseitelegen.
Ein 2. Maulteil genauso arb, jedoch den Faden am Ende nicht abschneiden.

Maulteile verbinden

57. Reihe (Rückr): 1 Lm, 1 fM in jede fM; von der linken Seite des 1. Maulteils aus 1 fM in jede fM, 1 Km in die 1. fM; wenden (= 60 M).

101

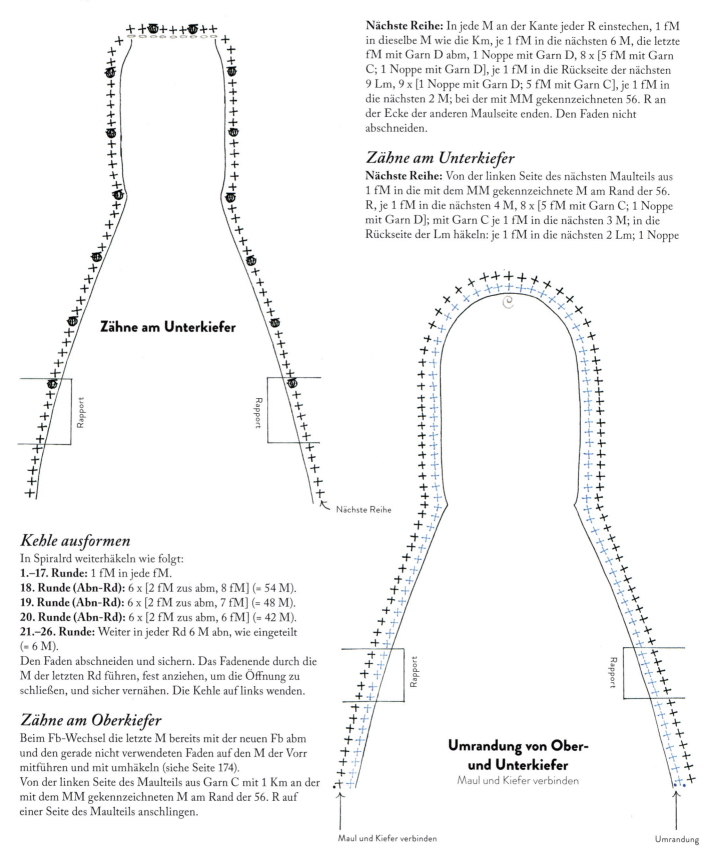

Zähne am Unterkiefer

Rapport

Rapport

Nächste Reihe

Umrandung von Ober- und Unterkiefer
Maul und Kiefer verbinden

Maul und Kiefer verbinden

Umrandung

Nächste Reihe: In jede M an der Kante jeder R einstechen, 1 fM in dieselbe M wie die Km, je 1 fM in die nächsten 6 M, die letzte fM mit Garn D abm, 1 Noppe mit Garn D, 8 x [5 fM mit Garn C; 1 Noppe mit Garn D], je 1 fM in die Rückseite der nächsten 9 Lm, 9 x [1 Noppe mit Garn D; 5 fM mit Garn C], je 1 fM in die nächsten 2 M; bei der mit MM gekennzeichneten 56. R an der Ecke der anderen Maulseite enden. Den Faden nicht abschneiden.

Zähne am Unterkiefer
Nächste Reihe: Von der linken Seite des nächsten Maulteils aus 1 fM in die mit dem MM gekennzeichnete M am Rand der 56. R, je 1 fM in die nächsten 4 M, 8 x [5 fM mit Garn C; 1 Noppe mit Garn D]; mit Garn C je 1 fM in die nächsten 3 M; in die Rückseite der Lm häkeln: je 1 fM in die nächsten 2 Lm; 1 Noppe

Kehle ausformen
In Spiralrd weiterhäkeln wie folgt:
1.–17. Runde: 1 fM in jede fM.
18. Runde (Abn-Rd): 6 x [2 fM zus abm, 8 fM] (= 54 M).
19. Runde (Abn-Rd): 6 x [2 fM zus abm, 7 fM] (= 48 M).
20. Runde (Abn-Rd): 6 x [2 fM zus abm, 6 fM] (= 42 M).
21.–26. Runde: Weiter in jeder Rd 6 M abn, wie eingeteilt (= 6 M).
Den Faden abschneiden und sichern. Das Fadenende durch die M der letzten Rd führen, fest anziehen, um die Öffnung zu schließen, und sicher vernähen. Die Kehle auf links wenden.

Zähne am Oberkiefer
Beim Fb-Wechsel die letzte M bereits mit der neuen Fb abm und den gerade nicht verwendeten Faden auf den M der Vorr mitführen und mit umhäkeln (siehe Seite 174).
Von der linken Seite des Maulteils aus Garn C mit 1 Km an der mit dem MM gekennzeichneten M am Rand der 56. R auf einer Seite des Maulteils anschlingen.

mit Garn D; mit Garn C je 1 fM in die nächsten 3 Lm; 1 Noppe mit Garn D; mit Garn C je 1 fM in die nächsten 2 Lm, je 1 fM in die nächsten 3 M, 8 x [1 Noppe mit Garn D; 5 fM mit Garn C], je 1 fM in die nächsten 5 M, bei der mit MM gekennzeichneten 56. R an der anderen Maulseite enden, 1 Km in die 1. fM. Den Faden abschneiden und sichern.

Umrandung des Oberkiefers

Von der linken Seite des Oberkiefers aus Garn A mit 1 Km an der mit einem MM gekennzeichneten M am Rand der 60. R anschlingen.

Nächste Reihe: In jede M am Rand jeder R einstechen, 1 fM in dieselbe M wie die Km, * je 1 fM in die nächsten 59 M, 1 fM in die Mitte des Fadenrings, je 1 fM in die nächsten 60 M, bei der mit dem MM gekennzeichneten 60. R auf der anderen Seite des Kiefers enden. * Die letzte fM bereits mit Garn B abm.

Umrandung des Unterkiefers

Nächste Reihe: Mit Garn B von der linken Seite des Unterkiefers aus 1 fM in die mit dem MM gekennzeichnete M am Rand der 60. R; von * bis * wdh, wie bei der Umrandung des Oberkiefers beschrieben; 1 Km in die 1. fM der Unterkiefer-Umrandung; wenden.

Maul und Kiefer verbinden

Maul und Kiefer links auf links ineinanderstecken.

Nächste Reihe: Das Kieferteil zeigt nach oben; in jede fM von Kiefer und Maul zugleich einstechen: Mit Garn B je 1 fM in die nächsten 121 M, mit Garn A je 1 fM in die nächsten 121 M, 1 Km in die 1. M; den Faden abschneiden und sichern.

Augen (2 x arb)

Augapfel

Mit der Häkelnd 4 mm und Garn B einen Fadenring arb.
1. Runde: 1 Lm, 6 fM in den Fadenring arb (= 6 M).
2. Runde (Zun-Rd): 2 fM in jede der 6 M der Vorrd arb. Am kurzen Fadenende ziehen, um den Fadenring zu schließen (= 12 M). Die letzte fM bereits mit Garn A abm.
Mit Garn A weiterhäkeln wie folgt:
3. Runde (Zun-Rd): 3 x [2 fM in 1 Einstichstelle, 3 fM] (= 15 M).
4. Runde: 1 Km ins vMg jeder M der Vorrd.
5. Runde: Unter den hMg der 3. Rd einstechen, 5 x [2 fM in 1 Einstichstelle, 2 fM] (= 20 M).
6. Runde: 3 fM in 1 Einstichstelle, je 1 fM in die nächsten 10 fM, 3 fM in 1 Einstichstelle, 1 Km in die nächste fM; wenden (= 24 M).

Augenlid

In Hin- und Rückr häkeln wie folgt:
1. Reihe: Nur unter den hMg einstechen, die 1. fM übergehen, je 1 fM in die nächste fM, je 1 hStb in die nächste fM, 1 Stb in die

Augapfel
1.–4. Runde

Augapfel
5. und 6. Runde

Augenlid
1. Reihe

Augenlid
2.–5. Reihe

Nasenscheibe
1.–5. Reihe

nächsten 10 fM, je 1 hStb in die nächste fM, je 1 fM in die nächste fM; wenden.
2. Reihe: Nur unter den vMg der 6. Rd des Augapfels einstechen, je 1 fM in die nächsten 14 M; wenden.
3. Reihe (Abn-R): 1 Lm, 2 fM zus abm, je 1 fM in die nächsten 10 M, 2 fM zus abm; wenden (= 12 M).
4. und 5. Reihe (Abn-R): 1 Lm, 3 fM zus abm, 1 fM in jede fM bis zu den letzten 3 M, 3 fM zus abm; wenden (= 4 M).
Den Faden bis auf ein langes Fadenende abschneiden und sichern.

Nasenscheibe

Mit der Häkelnd 4 mm und Garn A einen Fadenring arb.
1. Reihe: 1 Lm, 6 fM in den Fadenring; wenden (= 6 M).
2. Reihe: 1 Lm, 1 fM in jede fM; wenden. Am kurzen
Fadenende ziehen, um den Fadenring zu schließen.
3. Reihe (Zun-R): 1 Lm, 6 x [2 fM in 1 Einstichstelle], 5 Lm,
1 Km in die Mitte des Fadenrings, 5 Lm, 1 Km in die 1. fM;
wenden (= 12 M + zwei 5-Lm-Bg).
4. Reihe: 1 Lm, [3 fM, 2 hStb, 1 Stb] in den nächsten 5-Lm-Bg,
[1 Stb, 2 hStb, 3 fM] in den nächsten 5-Lm-Bg, je 1 fM in die
nächsten 12 fM, 1 Km in die 1. fM; wenden (= 24 M).
5. Reihe: 1 fM in jede M, 1 Km in die 1. M. Den Faden bis auf
ein langes Fadenende abschneiden und sichern.

Fertigstellung

Kopf

Den Kopf bis zur 5. R von der Halskante aus mit Füllwatte
ausstopfen. Die M am Beginn und am Ende jeder R in der Mitte
der Kopf-Unterseite aufeinander ausrichten. Die offenen Kanten
mit einer geraden Naht verbinden. Den Kopf mit dem hängen
gelassenen Fadenende durch Körper und Unterseite hindurch
annähen.

Nasenscheibe

Die Nasenscheibe mit dem hängen gelassenen Fadenende rund
um die Außenkante herum am vorderen Ende der Schnauze
annähen.

Augen

Auf jeder Seite des Gesichts ein Auge rundherum mit dem
hängen gelassenen Fadenende annähen, dabei kurz vor dem
endgültigen Schließen der Naht ein wenig Füllwatte unter das
Auge stopfen. 1–2 lange Spannstiche mit Garn E und 2 kurze
Stiche mit Garn D als Lichtreflexe auf jedes Auge sticken.

Alle Fadenenden vernähen.

Fuchs

Der Fuchs sticht durch seine charakteristische Farbgebung und durch den Schwanz aus Schlingenmaschen ins Auge. Die Schlingenmaschen erscheinen auf der linken Seite der Arbeit und verleihen dem Schweif seine buschige Optik.

Material

- Sirdar Country Style DK (40 % Polyamid, 30 % Wolle, 30 % Polyacryl; LL 155 m/50 g)
  A Burnt Orange (Fb 655), 200 g
  B Black (Fb 417), 50 g
  C White (Fb 412), 250 g
- Häkelnadel 4 mm
- Wollnadel
- Kunstfaser-Füllwatte

Größe

Breite ca. 72 cm, Länge ca. 88 cm (ohne Kopf)

Maschenprobe

17 hStb und 12 R mit Häkelnd 4 mm und Garn A = 10 cm x 10 cm
Verwenden Sie gegebenenfalls eine dickere oder dünnere Häkelnadel, um die richtige Maschenprobe zu erzielen.

Technik

Der Körper und das Futter für die Unterseite werden in hStb in Hin- und Rückr gehäkelt. Die Pfoten werden separat gehäkelt und mit den Beinen verbunden, indem man in die M beider Teile zugleich einsticht. Körper und Unterseite werden mit fM umhäkelt; anschließend sticht man jeweils in die entsprechenden M beider Teile zugleich ein, um sie miteinander zu verbinden. Der vordere Teil der Fuchsschnauze wird in fM in Spiralrd gearbeitet. Der Fb-Wechsel erfolgt in Hin- und Rückr. Der Kopf wird in hStb in Hin- und Rückr ausgeformt. Wenn der Kopf mit Füllwatte ausgestopft ist, werden die M der letzten R in einer geraden Naht zusammengenäht. Die Augen werden in fM in Rd gearbeitet, das Augenlid bekommt seine Form durch das Behäkeln der vMg, sodass eine plastische Rippe über dem Auge entsteht. Die vertikale Pupille und ein Lichtreflex werden auf jedes Auge aufgestickt. Jedes Ohr setzt sich aus zwei gleichen Teilen zusammen, die durch Einstechen in die M beider Lagen zugleich zusammengehäkelt werden. Sie werden leicht mit Füllwatte ausgestopft, bevor man sie am Kopf annäht. Die Nase wird in fM in Spiralrd gehäkelt. Für jedes Nasenloch übergeht man einige M und häkelt Km in die nächste M-Gruppe. Anschließend wird der Kopf an den Körper genäht.

Zeichenerklärung

◯ Fadenring

✗ halbes Stäbchen (hStb)

✗ Luftmasche (Lm)

Ⅴ 2 hStb in 1 Einstichstelle

• Kettmasche (Km)

Ⅴ 5 hStb in 1 Einstichstelle

+ feste Masche (fM)

⋏ 2 hStb zus abm

✗✗ 2 fM in 1 Einstichstelle

⅋ Schlingenmasche (Schlingen-M)

✕✕ 2 fM zus abm

∪ nur unter dem vMg einstechen

✕✕ 3 fM in 1 Einstichstelle

∩ nur unter dem hMg einstechen

Farbschlüssel für Schnauze und Kopf

🟥 A

🟦 C

Der Schwanz wird separat in hStb und Schlingen-M in Rd gehäkelt. Die M der letzten R werden in einer geraden Naht zusammengenäht, bevor der Schwanz am Körper des Fuchses angenäht wird.

1 Lm bzw. 2 Lm am Beginn einer Rd oder R zählen durchweg nicht als M.

Körper

Mit der Häkelnd 4 mm und Garn A 38 Lm anschl.

1. Reihe (Hinr): 5 hStb in die 3. Lm von der Häkelnd aus, je 1 hStb in die nächsten 34 Lm, 5 hStb in die letzte Lm, je 1 hStb in die Rückseite der nächsten 34 Lm, 1 Km in 1. hStb; wenden (= 78 M).

2. Reihe (Rückr; Zun-R): 2 Lm, * 34 hStb, 5 x [2 hStb in 1 Einstichstelle]; ab * wdh, 1 Km ins 1. hStb; wenden (= 88 M).

3. Reihe (Zun-R): 2 Lm, * 2 x [1 hStb, 2 hStb in 1 Einstichstelle], 2 hStb, 2 x [2 hStb in 1 Einstichstelle, 1 hStb], 34 hStb; ab * wdh, 1 Km ins 1. hStb; wenden (= 96 M).

4. Reihe (Zun-R): 2 Lm, * 38 hStb, 2 x [3 hStb zus abm, 4 hStb]; ab * wdh, 1 Km ins 1. hStb; wenden (= 104 M).

5. Reihe (Zun-R): 2 Lm, * 2 x [1 hStb, 2 hStb in 1 Einstichstelle, 2 hStb], 2 hStb, 2 x [2 hStb, 2 hStb in 1 Einstichstelle, 1 hStb], 34 hStb; ab * wdh, 1 Km ins 1. hStb; wenden (= 112 M).

6. Reihe (Zun-R): 2 Lm, * 40 hStb, 3 hStb zus abm, 8 hStb, 3 hStb zus abm, 6 hStb; ab * wdh, 1 Km ins 1. hStb; wenden (= 120 M).

7. Reihe (Zun-R): 2 Lm, * 2 x [1 hStb, 2 hStb in 1 Einstichstelle, 4 hStb], 2 hStb, 2 x [4 hStb, 2 hStb in 1 Einstichstelle, 1 hStb], 34 hStb; ab * wdh, 1 Km ins 1. hStb; wenden (= 128 M).

8. Reihe (Zun-R): 2 Lm, * 42 hStb, 3 hStb zus abm, 12 hStb, 3 hStb zus abm, 8 hStb; ab * wdh, 1 Km ins 1. hStb; wenden (= 136 M).

9. Reihe (Zun-R): 2 Lm, * 2 x [1 hStb, 2 hStb in 1 Einstichstelle, 6 hStb], 2 hStb, 2 x [6 hStb, 2 hStb in 1 Einstichstelle, 1 hStb], 34 hStb; ab * wdh, 1 Km ins 1. hStb; wenden (= 144 M).

10. Reihe (Zun-R): 2 Lm, * 44 hStb, 3 hStb zus abm, 16 hStb, 3 hStb zus abm, 10 hStb; ab * wdh, 1 Km ins 1. hStb; wenden (= 152 M).

11. Reihe (Zun-R): 2 Lm, * 2 x [1 hStb, 2 hStb in 1 Einstichstelle, 8 hStb], 2 hStb, 2 x [8 hStb, 2 hStb in 1 Einstichstelle, 1 hStb], 34 hStb; ab * wdh, 1 Km ins 1. hStb; wenden (= 160 M).

12. Reihe (Zun-R): 2 Lm, * 46 hStb, 3 hStb zus abm, 20 hStb, 3 hStb zus abm, 12 hStb; ab * wdh, 1 Km ins 1. hStb; wenden (= 168 M).

13. Reihe (Zun-R): 2 Lm, * 2 x [1 hStb, 2 hStb in 1 Einstichstelle, 10 hStb], 2 hStb, 2 x [10 hStb, 2 hStb in 1 Einstichstelle, 1 hStb], 34 hStb; ab * wdh, 1 Km ins 1. hStb; wenden (= 176 M).

14. Reihe (Zun-R): 2 Lm, * 48 hStb, 3 hStb zus abm, 24 hStb, 3 hStb zus abm, 14 hStb; ab * wdh, 1 Km ins 1. hStb; wenden (= 184 M).

Körper
1.–5. Reihe

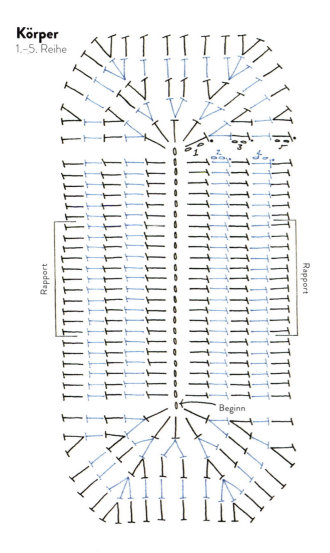

20. Reihe (Zun-R): 2 Lm, * 56 hStb, 3 hStb zus abm, 32 hStb, 3 hStb zus abm, 22 hStb; ab * wdh, 1 Km ins 1. hStb; wenden (= 232 M).

21. Reihe (Zun-R): 2 Lm, * 2 x [3 hStb, 2 hStb in 1 Einstichstelle, 16 hStb], 2 hStb, 2 x [16 hStb, 2 hStb in 1 Einstichstelle, 3 hStb], 34 hStb; ab * wdh, 1 Km ins 1. hStb; wenden (= 240 M).

22. Reihe (Zun-R): 2 Lm, * 59 hStb, 3 hStb zus abm, 34 hStb, 3 hStb zus abm, 25 hStb; ab * wdh, 1 Km ins 1. hStb; wenden (= 248 M).

23. Reihe (Zun-R): 2 Lm, * 2 x [4 hStb, 2 hStb in 1 Einstichstelle, 17 hStb], 2 hStb, 2 x [17 hStb, 2 hStb in 1 Einstichstelle, 4 hStb], 34 hStb; ab * wdh, 1 Km ins 1. hStb; wenden (= 256 M).

24. Reihe (Zun-R): 2 Lm, * 62 hStb, 3 hStb zus abm, 36 hStb, 3 hStb zus abm, 28 hStb; ab * wdh, 1 Km ins 1. hStb; wenden (= 264 M).

25. Reihe (Zun-R): 2 Lm, * 2 x [5 hStb, 2 hStb in 1 Einstichstelle, 18 hStb], 2 hStb, 2 x [18 hStb, 2 hStb in 1 Einstichstelle, 5 hStb], 34 hStb; ab * wdh, 1 Km ins 1. hStb; wenden (= 272 M).

26. Reihe (Zun-R): 2 Lm, * 65 hStb, 3 hStb zus abm, 38 hStb, 3 hStb zus abm, 31 hStb; ab * wdh, 1 Km ins 1. hStb; wenden (= 280 M). Je 1 Km in die nächsten 7 hStb.

1. Hinterbein

27. Reihe (Hinr): 2 Lm, bei der M beginnen, in die zuvor die Km gehäkelt wurde, 2 hStb zus abm, je 1 hStb in die nächsten 25 hStb; wenden.

Nur über diese 26 M weiterhäkeln wie folgt:

28. Reihe (Rückr; Abn-R): 2 Lm, 1 hStb in jedes hStb bis zu den letzten 2 M, 2 hStb zus abm; wenden (= 25 M).

29. Reihe (Abn-R): 2 Lm, 2 hStb zus abm, 1 hStb in jedes hStb bis R-Ende; wenden (= 24 M).

30.–35. Reihe (Abn-R): Die letzten 2 R noch 3 x wdh; das letzte hStb bereits mit Garn B abm (= 18 M).

Mit Garn B weiterhäkeln wie folgt:

36. Reihe: 2 Lm, 1 hStb in jedes hStb; wenden.

37. Reihe (Abn-R): Die 29. R wdh (= 17 M).

38.–43. Reihe (Abn-R): Die letzten 2 R noch 3 x wdh (= 14 M).

44. Reihe: 2 Lm, 1 hStb in jedes hStb.

Den Faden abschneiden und sichern.

2. Hinterbein

Von der rechten Seite der Arbeit aus mit Häkelnd 4 mm 40 M vom soeben vollendeten Bein aus übergehen und Garn B mit 1 Km am nächsten hStb anschlingen.

1. Reihe (Hinr): 2 Lm, 1 hStb in dieselbe M wie die Km, je 1 hStb in die nächsten 24 hStb, 2 hStb zus abm; wenden.

Nur über diese 26 M weiterhäkeln wie folgt:

2. Reihe (Rückr; Abn-R): 2 Lm, 2 hStb zus abm, 1 hStb in jedes hStb bis R-Ende; wenden (= 25 M).

3. Reihe (Abn-R): 2 Lm, 1 hStb in jedes hStb bis zu den letzten 2 M, 2 hStb zus abm; wenden (= 24 M).

15. Reihe (Zun-R): 2 Lm, * 2 x [1 hStb, 2 hStb in 1 Einstichstelle, 12 hStb], 2 hStb, 2 x [12 hStb, 2 hStb in 1 Einstichstelle, 1 hStb], 34 hStb; ab * wdh, 1 Km ins 1. hStb; wenden (= 192 M).

16. Reihe (Zun-R): 2 Lm, * 50 hStb, 3 hStb zus abm, 28 hStb, 3 hStb zus abm, 16 hStb; ab * wdh, 1 Km ins 1. hStb; wenden (= 200 M).

17. Reihe (Zun-R): 2 Lm, * 2 x [1 hStb, 2 hStb in 1 Einstichstelle, 14 hStb], 2 hStb, 2 x [14 hStb, 2 hStb in 1 Einstichstelle, 1 hStb], 34 hStb; ab * wdh, 1 Km ins 1. hStb; wenden (= 208 M).

18. Reihe (Zun-R): 2 Lm, * 53 hStb, 3 hStb zus abm, 30 hStb, 3 hStb zus abm, 19 hStb; ab * wdh, 1 Km ins 1. hStb; wenden (= 216 M).

19. Reihe (Zun-R): 2 Lm, * 2 x [2 hStb, 2 hStb in 1 Einstichstelle, 15 hStb], 2 hStb, 2 x [15 hStb, 2 hStb in 1 Einstichstelle, 2 hStb], 34 hStb; ab * wdh, 1 Km ins 1. hStb; wenden (= 224 M).

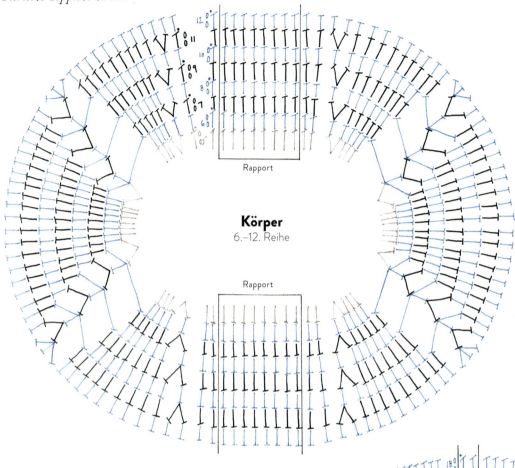

Körper
6.–12. Reihe

Rapport

Rapport

4.–9. Reihe (Abn-R): Die letzten 2 R noch 3 x wdh; das letzte hStb bereits mit Garn B abm (= 18 M).

Mit Garn B weiterhäkeln wie folgt:

10. Reihe: 2 Lm, 1 hStb in jedes hStb; wenden.

11. Reihe (Abn-R): Die 3. R wdh (= 17 M).

12.–17. Reihe (Abn-R): Die letzten 2 R noch 3 x wdh (= 14 M).

18. Reihe: 2 Lm, 1 hStb in jedes hStb.

Den Faden abschneiden und sichern.

Vorderbeine

Von der rechten Seite der Arbeit aus mit Häkelnd 4 mm 46 M vom 2. Hinterbein aus übergehen und Garn A mit 1 Km am nächsten hStb anschlingen. Die Vorderbeine des Fuchses nach der Anleitung für das 1. und 2. Hinterbein arb.

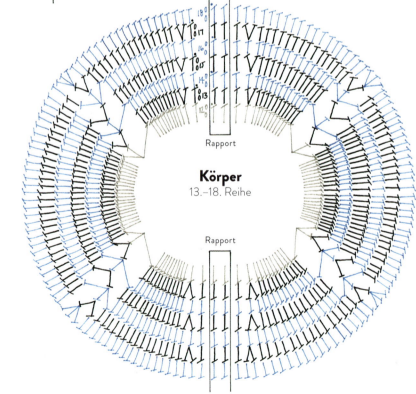

Körper
13.–18. Reihe

Rapport

Rapport

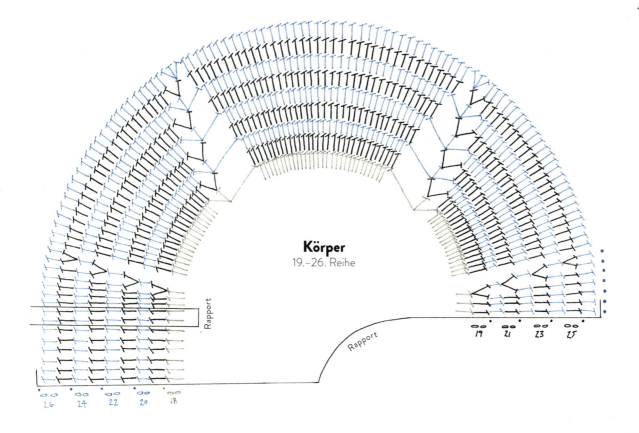

Körper
19.–26. Reihe

1. Hinterbein
27.–44. Reihe

2. Hinterbein
1.–18. Reihe

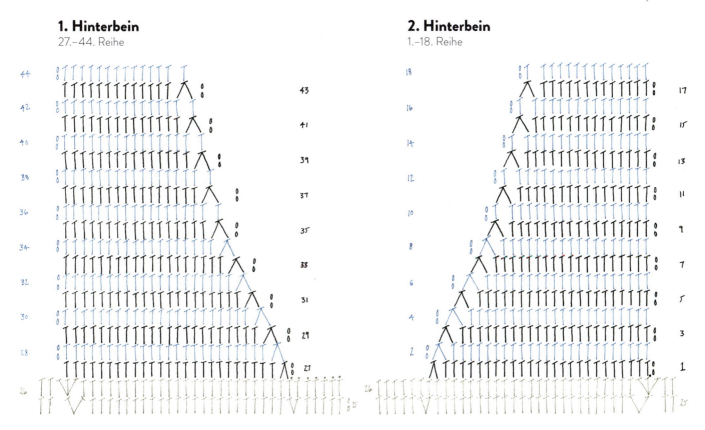

Pfoten
1.–4. Reihe

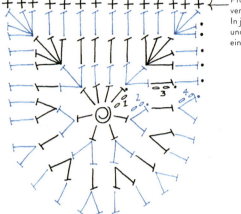

Pfote und Bein
verbinden:
In jede M von Pfote
und Bein gleichzeitig
einstechen.

Pfoten (4 x arb)

Mit der Häkelnd 4 mm und Garn B einen Fadenring
arb.

1. Reihe (Rückr): 2 Lm, 8 hStb in den Fadenring,
1 Km ins 1. hStb; wenden (= 8 M).

2. Reihe (Hinr; Zun-R): 2 Lm, 4 x 2 hStb in
1 Einstichstelle, 3 hStb zus abm, je 1 hStb in die
nächsten 2 hStb, 3 hStb zus abm, 1 Km ins 1. hStb;
wenden (= 16 M).

3. Reihe (Zun-R): 2 Lm, 1 hStb ins nächste hStb,
5 hStb in 1 Einstichstelle, je 1 hStb in die nächsten
4 hStb, 5 hStb in 1 Einstichstelle, 1 hStb ins nächste
hStb, 4 x [2 hStb in 1 Einstichstelle, 1 hStb], 1 Km ins
1. hStb; wenden (= 28 M).

4. Reihe (Zun-R): 2 Lm, 4 x [2 hStb in 1 Einstichstelle,
2 hStb], je 1 hStb in die nächsten 3 hStb, 5 hStb in
1 Einstichstelle, je 1 hStb in die nächsten 8 hStb, 5 hStb
in 1 Einstichstelle, je 1 hStb in die nächsten 3 hStb,
1 Km ins 1. hStb; wenden (= 40 M).

Pfote und Bein verbinden

Je 1 Km in die ersten 5 M der Pfote häkeln. Die Pfote
rechts auf rechts auf das Bein legen.

Nächste Reihe: Die Häkelnd unter beiden Schlingen
jeder M von Pfote und Bein einstechen, um die Teile zu
verbinden; 1 fM in die nächsten 14 fM. Den Faden
abschneiden und sichern.

Umrandung

Von der rechten Seite der Arbeit aus mit Häkelnd 4 mm
Garn A mit 1 Km an der 1. der 40 M zwischen den
Hinterbeinen anschlingen.

Nächste Reihe: 1 fM in dieselbe M wie die Km, je
1 fM in die nächsten 39 fM, * 14 fM gleichmäßig

verteilt in die ersten 9 R des Beins nach unten, die letzte fM
bereits mit Garn B abm und Garn A abschneiden, je 1 fM in die
nächsten 9 R des Beins; um die Pfote herum je 1 fM in die
nächsten 5 hStb, 4 x [3 fM, 2 fM in 1 Einstichstelle], je 1 fM in
die nächsten 5 hStb, 14 fM gleichmäßig verteilt in die nächsten
9 R des Beins, die letzte fM bereits mit Garn B abm, je 1 fM in
die nächsten 9 R des Beins *, je 1 fM in die nächsten 46 hStb; von
* bis * wdh, je 1 fM in die nächsten 40 hStb; von * bis * wdh, je
1 fM in die nächsten 46 hStb; von * bis * wdh, 1 Km in die 1. fM.
Den Faden abschneiden und sichern.

Unterseite

Mit Häkelnd 4 mm und Garn C häkeln, wie beim Körper
beschrieben.

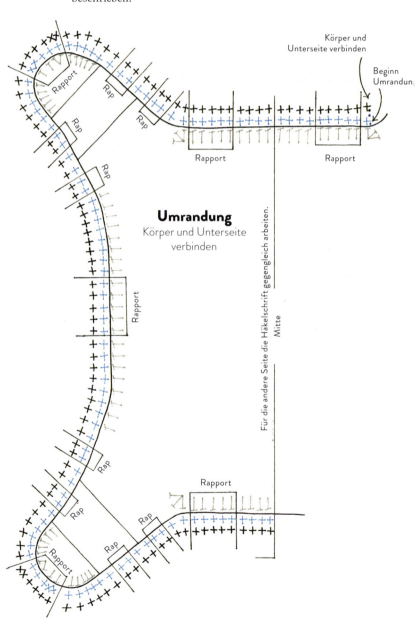

Körper und
Unterseite verbinden

Beginn
Umrandun

Umrandung
Körper und Unterseite
verbinden

Rapport

Für die andere Seite die Häkelschrift gegengleich arbeiten.

Mitte

Unterseite der Pfoten

Mit der Häkelnd 4 mm und Garn C häkeln, wie bei den Pfoten beschrieben.

Kopf

Schnauze

Mit der Häkelnd 4 mm und Garn C einen Fadenring arb.
1. Runde: 1 Lm, 6 fM in den Fadenring arb (= 6 M).
2. Runde (Zun-Rd): 2 fM in jede der 6 M der Vorrd arb. Am kurzen Fadenende zichen, um den Fadenring zu schließen (= 12 M).
3. Runde (Zun-Rd): 6 x [2 fM in die nächste M, 1 fM] (= 18 M).
4. Runde (Zun-Rd): 6 x [2 fM in die nächste M, 2 fM] (= 24 M).
5. Runde (Zun-Rd): 6 x [2 fM in die nächste M, 3 fM]; wenden (= 30 M).

Schnauze ausformen

In Hin- und Rückr häkeln wie folgt:
1. Reihe (Rückr): 1 Lm, je 1 fM in die nächsten 24 fM, die letzte fM bereits mit Garn A abm; mit Garn A je 1 fM in die nächsten 6 fM, 1 Km in die 1. fM; wenden.
2. Reihe (Hinr): Mit Garn A je 1 fM in die nächsten 6 fM, mit Garn C je 1 fM in die nächsten 24 fM; wenden.
3. Reihe: Mit Garn C 1 Lm, je 1 fM in die nächsten 24 fM, mit Garn A je 1 fM in die nächsten 6 fM, 1 Km in die 1. fM; wenden.
4. Reihe: Mit Garn A 2 fM in 1 Einstichstelle, je 1 fM in die nächsten 4 fM, 2 fM in 1 Einstichstelle; 2 fM zus abm, mit Garn C je 1 fM in die nächsten 20 fM, 2 fM zus abm; wenden.
5. Reihe: Mit Garn C 1 Lm, 2 fM zus abm, je 1 fM in die nächsten 18 fM, 2 fM zus abm; mit Garn A 2 fM in 1 Einstichstelle, je 1 fM in die nächsten 6 fM, 2 fM in 1 Einstichstelle, 1 Km in die 1. fM; wenden.
6. Reihe: Mit Garn A 2 fM in 1 Einstichstelle, je 1 fM in die nächsten 8 fM, 2 fM in 1 Einstichstelle mit Garn A; mit Garn C 2 fM zus abm, je 1 fM in die nächsten 16 fM, 2 fM zus abm; wenden.
7. Reihe: Mit Garn C 1 Lm, je 1 fM in die nächsten 18 fM; mit Garn A je 1 fM in die nächsten 12 fM, 1 Km in die 1. fM; wenden.
8. Reihe (Zun-R): Mit Garn A 2 fM in 1 Einstichstelle, je 1 fM in die nächsten 10 fM, 2 fM in 1 Einstichstelle mit Garn A; mit Garn C je 1 fM in die nächsten 18 fM; wenden (= 32 M).

Schnauze
1.–5. Runde

Schnauze ausformen
1.–7. Reihe

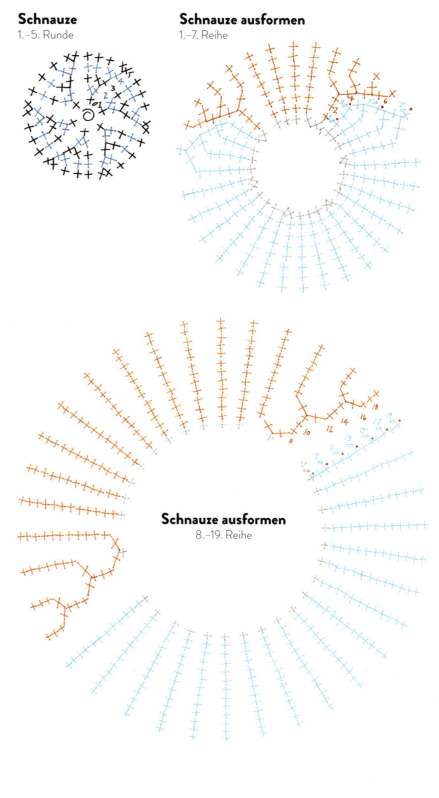

Schnauze ausformen
8.–19. Reihe

9. Reihe: Mit Garn C 1 Lm, je 1 fM in die nächsten 18 fM; mit Garn A je 1 fM in die nächsten 14 fM, 1 Km in die 1. fM; wenden.

10. Reihe: Mit Garn A 1 fM in die nächsten 14 fM; mit Garn C je 1 fM in die nächsten 18 fM; wenden.

11. Reihe: Die 9. R wdh.

12. Reihe (Zun-R): Mit Garn A 2 fM in 1 Einstichstelle, je 1 fM in die nächsten 12 fM, 2 fM in 1 Einstichstelle; mit Garn C je 1 fM in die nächsten 18 fM; wenden (= 34 M).

13. Reihe: Mit Garn C 1 Lm, je 1 fM in die nächsten 18 fM; mit Garn A je 1 fM in die nächsten 16 fM, 1 Km in die 1. fM; wenden.

14. Reihe: Mit Garn A je 1 fM in die nächsten 16fM; mit Garn C je 1 fM in die nächsten 18 fM; wenden.

15. Reihe: Die 13. R wdh.

16. Reihe (Zun-R): Mit Garn A 2 fM in 1 Einstichstelle, je 1 fM in die nächsten 14 fM, 2 fM in 1 Einstichstelle; mit Garn C 1 fM in die nächsten 18 fM; wenden (= 36 M).

17. Reihe: Mit Garn C 1 Lm, je 1 fM in die nächsten 18 fM; mit Garn A 1 fM in die nächsten 18 fM, 1 Km in die 1. fM; wenden.

18. Reihe: Mit Garn A 1 fM in die nächsten 18 fM; mit Garn C 1 fM in die nächsten 18 fM; wenden.

19. Reihe: Die 17. R wdh.

Kopf ausformen
1.–8. Reihe

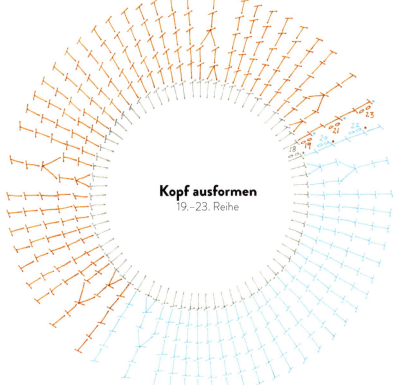

Kopf ausformen
19.–23. Reihe

Kopf ausformen

1. Reihe (Hinr; Zun-R): Mit Garn A 2 Lm, je 1 hStb in die nächste fM, 2 x [2 hStb in 1 Einstichstelle, 3 hStb], 2 x [3 hStb, 2 hStb in 1 Einstichstelle], je 1 hStb in die nächste fM; mit Garn C 1 hStb in die nächste fM, 2 hStb in 1 Einstichstelle, je 1 hStb in die nächsten 14 fM, 2 hStb in 1 Einstichstelle, je 1 hStb in die nächste fM, 1 Km ins 1. hStb; wenden (= 42 M).

2. Reihe (Rückr; Zun-R): Mit Garn C 2 Lm, 1 hStb ins nächste hStb, 2 hStb in 1 Einstichstelle, je 1 hStb in die nächsten 16 hStb, 2 hStb in 1 Einstichstelle, 1 hStb ins nächste hStb; mit Garn A 1 hStb ins nächste hStb, 2 x [2 hStb in 1 Einstichstelle, 4 hStb], 2 x [4 hStb, 2 hStb in 1 Einstichstelle], 1 hStb ins nächste hStb, 1 Km ins 1. hStb; wenden (= 48 M).

3. Reihe (Zun-R): Mit Garn A 2 Lm, 1 hStb ins nächste hStb, 2 x [2 hStb in 1 Einstichstelle, 5 hStb], 2 x [5 hStb, 2 hStb in 1 Einstichstelle], 1 hStb ins nächste hStb mit Garn A; mit Garn C 1 hStb ins nächste hStb, 2 hStb in 1 Einstichstelle, je 1 hStb in die nächsten 18 hStb, 2 hStb in 1 Einstichstelle, 1 hStb ins nächste hStb, 1 Km ins 1. hStb; wenden (= 54 M).

4. Reihe (Zun-R): Mit Garn C 2 Lm, 1 hStb ins nächste hStb, 2 hStb in 1 Einstichstelle, je 1 hStb in die nächsten 20 hStb, 2 hStb in 1 Einstichstelle, 1 hStb ins nächste hStb; mit Garn A 1 hStb ins nächste hStb, 2 x [2 hStb in 1 Einstichstelle, 6 hStb], 2 x [6 hStb, 2 hStb in 1 Einstichstelle], 1 hStb ins nächste hStb, 1 Km ins 1. hStb; wenden (= 60 M).

5. Reihe (Zun-R): Mit Garn A 2 Lm, 1 hStb ins nächste hStb, 2 x [2 hStb in 1 Einstichstelle, 7 hStb], 2 x [7 hStb, 2 hStb in 1 Einstichstelle], 1 hStb ins nächste hStb; mit Garn C 1 hStb ins nächste hStb, 2 hStb in 1 Einstichstelle, je 1 hStb in die nächsten 22 hStb, 2 hStb in 1 Einstichstelle, 1 hStb ins nächste hStb, 1 Km ins 1. hStb; wenden (= 66 M).

6. Reihe (Zun-R): Mit Garn C 2 Lm, 1 hStb ins nächste hStb, 2 hStb in 1 Einstichstelle, je 1 hStb in die nächsten 24 hStb, 2 hStb in 1 Einstichstelle, 1 hStb ins nächste hStb; mit Garn A 1 hStb ins nächste hStb, 2 x [2 hStb in 1 Einstichstelle, 8 hStb], 2 x [8 hStb, 2 hStb in 1 Einstichstelle], 1 hStb ins nächste hStb, 1 Km ins 1. hStb; wenden (= 72 M).

7. Reihe: Mit Garn A 2 Lm, je 1 hStb in die nächsten 42 hStb; mit Garn C je 1 hStb in die nächsten 30 hStb, 1 Km ins 1. hStb; wenden.

8. Reihe: Mit Garn C 2 Lm, je 1 hStb in die nächsten 30 hStb; mit Garn A je 1 hStb in die nächsten 42 hStb, 1 Km ins 1. hStb; wenden.

9.–18. Reihe: Die letzten 2 R noch 5 x wdh.

19. Reihe (Abn-R): Mit Garn A 2 Lm, 1 hStb ins nächste hStb, 2 x [2 hStb zus abm, 8 hStb], 2 x [8 hStb, 2 hStb zus abm], 1 hStb ins nächste hStb; mit Garn C 1 hStb ins nächste hStb, 2 hStb zus abm, je 1 hStb in die nächsten 24 hStb, 2 hStb zus abm, 1 hStb ins nächste hStb, 1 Km ins 1. hStb; wenden (= 66 M).

20. Reihe: Mit Garn C 2 Lm, je 1 hStb in die nächsten 28 hStb; mit Garn A je 1 hStb in die nächsten 38 hStb, 1 Km ins 1. hStb; wenden.

21. Reihe (Abn-R): Mit Garn A 2 Lm, 1 hStb ins nächste hStb, 2 x [2 hStb zus abm, 7 hStb], 2 x [7 hStb, 2 hStb zus abm], 1 hStb ins nächste hStb; mit Garn C 1 hStb ins nächste hStb, 2 hStb zus abm, je 1 hStb in die nächsten 22 hStb, 2 hStb zus abm, 1 hStb ins nächste hStb, 1 Km ins 1. hStb; wenden (= 60 M).

22. Reihe: Mit Garn C 2 Lm, je 1 hStb in die nächsten 26 hStb; mit Garn A je 1 hStb in die nächsten 34 hStb, 1 Km ins 1. hStb; wenden.

23. Reihe: Mit Garn A 2 Lm, je 1 hStb in die nächsten 34 hStb; mit Garn C je 1 hStb in die nächsten 26 hStb, 1 Km ins 1. hStb; wenden.

24.–27. Reihe: Die letzten 2 R 2 x wdh.

28. Reihe: Die 22. R wdh.

Die Fäden abschneiden und sichern, dabei lange Fadenenden von Garn A und C hängen lassen.

Augen (2 x arb)

Mit der Häkelnd 4 mm und Garn A einen Fadenring arb.

1. Runde: 1 Lm, 5 fM in den Fadenring (= 5 M).

2. Runde (Zun-Rd): Je 2 fM in die 5 M der Vorrd arb. Am kurzen Fadenende ziehen, um den Fadenring zu schließen (= 10 M).

Augen
1.–5. Runde

Augen
6. Runde

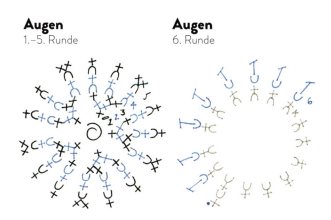

Fertigstellung der Augen

Nächste Reihe

3. Runde (Zun-Rd): 5 x [2 fM in 1 Einstichstelle, 1 fM] (= 15 M).

4. Runde: 1 fM ins hMg jeder M.

5. Runde: Nur unter dem hMg jeder M einstechen, 5 x [2 fM in 1 Einstichstelle, 2 fM] (= 20 M).

6. Runde: In die vMg der 4. Rd einstechen, je 1 hStb in die nächsten 8 fM, 1 Km in die nächste M der Vorrd. Den Faden bis auf ein langes Fadenende abschneiden und sichern.

Fertigstellung des Auges

Nächste Reihe: Von der rechten Seite der Arbeit aus mit Garn B 1 Km ins vMg jeder M der 3. Rd, um das Auge zu umranden. 1 Km in die 1. M, dann den Faden abschneiden und sichern.

Ohren (2 x arb)

Innenteil des Ohrs

Mit der Häkelnd 4 mm und Garn B 12 Lm anschl.

1. Reihe: 1 hStb in die 3. Lm von der Häkelnd aus, je 1 hStb in die nächsten 8 Lm, 3 hStb in die nächste Lm, je 1 hStb in die Rückseite der nächsten 9 Lm; wenden (= 21 M).

2. Reihe (Zun-R): 2 Lm, je 1 hStb in die nächsten 10 hStb, 5 hStb in 1 Einstichstelle, je 1 hStb in die nächsten 10 hStb; wenden (= 25 M).

Zu Garn A wechseln und weiterhäkeln wie folgt:

3. Reihe (Zun-R): 2 Lm, 2 hStb in 1 Einstichstelle, je 1 hStb in die nächsten 11 hStb, 5 hStb in 1 Einstichstelle, je 1 hStb in die nächsten 11 hStb, 2 hStb in 1 Einstichstelle; wenden (= 31 M).

4. Reihe (Zun-R): 2 Lm, 2 hStb in 1 Einstichstelle, je 1 hStb in die nächsten 10 hStb, je 1 fM in die nächsten 4 fM, 5 fM zus

Ohren
1.–4. Reihe

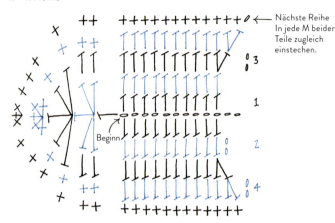

← Nächste Reihe
In jede M beider
Teile zugleich
einstechen.

abm, je 1 fM in die nächsten 4 fM, je 1 hStb in die nächsten 10 hStb, 2 hStb in 1 Einstichstelle (= 37 M).
Den Faden bis auf ein langes Fadenende (Garn A) abschneiden und sichern.

Außenteil des Ohrs
Mit der Häkelnd 4 mm und Garn B 12 Lm anschl.
1.–4. Reihe: Mit Garn B arb wie die 1.–4. R des Ohr-Innenteils. Am Ende der 4. R die Arbeit wenden und den Faden nicht abschneiden.

Ohrteile verbinden
Das innere und das äußere Ohrteil so aufeinanderlegen, dass das innere Teil nach oben zeigt.
Nächste Reihe: 1 Lm, die Häkelnd immer jeweils zuerst unter beiden Mg des inneren und dann unter denen des äußeren Ohrteils einstechen, um beide Teile zu verbinden, je 1 fM in die nächsten 12 hStb, je 1 fM in die nächsten 6 fM, 3 fM in 1 Einstichstelle, je 1 fM in die nächsten 6 fM, je 1 fM in die nächsten 12 hStb (= 39 M).
Den Faden bis auf ein langes Fadenende (Garn B) abschneiden und sichern.

Nase

Mit der Häkelnd 4 mm und Garn B einen Fadenring arb.
1. Runde: 1 Lm, 5 fM in den Fadenring (= 5 M).
2. Runde (Zun-Rd): Je 2 fM in die 5 M der Vorrd arb. Am kurzen Fadenende ziehen, um den Fadenring zu schließen (= 10 M).
3. Runde (Zun-Rd): 10 x 2 fM in 1 Einstichstelle (= 20 M).
4. Runde (Zun-Rd): 5 x [2 fM in 1 Einstichstelle, 1 fM], je 1 Km in die nächsten 10 fM (= 25 M).
5. Runde: Die nächsten 5 fM übergehen, je 1 Km in die nächsten 5 fM, die nächsten 5 fM übergehen, 1 Km in die nächste M.
Den Faden bis auf ein langes Fadenende abschneiden und sichern.

Nase
1.–5. Runde

Schwanz

Die Schlingen erscheinen auf der Rückseite der Arbeit, die folglich die rechte Seite ist. Eine Anleitung für die Schlingen-M finden Sie auf Seite 172.
Mit der Häkelnd 4 mm und Garn C einen Fadenring arb.
1. Runde: 2 Lm, 10 hStb in den Fadenring, 1 Km ins 1. hStb (= 10 M).
2. Runde: 1 Lm, 1 Schlingen-M in dieselbe M wie die Km, 1 Schlingen-M in jedes hStb, 1 Km in die 1. M.
3. Runde (Zun-Rd): 2 Lm, bei der M beginnen, in die zuvor die Km gehäkelt wurde, 10 x 2 hStb in 1 Einstichstelle, 1 Km ins 1. hStb (= 20 M).
4. Runde: Die 2. Rd wdh.
5. Runde (Zun-Rd): 2 Lm, bei der M beginnen, in die zuvor die Km gehäkelt wurde, 10 x [2 hStb in 1 Einstichstelle, 1 hStb], 1 Km ins 1. hStb (= 30 M).
6. Runde: Die 2. Rd wdh.
7. Runde (Zun-Rd): 2 Lm, bei der M beginnen, in die zuvor die Km gehäkelt wurde, 10 x [2 hStb in 1 Einstichstelle, 2 hStb], 1 Km ins 1. hStb (= 40 M).
8. Runde: Die 2. Rd wdh.
9. Runde: 2 Lm, 1 hStb in dieselbe M wie die Km, 1 hStb in jede M, 1 Km ins 1. hStb.
10.–13. Runde: Die letzten 2 Rd 2 x wdh.
Zu Garn A wechseln und weiterhäkeln wie folgt:
14.–35. Runde: Die letzten 2 Rd noch 11 x wdh (die 8. und 9. Rd der Häkelschrift wdh).
36. Runde: Die 2. Rd wdh.
37. Runde (Abn-R): 2 Lm, bei der M beginnen, in die zuvor die Km gehäkelt wurde, 10 x [2 hStb zus abm, 2 hStb], 1 Km ins 1. hStb (= 30 M).
38. Runde: Die 2. Rd wdh.
39. Runde: 2 Lm, 1 hStb in dieselbe M wie die Km, 1 hStb in jede M, 1 Km ins 1. hStb.
40. Runde: Die 2. Rd wdh.
41. Runde (Abn-R): 2 Lm, bei der M beginnen, in die zuvor die Km gehäkelt wurde, 10 x [2 hStb zus abm, 1 hStb], 1 Km ins 1. hStb (= 20 M).
42. Runde: Die 2. Rd wdh.
43. Runde: Die 39. Rd wdh.
44. und 45. Runde: Die letzten 2 Rd wdh.
Den Faden bis auf ein langes Fadenende abschneiden und sichern.

Fertigstellung

Körper und Unterseite verbinden

Körper und Unterseite links auf links aufeinanderlegen. Das
Häkelteil für den Körper zeigt nach oben. Mit der Häkelnd
4 mm Garn C mit 1 Km an der jeweils 1. der 40 M zwischen den
Hinterbeinen von Körper und Unterseite zugleich anschlingen,
um beide Teile zu verbinden.

Nächste Reihe: 1 fM in dieselbe M wie die Km, je 1 fM in die
nächsten 72 fM, 4 x [2 fM in 1 Einstichstelle, 4 fM], je 1 fM in
die nächsten 112 fM, 4 x [2 fM in 1 Einstichstelle, 4 fM], je
1 fM in die nächsten 106 fM, 4 x [2 fM in 1 Einstichstelle,
4 fM], je 1 fM in die nächsten 112 fM, 4 x [2 fM in
1 Einstichstelle, 4 fM], je 1 fM in die nächsten 33 fM, 1 Km in
die 1. fM. Den Faden abschneiden und sichern.

Kopf

Den Kopf bis zur 5. R von der Halskante aus mit Füllwatte
ausstopfen. Die offenen Kanten mit einer geraden Naht
verbinden. Mit den hängen gelassenen Fadenenden den Kopf an
Körper und Unterseite annähen.

Nase und Maul

Ein wenig Füllwatte in die Nase stopfen. Die Nase rund um die
Außenkanten herum ans Schnauzenende nähen. Für das
Maul einen Fliegenstich mit Garn B aufsticken.

Augen und Ohren

Eine winzige Menge Füllwatte in die Augäpfel
stopfen. Die Augen mit den hängen gelassenen
Fadenenden rechts und links am Kopf annähen,
dabei rund um die Außenkanten nähen. Mit
Garn B auf jedes Auge eine vertikale Pupille
im Plattstich aufsticken. In die Augenwinkel
jeweils lange Spannstiche mit Garn B der Linie
des oberen Augenlids folgend sticken.
1–2 kurze Stiche mit Garn C auf jedes Auge
sticken. Die Augen mit etwas Füllwatte
unterfüttern und mit den Fadenenden von
Garn A und B am Oberkopf annähen.

Schwanz

Den Schwanz auf rechts wenden und die
offenen Kanten mit dem hängen gelassenen
Fadenende in einer geraden Naht
zusammennähen. Den Schwanz ans
Hinterende des Körpers nähen.

Alle Fadenenden vernähen.

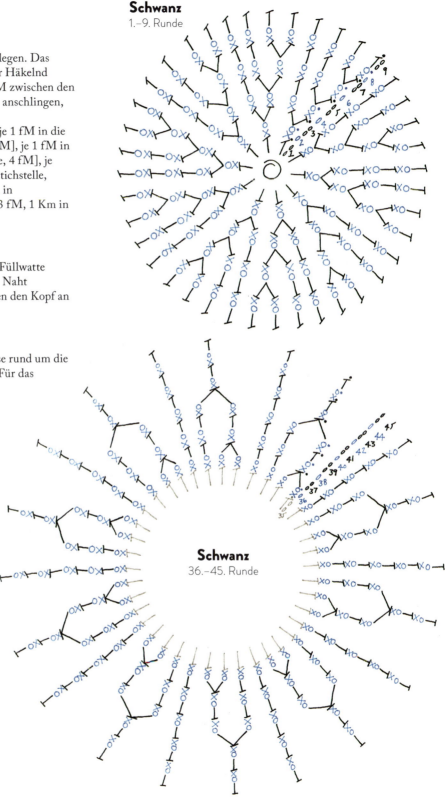

Schwanz
1.–9. Runde

Schwanz
36.–45. Runde

Löwe

Die hellen Stellen im Tweedgarn wirken wie kleine Lichtpunkte,
die dem Löwenfell Tiefe verleihen. Wer lieber ein Löwenweibchen häkelt,
lässt einfach die Mähne weg.

Material

- Rowan Hemp Tweed (75 % Wolle, 25 % Hanf;
  LL 95 m/50 g) oder ein anderes Garn der gleichen
  Stärke
  A Kelp (Fb 142), 500 g
  B Treacle (Fb 134), 350 g
  C Almond (Fb 141), 50 g
- Rowan Pure Wool Superwash DK (100 % Wolle;
  LL 125 m/50 g)
  D Caviar (Fb 198), 50 g
- Häkelnadel 4 mm
- Wollnadel
- Kunstfaser-Füllwatte

Größe

Breite ca. 85 cm, Länge ca. 85 cm (ohne Kopf und
Schwanzquaste)

Maschenprobe

17 hStb und 13 R mit Häkelnd 4 mm und Garn A =
10 cm x 10 cm
Verwenden Sie gegebenenfalls eine dickere oder
dünnere Häkelnadel, um die richtige Maschenprobe
zu erzielen.

Technik

Der Körper und das Futter für die Unterseite werden in hStb in Hin- und Rückr gehäkelt. Jedes der beiden Teile wird mit fM umhäkelt, bevor die Pfoten und die Unterseiten der Pfoten angehäkelt werden. Körper und Unterseite werden miteinander verbunden, indem man in jede M der Umrandung bzw. der Pfoten beider Teile zugleich einsticht. Der Kopf wird in Spiralrd in fM begonnen. Dann nimmt man die Haupt-Fb dazu und häkelt den Kopf in hStb in Hin- und Rückr weiter. Wenn der Kopf mit Füllwatte ausgestopft ist, werden die M der letzten R in einer geraden Naht zusammengenäht. Anschließend wird der Kopf an die gerade Kante am oberen Ende des Körpers genäht. Die Nase wird in Hin- und Rückr gearbeitet, wobei man in die vMg des Kopfes einsticht. An beiden Enden werden M abgenommen, sodass eine Dreiecksform entsteht. Ein aufgestickter Fliegenstich bildet das Maul und fixiert die Nasenspitze an der Vorderseite des Gesichts. Die Augen werden mit fM in Rd gehäkelt. Das Augenlid bekommt seine Form dadurch, dass man in die vMg der M einsticht, sodass sich eine plastische Rippe über dem Auge bildet. Auf jedes Auge wird ein Lichtreflex aufgestickt. Jedes Ohr setzt sich aus zwei gleichen Teilen zusammen, die durch Einstechen in die M beider Lagen zugleich zusammengehäkelt werden. Sie werden leicht mit Füllwatte ausgestopft, bevor man sie am Kopf annäht. Die Augen werden am Kopf angenäht, und auf jede Pfote werden lange Spannstiche für die Krallen aufgestickt. Zum Schluss knüpft man Fransen für die Quaste ins Schwanzende und für die Mähne rund um den Kopf ein.

Die 1 bzw. 2 Lm am R-Beginn werden durchweg nicht als M gezählt.

Zeichenerklärung

◠	Fadenring	⋁	2 hStb in 1 Einstichstelle
ⵀ	Luftmasche (Lm)	⋀	2 hStb zus abm
•	Kettmasche (Km)	⋀	3 hStb zus abm
+	feste Masche (fM)	∪	nur unter dem vMg einstechen
✕✕	2 fM in 1 Einstichstelle	∩	nur unter dem hMg einstechen
T	halbes Stäbchen (hStb)		

Körper

Mit der Häkelnd 4 mm und Garn A 124 Lm anschl.
1. Reihe (Hinr): 1 hStb in die 3. Lm von der Häkelnd aus und in jede folg Lm bis R-Ende; wenden (= 122 M).
2.–14. Reihe: 2 Lm, 1 hStb in jedes hStb bis R-Ende; wenden.
15. Reihe (Abn-R): Je 1 Km in die nächsten 10 hStb, 2 hStb zus abm, 1 hStb in jedes hStb bis zu den letzten 12 M, 2 hStb zus abm; wenden, die letzten 10 M am R-Ende bleiben unbehäkelt. Nur über diese 100 M weiterhäkeln wie folgt:
16.–25. Reihe (Abn-R): 2 Lm, 2 hStb zus abm, 1 hStb in jedes hStb bis zu den letzten 2 M, 2 hStb zus abm; wenden (= 80 M).
26. Reihe: 2 Lm, 1 hStb in jedes hStb bis R-Ende; wenden.
27. Reihe (Abn-R): 2 Lm, 2 hStb zus abm, 1 hStb in jedes hStb bis zu den letzten 2 M, 2 hStb zus abm; wenden (= 78 M).
28.–31. Reihe: Die letzten 2 R 2 x wdh (= 74 M).
32.–48. Reihe: 2 Lm, 1 hStb in jedes hStb bis R-Ende; wenden. Die 49.–90. R nach den Häkelschriften für den Schwarzbären auf Seite 78/79 arb.
49. Reihe (Zun-R): 2 Lm, 2 hStb in 1 Einstichstelle, 1 hStb in jedes hStb bis zur letzten M, 2 hStb in 1 Einstichstelle; wenden (= 76 M).
50.–52. Reihe: 2 Lm, 1 hStb in jedes hStb bis R-Ende; wenden.
53.–60. Reihe (Zun-R): Die 49.–52. R noch 2 x wdh (= 80 M).
61.–68. Reihe (Zun-R): Die 49. und 50. R noch 4 x wdh (= 88 M).
69.–78. Reihe (Zun-R): Die 49. R noch 10 x wdh (= 108 M).

1. Hinterbein

Nach der Häkelschrift für den Schwarzbären auf Seite 79 arb.
79. Reihe (Hinr; Abn-R): 2 Lm, 2 hStb zus abm, je 1 hStb in die nächsten 31 hStb, 3 hStb zus abm; wenden.
Über diese 33 M weiterhäkeln wie folgt:
80. Reihe (Rückr; Abn-R): 2 Lm, 3 hStb zus abm, 1 hStb in jedes hStb bis zu den letzten 2 M, 2 hStb zus abm; wenden (= 30 M).
81. Reihe (Abn-R): 2 Lm, 2 hStb zus abm, 1 hStb in jedes hStb bis zu den letzten 3 M, 3 hStb zus abm; wenden (= 27 M).
82.–89. Reihe (Abn-R): Die 80. und 81. R noch 4 x wdh (= 3 M).
90. Reihe (Abn-R): 2 Lm, 3 hStb zus abm (= 1 M).
Den Faden abschneiden und sichern.

2. Hinterbein

Nach der Häkelschrift für das 1. Hinterbein des Schwarzbären auf Seite 79 arb.
Von der linken Seite der Arbeit aus Garn A mit der Häkelnd 4 mm mit 1 Km am 1. hStb anschlingen.
1. Reihe (Rückr): 2 Lm, bei der M beginnen, in die zuvor die Km gehäkelt wurde, 2 hStb zus abm, je 1 hStb in die nächsten 31 hStb, 3 hStb zus abm; wenden.
Über diese 33 M weiterhäkeln wie folgt:
2.–12. Reihe: Die 80.–90. R wdh, um das 2. Bein zu vollenden.
Den Faden abschneiden und sichern.

Körper
1.–25. Reihe

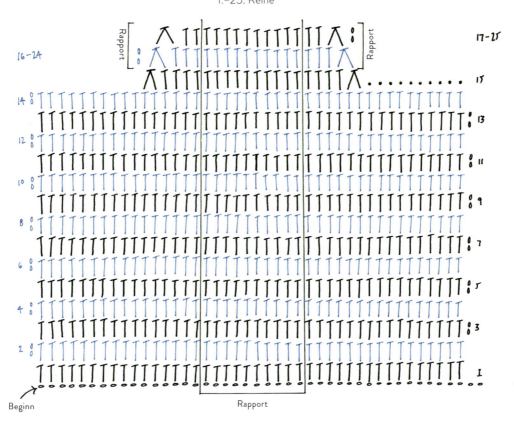

Schwanz

Von der rechten Seite der Arbeit aus mit Häkelnd 4 mm die ersten 9 der 36 hStb zwischen den Beinen übergehen und Garn A mit 1 Km am nächsten hStb anschlingen.

1. Reihe (Hinr): 2 Lm, 1 hStb in dasselbe hStb wie die Km, je 1 hStb in die nächsten 17 hStb; wenden (= 18 M).
2. Reihe (Rückr): 2 Lm, 1 hStb in jedes hStb bis R-Ende.
3. Reihe (Abn-R): 2 Lm, 2 hStb zus abm, 1 hStb in jedes hStb bis zu den letzten 2 M, 2 hStb zus abm (= 16 M).
4.–6. Reihe: 2 Lm, 1 hStb in jedes hStb bis R-Ende.
7.–18. Reihe (Abn-R): Die 3.–6. R noch 3 x wdh (= 10 M).
19. und 20. Reihe: 2 Lm, 1 hStb in jedes hStb bis R-Ende.
21. Reihe (Abn-R): Die 3. R wdh (= 8 M).
22.–26. Reihe: 2 Lm, 1 hStb in jedes hStb bis R-Ende.
Den Faden abschneiden und sichern.

Umrandung

Von der rechten Seite der Arbeit aus mit Häkelnd 4 mm Garn A mit 1 Km auf der Rückseite der 1. Lm anschlingen.
Nächste Reihe: 1 fM in dieselbe M wie die Km, 1 fM in die Rückseite der nächsten 121 Lm, 1 Lm, 19 fM gleichmäßig verteilt in das Ende des Beins arb, 1 Lm, je 1 fM in die 10 M des

Körper
26.–48. Reihe

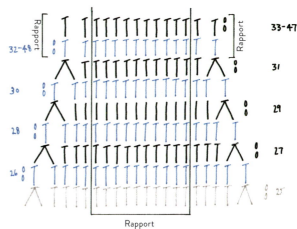

Schwanz
1.–26. Reihe

Pfoten (4 x arb)

Nach der Häkelschrift für die Pfoten des Tigers auf Seite 30 arb.
Mit der Häkelnd 4 mm und Garn A einen Fadenring arb.
1. Reihe (Rückr): 2 Lm, 5 hStb in den Fadenring; wenden (= 5 M).
2. Reihe (Hinr; Zun-R): 2 Lm, 5 x [2 hStb in 1 Einstichstelle]; wenden. Am kurzen Fadenende ziehen, um den Fadenring zu schließen (= 10 M).
3. Reihe: 2 Lm, 5 x [2 hStb in 1 Einstichstelle, 1 hStb]; wenden (= 15 M).
4. Reihe: 2 Lm, 5 x [2 hStb in 1 Einstichstelle, 2 hStb]; wenden (= 20 M).

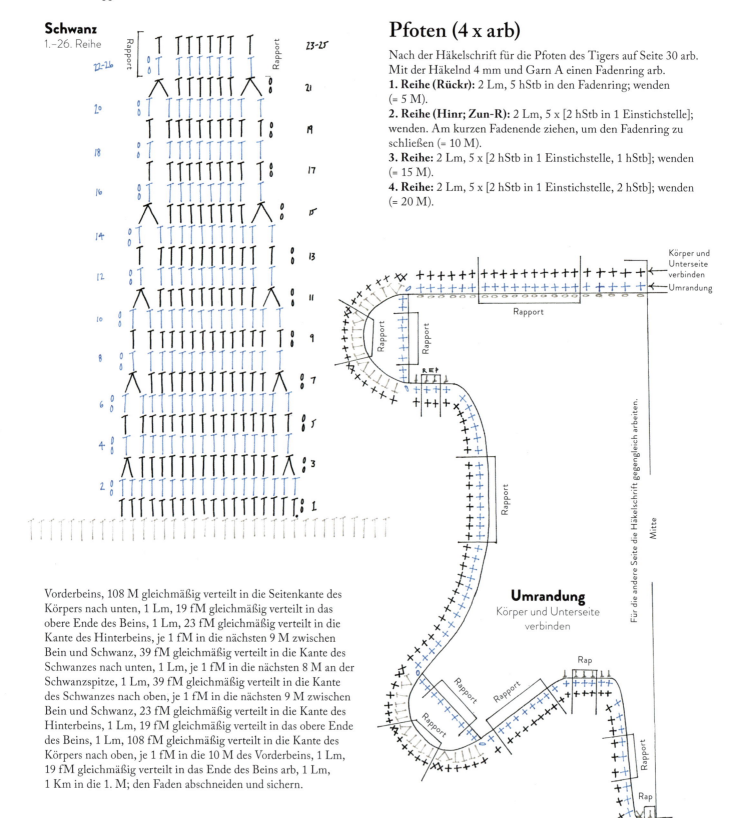

Umrandung
Körper und Unterseite
verbinden

Vorderbeins, 108 M gleichmäßig verteilt in die Seitenkante des Körpers nach unten, 1 Lm, 19 fM gleichmäßig verteilt in das obere Ende des Beins, 1 Lm, 23 fM gleichmäßig verteilt in die Kante des Hinterbeins, je 1 fM in die nächsten 9 M zwischen Bein und Schwanz, 39 fM gleichmäßig verteilt in die Kante des Schwanzes nach unten, 1 Lm, je 1 fM in die nächsten 8 M an der Schwanzspitze, 1 Lm, 39 fM gleichmäßig verteilt in die Kante des Schwanzes nach oben, je 1 fM in die nächsten 9 M zwischen Bein und Schwanz, 23 fM gleichmäßig verteilt in die Kante des Hinterbeins, 1 Lm, 19 fM gleichmäßig verteilt in das obere Ende des Beins, 1 Lm, 108 fM gleichmäßig verteilt in die Kante des Körpers nach oben, je 1 fM in die 10 M des Vorderbeins, 1 Lm, 19 fM gleichmäßig verteilt in das Ende des Beins arb, 1 Lm, 1 Km in die 1. M; den Faden abschneiden und sichern.

5. Reihe: 2 Lm, 5 x [2 hStb in 1 Einstichstelle, 3 hStb]; wenden (= 25 M).
6. Reihe: 2 Lm, 5 x [2 hStb in 1 Einstichstelle, 4 hStb] (= 30 M).
Nächste Reihe: 1 Lm, 19 fM gleichmäßig verteilt in die gerade Kante der Pfote arb, 1 Lm, 1 Km ins nächste hStb; wenden.

Pfote und Bein verbinden

Die Pfote rechts auf rechts auf das Bein des Löwen legen.
Nächste Reihe: Die Häkelnd unter beiden Schlingen jeder M von Pfote und Bein einstechen, um die Teile zu verbinden; 1 Km in den 1-Lm-Bg, je 1 fM in die nächsten 19 fM, 1 Km in den nächsten 1-Lm-Bg. Den Faden abschneiden und sichern.

Unterseite

Mit der Häkelnd 4 mm und Garn B arb, wie beim Körper beschrieben.

Unterseite der Pfoten

Mit der Häkelnd 4 mm und Garn B arb, wie bei den Pfoten beschrieben.

Kopf

Nach der Häkelschrift für die 1.–7. Rd des Tigerkopfes auf Seite 32 arb.
Mit der Häkelnd 4 mm und Garn C einen Fadenring arb.
1. Runde: 1 Lm, 6 fM in den Fadenring arb (= 6 M).
2. Runde (Zun-Rd): 2 fM in jede der 6 M der Vorrd arb.
Am kurzen Fadenende ziehen, um den Fadenring zu schließen (= 12 M).
3. Runde (Zun-Rd): 6 x [2 fM in die nächste M, 1 fM] (= 18 M).
4. Runde (Zun-Rd): 6 x [2 fM in die nächste M, 2 fM] (= 24 M).
5. Runde (Zun-Rd): 6 x [2 fM in die nächste M, 3 fM] (= 30 M).
6. Runde (Zun-Rd): 6 x [2 fM in die nächste M, 4 fM] (= 36 M).
7. Runde (Zun-Rd): 1 fM in jede fM; wenden.

Gesicht

In Hin- und Rückr häkeln wie folgt:
1. Reihe (Rückr): 2 Lm, je 1 hStb in die nächsten 14 fM, die letzte fM bereits mit Garn A abm, Garn C auf der linken Seite der Arbeit mitführen. Mit Garn A je 1 hStb in die nächsten 8 fM; mit Garn C je 1 hStb in die nächsten 14 fM, 1 Km ins 1. hStb; wenden.
2. Reihe (Hinr): Mit Garn C 2 Lm, je 1 hStb in die nächsten 14 hStb; mit Garn A je 1 hStb nur ins hMg der nächsten 8 hStb; mit Garn C je 1 hStb in beide Mg der nächsten 14 hStb, dabei Garn A auf der linken Seite der Arbeit mitführen, 1 Km ins 1. hStb; wenden.

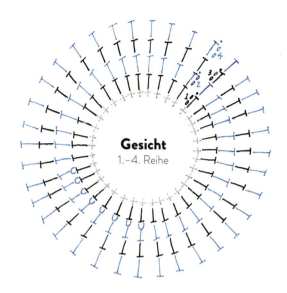

Gesicht
1.–4. Reihe

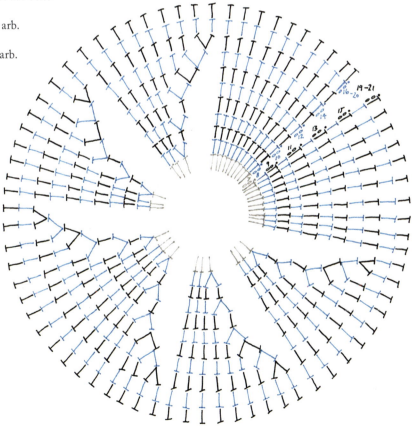

Gesicht
8.–21. Reihe

Mit Garn A weiterhäkeln wie folgt:

3.–7. Reihe: 2 Lm, 1 hStb in jede fM, 1 Km ins 1. hStb; wenden (die 3. und 4. R der Häkelschrift wdh).

8. Reihe (Zun-R): 2 Lm, je 1 hStb in die nächsten 10 hStb, 6 x [2 hStb in 1 Einstichstelle, 2 hStb], je 1 hStb in die nächsten 8 hStb, 1 Km ins 1. hStb; wenden (= 42 M).

9. Reihe: 2 Lm, 1 hStb in jedes hStb, 1 Km ins 1. hStb; wenden.

10. Reihe (Zun-R): 2 Lm, je 1 hStb in die nächsten 10 hStb, 3 x [2 hStb in 1 Einstichstelle, 3 hStb], 1 hStb ins nächste hStb, 3 x [2 hStb in 1 Einstichstelle, 3 hStb], je 1 hStb in die nächsten 7 hStb, 1 Km ins 1. hStb; wenden (= 48 M).

11. Reihe: 2 Lm, 1 hStb in jedes hStb, 1 Km ins 1. hStb; wenden.

12. Reihe (Zun-R): 2 Lm, je 1 hStb in die nächsten 10 hStb, 3 x [2 hStb in 1 Einstichstelle, 4 hStb], je 1 hStb in die nächsten 2 hStb, 3 x [2 hStb in 1 Einstichstelle, 4 hStb], je 1 hStb in die nächsten 6 hStb, 1 Km ins 1. hStb; wenden (= 54 M).

13. Reihe (Zun-R): 2 Lm, je 1 hStb in die nächsten 10 hStb, 3 x [2 hStb in 1 Einstichstelle, 5 hStb], je 1 hStb in die nächsten 3 hStb, 3 x [2 hStb in 1 Einstichstelle, 5 hStb], je 1 hStb in die nächsten 5 hStb, 1 Km ins 1. hStb; wenden (= 60 M).

14. Reihe (Zun-R): 2 Lm, je 1 hStb in die nächsten 10 hStb, * 3 x [2 hStb in 1 Einstichstelle, 6 hStb], je 1 hStb in die nächsten 4 hStb; ab * wdh, 1 Km ins 1. hStb; wenden (= 66 M).

15. Reihe (Zun-R): 2 Lm, je 1 hStb in die nächsten 10 hStb, 3 x [2 hStb in 1 Einstichstelle, 7 hStb], je 1 hStb in die nächsten 5 hStb, 3 x [2 hStb in 1 Einstichstelle, 7 hStb], je 1 hStb in die nächsten 3 hStb, 1 Km ins 1. hStb; wenden (= 72 M).

16.–21. Reihe: 2 Lm, 1 hStb in jedes hStb, 1 Km ins 1. hStb; wenden.

22. Reihe (Abn-R): 2 Lm, je 1 hStb in die nächsten 10 hStb, 3 x [2 hStb zus abm, 7 hStb], je 1 hStb in die nächsten 5 hStb, 3 x [2 hStb zus abm, 7 hStb], je 1 hStb in die nächsten 3 hStb, 1 Km ins 1. hStb; wenden (= 66 M).

23. Reihe: 2 Lm, 1 hStb in jedes hStb, 1 Km ins 1. hStb; wenden.

24. Reihe (Abn-R): 2 Lm, je 1 hStb in die nächsten 10 hStb, * 3 x [2 hStb zus abm, 6 hStb], je 1 hStb in die nächsten 4 hStb; ab * wdh, 1 Km ins 1. hStb; wenden (= 60 M).

25. Reihe: 2 Lm, 1 hStb in jedes hStb, 1 Km ins 1. hStb; wenden.

26. Reihe (Abn-R): 2 Lm, je 1 hStb in die nächsten 10 hStb, 3 x [2 hStb zus abm, 5 hStb], je 1 hStb in die nächsten 3 hStb, 3 x [2 hStb zus abm, 5 hStb], je 1 hStb in die nächsten 5 hStb, 1 Km ins 1. hStb; wenden (= 54 M).

27. Reihe: 2 Lm, 1 hStb in jedes hStb, 1 Km ins 1. hStb; wenden.

28. Reihe (Abn-R): 2 Lm, je 1 hStb in die nächsten 10 hStb, 3 x [2 hStb in 1 Einstichstelle, 4 hStb], je 1 hStb in die nächsten

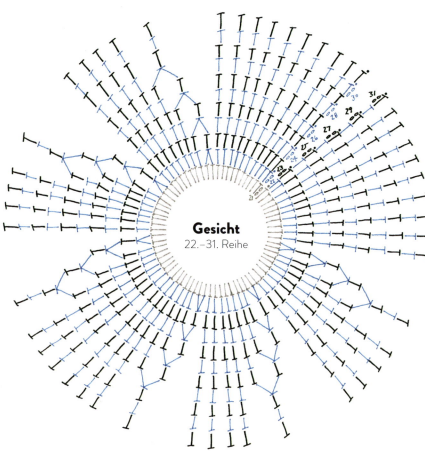

Gesicht
22.–31. Reihe

2 hStb, 3 x [2 hStb in 1 Einstichstelle, 4 hStb], je 1 hStb in die nächsten 6 hStb, 1 Km ins 1. hStb; wenden (= 48 M).

29.–31. Reihe: 2 Lm, 1 hStb in jedes hStb, 1 Km ins 1. hStb; wenden.

Den Faden bis auf ein langes Fadenende abschneiden und sichern.

Nase

Mit der Vorderseite des Kopfes nach oben und der Häkelnd 4 mm Garn B mit 1 Km am vMg des 1. der 8 hStb der 1. R des Gesichts anschlingen.

1. Reihe: 1 fM in dieselbe fM wie die Km, je 1 fM in die nächsten 7 fM; wenden (= 8 M).

2.–4. Reihe (Abn-R): 1 Lm, 2 fM zus abm, 1 fM in jede fM bis zu den letzten 2 M, 2 fM zus abm; wenden (= 2 M).

5. Reihe: 1 Lm, 1 fM in jede fM bis R-Ende; wenden.

6. Reihe (Abn-R): 1 Lm, 2 fM zus abm (= 1 M).

Den Faden bis auf ein langes Fadenende abschneiden und sichern.

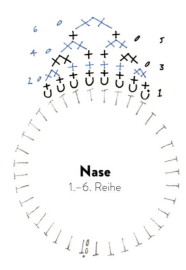

Nase
1.–6. Reihe

Augen
1.–5. Runde

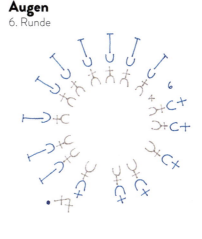

Augen
6. Runde

Fertigstellung der Augen

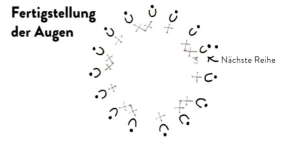

→ Nächste Reihe

Augen (2 x arb)

Mit der Häkelnd 4 mm und Garn D einen Fadenring arb.
1. Runde: 1 Lm, 5 fM in den Fadenring arb. Die letzte fM bereits mit Garn A abm (= 5 M).
2. Runde (Zun-Rd): Mit Garn A je 2 fM in die 5 M der Vorrd arb. Am kurzen Fadenende ziehen, um den Fadenring zu schließen (= 10 M).
3. Runde (Zun-Rd): 5 x [2 fM in 1 Einstichstelle, 1 fM] (= 15 M).
Mit Garn A weiterhäkeln wie folgt und Garn D auf der Vorderseite der Arbeit hängen lassen.
4. Runde: 1 fM nur ins hMg jeder fM arb.
5. Runde (Zun-Rd): 5 x [2 fM in 1 Einstichstelle, 2 fM] nur ins hMg der M arb (= 20 M).
6. Runde: In die vMg der 4. Rd einstechen, je 1 hStb in die nächsten 9 fM, 1 Km in die nächste M der Vorrd, dann mit Garn C je 1 fM ins vMg der nächsten 6 fM der Vorrd arb.

Auge fertigstellen

Nächste Reihe: Von der rechten Seite der Arbeit aus mit Garn D 1 Km ins vMg jeder M der 3. Rd arb, um das Auge zu umranden; 1 Km in die 1. M, dann den Faden abschneiden und sichern.

Ohren
1.–4. Reihe

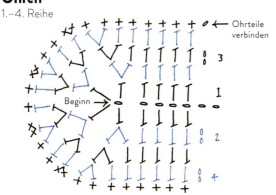

← Ohrteile verbinden

Beginn →

Ohren (2 x arb)

Innenteil des Ohrs

Mit der Häkelnd 4 mm und Garn A 7 Lm.
1. Reihe: 1 hStb in die 3. Lm von der Häkelnd aus, je 1 hStb in die nächsten 3 Lm, 4 hStb in die letzte Lm, je 1 hStb in die Rückseite der nächsten 4 Lm; wenden (= 12 M).
2. Reihe (Zun-R): 2 Lm, je 1 hStb in die nächsten 4 hStb, 4 x 2 hStb in 1 Einstichstelle, je 1 hStb in die nächsten 4 hStb; wenden (= 16 M).
3. Reihe (Zun-R): 2 Lm, je 1 hStb in die nächsten 5 hStb, 6 x 2 hStb in 1 Einstichstelle, je 1 hStb in die nächsten 5 hStb; wenden (= 22 M).
4. Reihe (Zun-R): 2 Lm, je 1 hStb in die nächsten 6 hStb, 4 x [2 hStb in 1 Einstichstelle, 2 hStb], je 1 hStb in die nächsten 4 hStb (= 26 M).
Den Faden bis auf ein langes Fadenende abschneiden und sichern.

Außenteil des Ohrs

Mit der Häkelnd 4 mm und Garn B 7 Lm anschl.
1.–4. Reihe: Die 1.–4. R häkeln, wie beim Innenteil des Ohrs beschrieben; die Arbeit wenden. Den Faden am Ende nicht abschneiden.

Ohrteile verbinden

Das innere und das äußere Ohrteil so aufeinanderlegen, dass das innere Teil nach oben zeigt.

Nächste Reihe: 1 Lm, die Häkelnd immer jeweils zuerst unter beiden Mg des inneren und dann unter denen des äußeren Ohrteils einstechen, um beide Teile zu verbinden, je 1 fM in die nächsten 8 hStb, 4 x [2 fM in 1 Einstichstelle, 2 fM], je 1 fM in die nächsten 6 hStb (= 30 M).

Den Faden bis auf ein langes Fadenende abschneiden und sichern.

Fertigstellung

Körper und Unterseite verbinden

Körper und Unterseite links auf links aufeinanderlegen. Das Häkelteil für den Körper zeigt nach oben. Mit der Häkelnd 4 mm Garn A mit 1 Km an der jeweils 1. der 122 M am oberen Ende von Körper und Unterseite zugleich anschlingen, um beide Teile zu verbinden.

Nächste Reihe: Immer in die fM von Körper und Unterseite zugleich einstechen; 1 fM in dieselbe M wie die Km, je 1 fM in die nächsten 121 fM, * 5 x [2 fM in 1 Einstichstelle, 5 fM] rund um die Pfote *, je 1 fM in die nächsten 118 fM; von * bis * wdh, je 1 fM in die nächsten 71 fM, 2 fM in den nächsten 1-Lm-Bg, je 1 fM in die nächsten 8 fM, 2 fM in den nächsten 1-Lm-Bg, je 1 fM in die nächsten 71 fM; von * bis * wdh, je 1 fM in die nächsten 118 fM, von * bis * wdh, 1 Km in die 1. M; den Faden abschneiden und sichern.

Mit Garn D auf jede Pfote 5 Spannstiche für die Krallen sticken.

Kopf

Den Kopf bis zur 5. R von der Halskante aus mit Füllwatte ausstopfen. Die offenen Kanten mit einer geraden Naht verbinden. Den Kopf mit den hängen gelassenen Fadenenden durch die M von Körper und Unterseite hindurch am oberen Ende des Körpers annähen.

Nase

Mit dem Fadenende an der unteren Spitze der Nase einen Fliegenstich sticken, um die Nasenspitze zu fixieren und das Maul anzudeuten. Von den oberen Ecken der Nase aus mit Garn D jeweils 1 Kettenstich zur Seite hin sticken.

Augen und Ohren

Eine winzige Menge Füllwatte in die Augäpfel stopfen. Die Augen mit den hängen gelassenen Fadenenden rechts und links am Kopf annähen, dabei rund um die Außenkanten nähen. 1–2 kurze Stiche mit Garn C auf jedes Auge sticken. Mit Garn D lange Spannstiche an die Augenwinkel sticken, die der Form des oberen Augenlids folgen. Die Ohren mit wenig Füllwatte ausstopfen und mit den Fadenenden von Garn A und B am Oberkopf annähen.

Alle Fadenenden vernähen.

Mähne

Für die Mähne 20 cm lange Fadenstücke von Garn A und B zuschneiden, die um die M des Kopfes herum eingeknüpft werden. Jede Franse besteht aus 2 Fadenstücken.

Am Oberkopf beginnend, Fransen aus Garn B um jede 2. M der 4 R am Nacken einknüpfen (siehe Seite 178). Weitere Fransen aus Garn A um jede 2. M jeder R einknüpfen und 2 R vor den Ohren enden. Weitere Fransen rund um die Seiten des Gesichts herum einknüpfen. Wenn nötig, Lücken mit weiteren Fransen ausfüllen und zusätzlich Fransen in jede M des vorderen Mähnenteils einknüpfen. Unter dem Kopf Fransen um jede 2. M und R einknüpfen.

Schwanz

Für jede Franse 2 jeweils 20 cm lange Fadenstücke von Garn B zuschneiden und in jede der 10 M der Umrandung am Schwanzende 1 Franse einknüpfen. Die Fadenenden auf gleiche Länge zurückschneiden.

Giraffe

Der Körper der Giraffe wird von der Mitte nach außen in Reihen aus halben Stäbchen gehäkelt. Das Muster wiederholt sich in regelmäßigen Intervallen in jeder Reihe.

Material

- Scheepjes Mighty DK (68 % Baumwolle, 32 % Jute; LL 80 m/50 g)
  A Oak (Fb 752), 450 g
  B Stone (Fb 751), 900 g
- Scheepjes Catona (100 % merzerisierte Baumwolle; LL 25 m/10 g)
  C Jet Black (Fb 110), 10 g
  D Root Beer (Fb 157), 10 g
  E Snow White (Fb 106), 10 g
- Häkelnadeln 3,5 mm und 4 mm
- Wollnadel
- Kunstfaser-Füllwatte

Größe

Breite ca. 105 cm, Länge ca. 130 cm (ohne Kopf und Schwanzquaste)

Maschenprobe

17 hStb und 12 R mit Häkelnd 4 mm und Garn A = 10 cm x 10 cm
Verwenden Sie gegebenenfalls eine dickere oder dünnere Häkelnadel, um die richtige Maschenprobe zu erzielen.

Technik

Die Mitte des Körpers und der Unterseite sind kreisförmig und werden in R von hStb gehäkelt. Das Muster auf dem Körper der Giraffe wird in regelmäßigen Abständen wiederholt. Hals, Beine und Schwanz setzen sich von der letzten R des Körpers aus fort. Körper und Unterseite werden mit fM umrandet. Die Teile werden miteinander verbunden, indem man jeweils in die entsprechende M der Umrandung des Körpers und der Unterseite zugleich einsticht.

Für die Hufe häkelt man in die M, die Körper und Unterseite verbinden; dabei beginnt man mit den vMg, wendet die Arbeit und häkelt in die noch freien Mg derselben M. Dann werden die Hufe in fM in Hin- und Rückr weitergearbeitet. Zuletzt stickt man 2 lange Spannstiche auf jeden Huf.

Die Nase der Giraffe beginnt mit fM in Spiralrd. Für die Öffnungen der Nasenlöcher häkelt man beide Seiten getrennt in R. Der Kopf wird in hStb in Hin- und Rückr mit einfachen Fb-Wechseln für die Fellzeichnung vorne und an den Seiten des Gesichts gearbeitet. Die Knochenzapfen häkelt man einzeln in die M an der Stirn. Erst anschließend wird der Kopf vollendet. Die Öffnungen für die Nasenlöcher werden mit fM umhäkelt, wobei man für die Nasenlöcher M abnimmt. Wenn der Kopf mit Füllwatte ausgestopft ist, werden die M der letzten R in einer

geraden Naht zusammengenäht. Die Augen werden mit fM in Rd gehäkelt. Das Augenlid bekommt seine Form dadurch, dass man in die vMg der M einsticht, sodass sich eine plastische Rippe über dem Auge bildet. Auf jedes Auge wird ein Lichtreflex aufgestickt. Die Ohren werden in fM in Rd gehäkelt und leicht mit Füllwatte ausgestopft. Die Ecken an der Unterkante jedes Ohrs näht man zusammen, um dem Ohr seine Form zu verleihen, bevor man es am Kopf annäht. Anschließend näht man den Kopf an den Hals. Ins Schwanzende und in den Hals werden Fransen für die Schwanzquaste bzw. die Mähne eingeknüpft, Auch die Enden der Knochenzapfen werden mit Fransen beknüpft, die man aufbürstet, damit die Fasern flauschig werden.

Die 1 bzw. 2 Lm am R-Beginn werden durchweg nicht als M gezählt.

Körper

Mit der Häkelnd 4 mm und Garn A einen Fadenring arb.

1. Reihe (Hinr): 2 Lm, 8 hStb in den Fadenring, 1 Km ins 1. hStb; wenden (= 8 M).

2. Reihe (Rückr; Zun-R): 2 Lm, 2 hStb in jede M der Vorrd häkeln, 1 Km ins 1. hStb; wenden. Am kurzen Fadenende ziehen, um den Fadenring zu schließen (= 16 M).

3. Reihe (Zun-R): 2 Lm, 8 x [2 hStb in 1 Einstichstelle, 1 hStb], 1 Km ins 1. hStb; wenden (= 24 M).

4. Reihe (Zun-R): 2 Lm, 8 x [2 hStb in 1 Einstichstelle, 2 hStb], 1 Km ins 1. hStb; wenden (= 32 M).

5. Reihe (Zun-R): 2 Lm, 8 x [2 hStb in 1 Einstichstelle, 3 hStb], 1 Km ins 1. hStb; wenden (= 40 M).

6. Reihe (Zun-R): 2 Lm, 8 x [2 hStb in 1 Einstichstelle, 4 hStb], 1 Km ins 1. hStb; wenden. Die letzten 2 Schlingen des letzten hStb bereits mit Garn B abm. Mit beiden Garnen weiterhäkeln wie folgt und dabei den gerade nicht benötigten Faden auf der linken Seite der Arbeit mitführen (= 48 M).

7. Reihe (Zun-R): Mit Garn B 2 Lm, 8 x [2 hStb in 1 Einstichstelle, 5 hStb], 1 Km ins 1. hStb; wenden (= 56 M).

8. Reihe (Zun-R): 2 Lm, 8 x [2 hStb in 1 Einstichstelle, 6 hStb], 1 Km ins 1. hStb; wenden (= 64 M).

9. Reihe (Zun-R): Mit Garn A 2 Lm, 8 x [2 hStb in 1 Einstichstelle, 4 hStb mit Garn A, 3 hStb mit Garn B], 1 Km ins 1. hStb; wenden (= 72 M).

10. Reihe (Zun-R): 2 Lm, 8 x [2 hStb in 1 Einstichstelle, 1 hStb mit Garn B, 7 hStb mit Garn A], 1 Km ins 1. hStb; wenden (= 80 M).

11. Reihe (Zun-R): 2 Lm, 8 x [2 hStb in 1 Einstichstelle, 6 hStb mit Garn A, 3 hStb mit Garn B], 1 Km ins 1. hStb; wenden (= 88 M).

12. Reihe (Zun-R): 2 Lm, 8 x [2 hStb in 1 Einstichstelle, 1 hStb mit Garn B, 9 hStb mit Garn A], 1 Km ins 1. hStb; wenden (= 96 M).

13. Reihe (Zun-R): 2 Lm, 8 x [2 hStb in 1 Einstichstelle, 8 hStb mit Garn A, 3 hStb mit Garn B], 1 Km ins 1. hStb; wenden (= 104 M).

Zeichenerklärung

◯	Fadenring
⬭	Luftmasche (Lm)
•	Kettmasche (Km)
+	feste Masche (fM)
⤬⤬	2 fM in 1 Einstichstelle
⤬	2 fM zus abm
⊤	halbes Stäbchen (hStb)
⋁	2 hStb in 1 Einstichstelle
⋀	2 hStb zus abm
∪	nur unter dem vMg einstechen
∩	nur unter dem hMg einstechen

Farbschlüssel für Körper, Gesicht und Hinterkopf

- ■ A
- ■ B

Körper
1.–6. Reihe

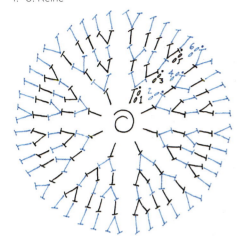

Körper
7.–18. Reihe

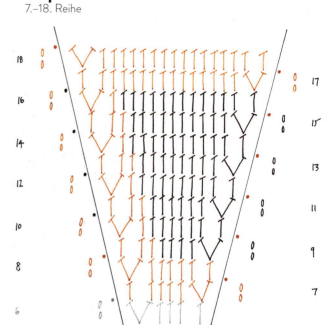

Rapport

Körper
19.–28. Reihe

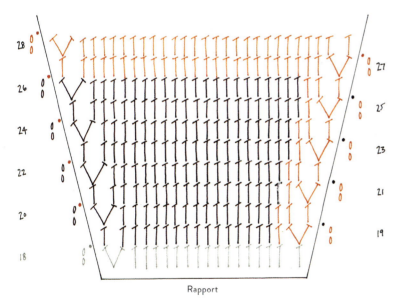

Rapport

14. Reihe (Zun-R): 2 Lm, 8 x [2 hStb in 1 Einstichstelle, 1 hStb mit Garn B, 11 hStb mit Garn A], 1 Km ins 1. hStb; wenden (= 112 M).

15. Reihe (Zun-R): 2 Lm, 8 x [2 hStb in 1 Einstichstelle, 10 hStb mit Garn A, 3 hStb mit Garn B], 1 Km ins 1. hStb; wenden (= 120 M).

16. Reihe (Zun-R): 2 Lm, 8 x [2 hStb in 1 Einstichstelle, 1 hStb mit Garn B, 13 hStb mit Garn A], 1 Km ins 1. hStb; wenden (= 128 M).

17. Reihe (Zun-R): Mit Garn B 2 Lm, 8 x [2 hStb in 1 Einstichstelle, 15 hStb], 1 Km ins 1. hStb; wenden (= 136 M).

18. Reihe (Zun-R): 2 Lm, 8 x [2 hStb in 1 Einstichstelle, 16 hStb], 1 Km ins 1. hStb; wenden (= 144 M).

19. Reihe (Zun-R): 2 Lm, 8 x [2 hStb in 1 Einstichstelle, 1 hStb mit Garn B, 16 hStb mit Garn A], 1 Km ins 1. hStb; wenden (= 152 M).

20. Reihe (Zun-R): 2 Lm, 8 x [2 hStb in 1 Einstichstelle, 15 hStb mit Garn A, 3 hStb mit Garn B], 1 Km ins 1. hStb; wenden (= 160 M).

131

Körper
29.–40. Reihe

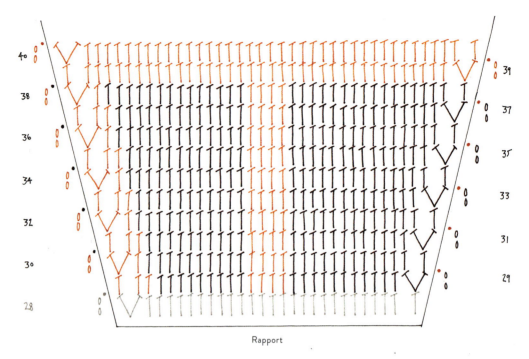

Rapport

21. Reihe (Zun-R): 2 Lm, 8 x [2 hStb in 1 Einstichstelle, 1 hStb mit Garn B, 18 hStb mit Garn A], 1 Km ins 1. hStb; wenden (168 M).
22. Reihe (Zun-R): 2 Lm, 8 x [2 hStb in 1 Einstichstelle, 17 hStb mit Garn A, 3 hStb mit Garn B], 1 Km ins 1. hStb; wenden (= 176 M).
23. Reihe (Zun-R): 2 Lm, 8 x [2 hStb in 1 Einstichstelle, 1 hStb mit Garn B, 20 hStb mit Garn A], 1 Km ins 1. hStb; wenden (= 184 M).
24. Reihe (Zun-R): 2 Lm, 8 x [2 hStb in 1 Einstichstelle, 19 hStb mit Garn A, 3 hStb mit Garn B], 1 Km ins 1. hStb; wenden (= 192 M).
25. Reihe (Zun-R): 2 Lm, 8 x [2 hStb in 1 Einstichstelle, 1 hStb mit Garn B, 22 hStb mit Garn A], 1 Km ins 1. hStb; wenden (= 200 M).
26. Reihe (Zun-R): 2 Lm, 8 x [2 hStb in 1 Einstichstelle, 21 hStb mit Garn A, 3 hStb mit Garn B], 1 Km ins 1. hStb; wenden (= 208 M).
27. Reihe (Zun-R): Mit Garn B 2 Lm, 8 x [2 hStb in 1 Einstichstelle, 25 hStb], 1 Km ins 1. hStb; wenden (= 216 M).
28. Reihe (Zun-R): 2 Lm, 8 x [2 hStb in 1 Einstichstelle, 26 hStb], 1 Km ins 1. hStb; wenden (= 224 M).
29. Reihe (Zun-R): 2 Lm, 8 x [2 hStb in 1 Einstichstelle, 11 hStb mit Garn A, 4 hStb mit Garn B, 9 hStb mit Garn A, 3 hStb mit Garn B], 1 Km ins 1. hStb; wenden (= 232 M).
30. Reihe (Zun-R): 2 Lm, 8 x [2 hStb in 1 Einstichstelle, 1 hStb mit Garn B, 10 hStb mit Garn A, 4 hStb mit Garn B, 13 hStb mit Garn A], 1 Km ins 1. hStb; wenden (= 240 M).
31. Reihe (Zun-R): 2 Lm, 8 x [2 hStb in 1 Einstichstelle, 12 hStb mit Garn A, 4 hStb mit Garn B, 10 hStb mit Garn A, 3 hStb mit Garn B], 1 Km ins 1. hStb; wenden (= 248 M).

32. Reihe (Zun-R): 2 Lm, 8 x [2 hStb in 1 Einstichstelle, 1 hStb mit Garn B, 11 hStb mit Garn A, 4 hStb mit Garn B, 14 hStb mit Garn A], 1 Km ins 1. hStb; wenden (= 256 M).
33. Reihe (Zun-R): 2 Lm, 8 x [2 hStb in 1 Einstichstelle, 13 hStb mit Garn A, 4 hStb mit Garn B, 11 hStb mit Garn A, 3 hStb mit Garn B], 1 Km ins 1. hStb; wenden (= 264 M).
34. Reihe (Zun-R): 2 Lm, 8 x [2 hStb in 1 Einstichstelle, 1 hStb mit Garn B, 12 hStb mit Garn A, 4 hStb mit Garn B, 15 hStb mit Garn A], 1 Km ins 1. hStb; wenden (= 272 M).
35. Reihe (Zun-R): 2 Lm, 8 x [2 hStb in 1 Einstichstelle, 14 hStb mit Garn A, 4 hStb mit Garn B, 12 hStb mit Garn A, 3 hStb mit Garn B], 1 Km ins 1. hStb; wenden (= 280 M).
36. Reihe (Zun-R): 2 Lm, 8 x [2 hStb in 1 Einstichstelle, 1 hStb mit Garn B, 13 hStb mit Garn A, 4 hStb mit Garn B, 16 hStb mit Garn A], 1 Km ins 1. hStb; wenden (= 288 M).
37. Reihe (Zun-R): 2 Lm, 8 x [2 hStb in 1 Einstichstelle, 15 hStb mit Garn A, 4 hStb mit Garn B, 13 hStb mit Garn A, 3 hStb mit Garn B], 1 Km ins 1. hStb; wenden (= 296 M).
38. Reihe (Zun-R): 2 Lm, 8 x [2 hStb in 1 Einstichstelle, 1 hStb mit Garn B, 14 hStb mit Garn A, 4 hStb mit Garn B, 17 hStb mit Garn A], 1 Km ins 1. hStb; wenden (= 304 M).
39. Reihe (Zun-R): Mit Garn B 2 Lm, 8 x [2 hStb in 1 Einstichstelle, 37 hStb], 1 Km ins 1. hStb; wenden (312 M).
40. Reihe (Zun-R): 2 Lm, 8 x [2 hStb in 1 Einstichstelle, 38 hStb], 1 Km ins 1. hStb; wenden (= 320 M).

Hals

41. Reihe (Hinr; Abn-R): 2 Lm, 2 hStb zus abm, 2 hStb mit Garn B, 13 hStb mit Garn A, 6 hStb mit Garn B, 13 hStb mit Garn A, 2 hStb mit Garn B, 2 hStb zus abm; wenden.

Hals
41.–44. Reihe

Hals
49.–60. Reihe

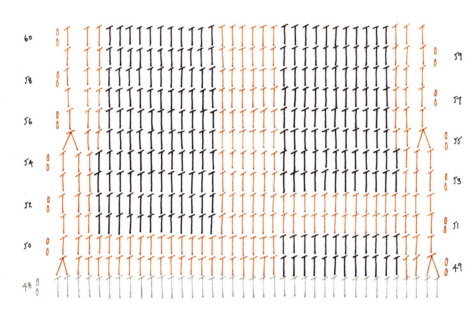

Hals
61.–74. Reihe

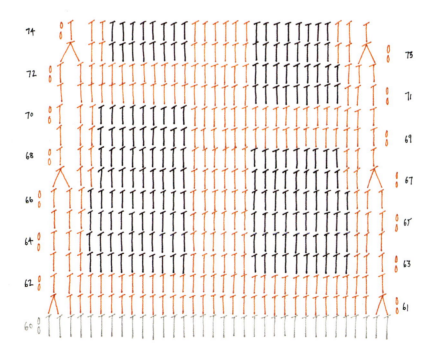

Nur über diese 38 M weiterhäkeln wie folgt:

42.–48. Reihe: 2 Lm, 2 x [3 hStb mit Garn B, 13 hStb mit Garn A, 3 hStb mit Garn B]; wenden (die 43. und 44. R der Häkelschrift wdh).

49. Reihe (Abn-R): 2 Lm, 2 hStb zus abm, 2 hStb mit Garn B, 12 hStb mit Garn A, 1 hStb in jedes hStb bis zu den letzten 2 M mit Garn B, 2 hStb zus abm; wenden (= 36 M).

50. und 51. Reihe: 2 Lm, 21 hStb mit Garn B, 12 hStb mit Garn A, 3 hStb mit Garn B; wenden.

52. Reihe: 2 Lm, 3 hStb mit Garn B, 12 hStb mit Garn A, 21 hStb mit Garn B; wenden.

53. und 54. Reihe: 2 Lm, 2 x [3 hStb mit Garn B, 12 hStb mit Garn A, 3 hStb mit Garn B]; wenden.

55. Reihe (Abn-R): 2 Lm, 2 hStb zus abm, 2 hStb mit Garn B, 11 hStb mit Garn A, 6 hStb mit Garn B, 11 hStb mit Garn A, 2 hStb mit Garn B, 2 hStb zus abm; wenden (= 34 M).

56.–60. Reihe: 2 Lm, 2 x [3 hStb mit Garn B, 11 hStb mit Garn A, 3 hStb mit Garn B]; wenden.

61. Reihe (Abn-R): Mit Garn B 2 Lm, 2 hStb zus abm, 1 hStb in jedes hStb bis zu den letzten 2 M, 2 hStb zus abm; wenden (= 32 M).

62. Reihe: 2 Lm, 1 hStb in jedes hStb; wenden.

63.–66. Reihe: 2 Lm, 2 x [3 hStb mit Garn B, 10 hStb mit Garn A, 3 hStb mit Garn B]; wenden.

67. Reihe (Abn-R): 2 Lm, 2 hStb zus abm, 2 hStb mit Garn B, 9 hStb mit Garn A, 6 hStb mit Garn B, 9 hStb mit Garn A, 2 hStb mit Garn B, 2 hStb zus abm; wenden (= 30 M).

68. Reihe: 2 Lm, 2 x [3 hStb mit Garn B, 9 hStb mit Garn A, 3 hStb mit Garn B]; wenden.

69. Reihe: 2 Lm, 18 hStb mit Garn B, 9 hStb mit Garn A, 3 hStb mit Garn B; wenden.

70. und 71. Reihe: 2 Lm, 3 hStb mit Garn B, 9 hStb mit Garn A, 18 hStb mit Garn B; wenden.

72. Reihe: Die 69. R wdh.

73. Reihe (Abn-R): 2 Lm, 2 hStb zus abm, 2 hStb mit Garn B, 8 hStb mit Garn A, 6 hStb mit Garn B, 8 hStb mit Garn A, 2 hStb mit Garn B, 2 hStb zus abm; wenden (= 28 M).

74.–78. Reihe: 2 Lm, 2 x [3 hStb mit Garn B, 8 hStb mit Garn A, 3 hStb mit Garn B]; wenden.

79. Reihe (Abn-R): 2 Lm, 2 hStb zus abm, 2 hStb mit Garn B, 7 hStb mit Garn A, 6 hStb mit Garn B, 7 hStb mit Garn A, 2 hStb mit Garn B, 2 hStb zus abm; wenden (= 26 M).

80.–84. Reihe: 2 Lm, 2 x [3 hStb mit Garn B, 7 hStb mit Garn A, 3 hStb mit Garn B]; wenden.

85. und 86. Reihe: Mit Garn B 2 Lm, 1 hStb in jedes hStb; wenden. Den Faden abschneiden und sichern.

Hals
75.–86. Reihe

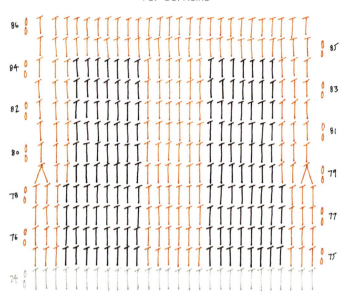

Bein
1.–16. Reihe

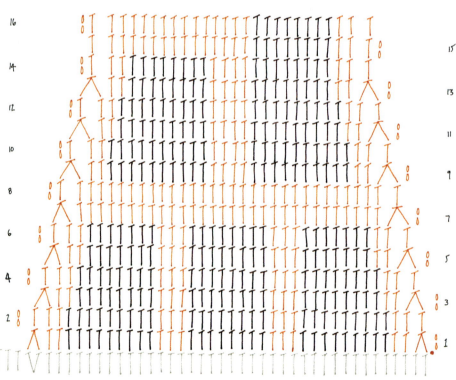

134

Bein
17.–36. Reihe

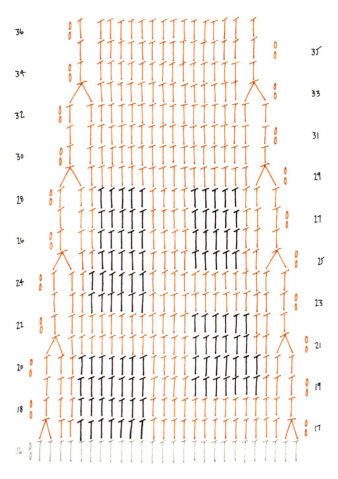

1. Bein

Von der rechten Seite der Arbeit Garn B mit 1 Km am 1. hStb neben dem Hals anschlingen.

1. Reihe (Hinr; Abn-R): 2 Lm, bei derselben M beginnen, in die auch die Km gehäkelt wurde, 2 hStb zus abm, 1 hStb in die nächsten 2 hStb, das letzte hStb bereits mit Garn A abm, 9 hStb mit Garn A, 3 hStb mit Garn B, 8 hStb mit Garn A, 3 hStb mit Garn B, 9 hStb mit Garn A, 2 hStb mit Garn B, 2 hStb zus abm; wenden.

Nur über diese 38 M weiterhäkeln wie folgt:

2. Reihe (Rückr): 2 Lm, 3 hStb mit Garn B, 9 hStb mit Garn A, 3 hStb mit Garn B, 8 hStb mit Garn A, 3 hStb mit Garn B, 9 hStb mit Garn A, 3 hStb mit Garn B; wenden.

3. Reihe (Abn-R): 2 Lm, 2 hStb zus abm, 2 hStb mit Garn B, 2 x [8 hStb mit Garn A, 3 hStb mit Garn B], 8 hStb mit Garn A, 2 hStb mit Garn B, 2 hStb zus abm; wenden (= 36 M).

4. Reihe: 2 Lm, 3 hStb mit Garn B, 3 x [8 hStb mit Garn A, 3 hStb mit Garn B]; wenden.

5. Reihe (Abn-R): 2 Lm, 2 hStb zus abm, 2 hStb mit Garn B, 7 hStb mit Garn A, 3 hStb mit Garn B, 8 hStb mit Garn A,

3 hStb mit Garn B, 7 hStb mit Garn A, 2 hStb mit Garn B, 2 hStb zus abm; wenden (= 34 M).

6. Reihe: 2 Lm, 3 hStb mit Garn B, 7 hStb mit Garn A, 3 hStb mit Garn B, 8 hStb mit Garn A, 3 hStb mit Garn B, 7 hStb mit Garn A, 3 hStb mit Garn B; wenden.

7. Reihe (Abn-R): Mit Garn B 2 Lm, 2 hStb zus abm, 1 hStb in jedes hStb bis zu den letzten 2 M, 2 hStb zus abm; wenden (= 32 M).

8. Reihe: 2 Lm, 1 hStb in jedes hStb; wenden.

9. Reihe (Abn-R): 2 Lm, 2 hStb zus abm, 2 hStb mit Garn B, 10 hStb mit Garn A, 4 hStb mit Garn B, 10 hStb mit Garn A, 2 hStb mit Garn B, 2 hStb zus abm; wenden (= 30 M).

10. Reihe: 2 Lm, 3 hStb mit Garn B, 10 hStb mit Garn A, 4 hStb mit Garn B, 10 hStb mit Garn A, 3 hStb mit Garn B; wenden.

11. Reihe (Abn-R): 2 Lm, 2 hStb zus abm, 2 hStb mit Garn B, 9 hStb mit Garn A, 4 hStb mit Garn B, 9 hStb mit Garn A, 2 hStb mit Garn B, 2 hStb zus abm; wenden (= 28 M).

12. Reihe: 2 Lm, 3 hStb mit Garn B, 9 hStb mit Garn A, 4 hStb mit Garn B, 9 hStb mit Garn A, 3 hStb mit Garn B; wenden.

13. Reihe (Abn-R): 2 Lm, 2 hStb zus abm, 2 hStb mit Garn B, 8 hStb mit Garn A, 4 hStb mit Garn B, 8 hStb mit Garn A, 2 hStb mit Garn B, 2 hStb zus abm; wenden (= 26 M).

14. Reihe: 2 Lm, 3 hStb mit Garn B, 8 hStb mit Garn A, 4 hStb mit Garn B, 8 hStb mit Garn A, 3 hStb mit Garn B; wenden.

15. Reihe: 2 Lm, 3 hStb mit Garn B, 8 hStb mit Garn A, mit Garn B 1 hStb in jede M bis R-Ende; wenden.

16. Reihe: 2 Lm, 15 hStb mit Garn B, 8 hStb mit Garn A, mit Garn B 1 hStb in jede M bis R-Ende; wenden.

17. Reihe (Abn-R): 2 Lm, 2 hStb zus abm, 13 hStb mit Garn B, 7 hStb mit Garn A, 2 hStb mit Garn B, 2 hStb zus abm; wenden (= 24 M).

18. Reihe: 2 Lm, 3 hStb mit Garn B, 7 hStb mit Garn A, mit Garn B 1 hStb in jede M bis R-Ende; wenden.

19. und 20. Reihe: 2 Lm, 3 hStb mit Garn B, 7 hStb mit Garn A, 4 hStb mit Garn B, 7 hStb mit Garn A, 3 hStb mit Garn B; wenden.

21. Reihe (Abn-R): 2 Lm, 2 hStb zus abm, 2 hStb mit Garn B, 6 hStb mit Garn A, 1 hStb in jedes hStb bis zu den letzten 2 M mit Garn B, 2 hStb zus abm; wenden (= 22 M).

22. und 23. Reihe: 2 Lm, 13 hStb mit Garn B, 6 hStb mit Garn A, 3 hStb mit Garn B; wenden.

24. Reihe: 2 Lm, 3 hStb mit Garn B, 6 hStb mit Garn A, mit Garn B 1 hStb in jede M bis R-Ende; wenden.

25. Reihe (Abn-R): 2 Lm, 2 hStb zus abm, 2 hStb mit Garn B, 5 hStb mit Garn A, 4 hStb mit Garn B, 5 hStb mit Garn A, 2 hStb mit Garn B, 2 hStb zus abm; wenden (= 20 M).

26.–28. Reihe: 2 Lm, 3 hStb mit Garn B, 5 hStb mit Garn A, 4 hStb mit Garn B, 5 hStb mit Garn A, 3 hStb mit Garn B; wenden.

Mit Garn B weiterhäkeln wie folgt:

29. Reihe: 2 Lm, 2 hStb zus abm, 1 hStb in jedes hStb bis zu den letzten 2 M, 2 hStb zus abm; wenden (= 18 M).

30.–32. Reihe: 2 Lm, 1 hStb in jedes hStb; wenden.

33.–36. Reihe: Die 29.–32. R wdh (= 16 M).

Den Faden abschneiden und sichern.

Schwanz
1.–14. Reihe

Schwanz
15.–26. Reihe

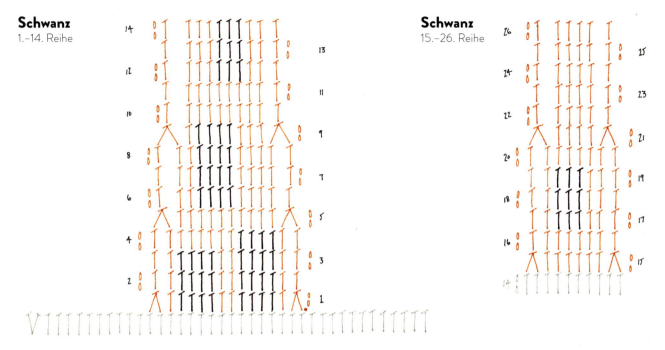

Nächstes Bein

* Von der rechten Seite der Arbeit aus mit Häkelnd 4 mm 40 M nach dem soeben fertiggestellten Bein übergehen und Garn B am nächsten hStb anschlingen.
1.–36. Reihe: Wie die 1.–36. R des 1. Beins arb. Den Faden abschneiden und sichern.
Ab * noch 2 x wdh, um auch die übrigen 2 Beine fertigzustellen.

Schwanz

Von der rechten Seite der Arbeit aus mit Häkelnd 4 mm die ersten 12 der 40 hStb zwischen den Hinterbeinen (gegenüber dem Hals) übergehen und Garn B mit 1 Km am nächsten hStb anschlingen.
1. Reihe (Hinr): 2 Lm, bei der M beginnen, in die auch die Km gehäkelt wurde, 2 hStb zus abm, 1 hStb ins nächste hStb, das letzte hStb bereits mit Garn A abm, 4 hStb mit Garn A, 2 hStb mit Garn B, 4 hStb mit Garn A, 1 hStb mit Garn B, 2 hStb zus abm; wenden (= 14 M).
2. und 3. Reihe: 2 Lm, 2 x [2 hStb mit Garn B, 4 hStb mit Garn A], 2 hStb mit Garn B; wenden.
4. Reihe: 2 Lm, 8 hStb mit Garn B, 4 hStb mit Garn A, 2 hStb mit Garn B; wenden.
5. Reihe (Abn-R): Mit Garn B 2 Lm, 2 hStb zus abm, 1 hStb in jedes hStb bis zu den letzten 2 M, 2 hStb zus abm; wenden (= 12 M).
6. Reihe: 2 Lm, 3 hStb mit Garn B, 4 hStb mit Garn A, 5 hStb mit Garn B; wenden.
7. Reihe: 2 Lm, 5 hStb mit Garn B, 4 hStb mit Garn A, 3 hStb mit Garn B; wenden.
8. Reihe: Die 6. R wdh.

9. Reihe (Abn-R): 2 Lm, 2 hStb zus abm, 3 hStb mit Garn B, 4 hStb mit Garn A, 1 hStb mit Garn B, 2 hStb zus abm; wenden (= 10 M).
10. und 11. Reihe: Mit Garn B 2 Lm, 1 hStb in jedes hStb bis R-Ende; wenden.
12. Reihe: 2 Lm, 4 hStb mit Garn B, 3 hStb mit Garn A, 3 hStb mit Garn B; wenden.
13. Reihe: 2 Lm, 3 hStb mit Garn B, 3 hStb mit Garn A, 4 hStb mit Garn B; wenden.
14. Reihe: Die 12. R wdh.
15. Reihe (Abn-R): Mit Garn B 2 Lm, 2 hStb zus abm, 1 hStb in jedes hStb bis zu den letzten 2 M, 2 hStb zus abm; wenden (= 8 M).
16. Reihe: 2 Lm, 1 hStb in jedes hStb bis R-Ende; wenden.
17. Reihe: 2 Lm, 3 hStb mit Garn B, 3 hStb mit Garn A, 2 hStb mit Garn B; wenden.
18. Reihe: 2 Lm, 2 hStb mit Garn B, 3 hStb mit Garn A, 3 hStb mit Garn B; wenden.
19. Reihe: Die 17. R wdh.
Mit Garn B weiterhäkeln wie folgt:
20. Reihe: 2 Lm, 1 hStb in jedes hStb bis R-Ende; wenden.
21. Reihe (Abn-R): 2 Lm, 2 hStb zus abm, 1 hStb in jedes hStb bis zu den letzten 2 M, 2 hStb zus abm; wenden (= 6 M).
22.–26. Reihe: 2 Lm, 1 hStb in jedes hStb bis R-Ende; wenden. Den Faden abschneiden und sichern.

Umrandung

Von der rechten Seite der Arbeit aus mit Häkelnd 4 mm Garn B mit 1 Km an der 1. der 12 M neben dem Schwanz anschlingen.
Nächste Reihe: 1 fM in dieselbe M wie die Km, je 1 fM in die nächsten 11 hStb, * 54 fM gleichmäßig verteilt in das Bein nach

unten, 1 Lm, je 1 fM in die nächsten 16 hStb, 1 Lm, 54 fM gleichmäßig verteilt in das Bein nach oben *, je 1 fM in die nächsten 40 M; von * bis * wdh, 69 fM gleichmäßig verteilt in den Hals nach oben, 1 Lm, je 1 fM in die nächsten 26 hStb, 1 Lm, 69 fM gleichmäßig verteilt in den Hals nach unten; von * bis * wdh, je 1 fM in die nächsten 40 M; von * bis * wdh, je 1 fM in die nächsten 12 fM, 39 fM gleichmäßig verteilt in den Schwanz nach oben, 1 Lm, je 1 fM in die nächsten 6 hStb, 1 Lm, 39 fM gleichmäßig verteilt in den Schwanz nach unten, 1 Km in die 1. M; den Faden abschneiden und sichern.

Unterseite

Durchweg mit Garn B nach den Häkelschriften für den Körper arb.

Mit der Häkelnd 4 mm und Garn B einen Fadenring arb.

1. Reihe (Hinr): 2 Lm, 8 hStb in den Fadenring, 1 Km ins 1. hStb; wenden (= 8 M).

2. Reihe (Rückr; Zun-R): 2 Lm, 2 hStb in jede der 8 M der Vorr, 1 Km ins 1. hStb; wenden. Am kurzen Fadenende ziehen, um den Fadenring zu schließen (= 16 M).

3. Reihe (Zun-R): 2 Lm, 8 x [2 hStb in 1 Einstichstelle, 1 hStb], 1 Km ins 1. hStb; wenden (= 24 M).

4. Reihe (Zun-R): 2 Lm, 8 x [2 hStb in 1 Einstichstelle, 2 hStb], 1 Km ins 1. hStb; wenden (= 32 M).

5. Reihe (Zun-R): 2 Lm, 8 x [2 hStb in 1 Einstichstelle, 3 hStb], 1 Km ins 1. hStb; wenden (= 40 M).

6.–40. Reihe: In der gegebenen Einteilung weiterhäkeln und auf diese Weise in jeder R 8 M zun (= 320 M).

Unterseite des Halses

41. Reihe (Hinr; Abn-R): 2 Lm, 2 hStb zus abm, je 1 hStb in die nächsten 36 hStb, 2 hStb zus abm; wenden.

Nur über diese 38 M weiterhäkeln wie folgt:

42.–48. Reihe: 2 Lm, 1 hStb in jedes hStb; wenden.

49. Reihe (Abn-R): 2 Lm, 2 hStb zus abm, 1 hStb in jedes hStb bis zu den letzten 2 M, 2 hStb zus abm; wenden (= 36 M).

50.–54. Reihe: 2 Lm, 1 hStb in jedes hStb; wenden.

55.–84. Reihe (Abn-R): Die 49.–54. R noch 5 x wdh (= 26 M).

85. und 86. Reihe: 2 Lm, 1 hStb in jedes hStb; wenden. Den Faden abschneiden und sichern.

Unterseite des 1. Beins

Von der rechten Seite der Arbeit aus Garn B mit 1 Km am 1. hStb neben dem Hals anschlingen.

1. Reihe (Hinr; Abn-R): 2 Lm, bei der M beginnen, in die auch die Km gehäkelt wurde, 2 hStb zus abm, je 1 hStb in die nächsten 36 hStb, 2 hStb zus abm; wenden.

Nur über diese 38 M weiterhäkeln wie folgt:

2. Reihe (Rückr): 2 Lm, 1 hStb in jedes hStb; wenden.

3. Reihe (Abn-R): 2 Lm, 2 hStb zus abm, 1 hStb in jedes hStb bis zu den letzten 2 M, 2 hStb zus abm; wenden (= 36 M).

4.–13. Reihe: Die 2. und 3. R noch 5 x wdh (= 26 M).

14.–16. Reihe: 2 Lm, 1 hStb in jedes hStb; wenden.

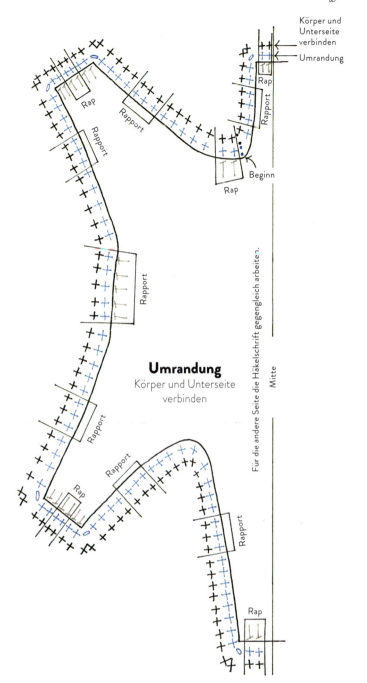

Umrandung
Körper und Unterseite
verbinden

17. Reihe: 2 Lm, 2 hStb zus abm, 1 hStb in jedes hStb bis zu den letzten 2 M, 2 hStb zus abm; wenden (= 24 M).
18.–33. Reihe: Die 14.–17. R noch 4 x wdh (= 16 M).
34.–36. Reihe: 2 Lm, 1 hStb in jedes hStb; wenden.
Den Faden abschneiden und sichern.

Unterseite des nächsten Beins

* Von der rechten Seite der Arbeit aus mit Häkelnd 4 mm 40 M nach dem soeben gehäkelten Bein übergehen und Garn B mit 1 Km am nächsten hStb anschlingen.
1.–36. Reihe: Wie die 1.–36. R des 1. Beins arb. Den Faden abschneiden und sichern.*
Ab * noch 2 x wdh, um auch die übrigen 2 Beine fertigzustellen.

Unterseite des Schwanzes

Von der rechten Seite der Arbeit aus mit Häkelnd 4 mm die ersten 12 der 40 hStb zwischen den Hinterbeinen (gegenüber dem Hals) übergehen und Garn B mit 1 Km am nächsten hStb anschlingen.
1. Reihe (Hinr): 2 Lm, beim selben hStb beginnen, in das die Km gehäkelt wurde, 2 hStb zus abm, je 1 hStb in die nächsten 12 hStb; wenden (= 14 M).
2.–4. Reihe: 2 Lm, 1 hStb in jedes hStb bis R-Ende; wenden.
5. Reihe (Abn-R): 2 Lm, 2 hStb zus abm, 1 hStb in jedes hStb bis zu den letzten 2 M, 2 hStb zus abm; wenden (= 12 M).
6.–8. Reihe: 2 Lm, 1 hStb in jedes hStb bis R-Ende; wenden.
9. Reihe (Abn-R): 2 Lm, 2 hStb zus abm, 1 hStb in jedes hStb bis zu den letzten 2 M, 2 hStb zus abm; wenden (= 10 M).
10.–14. Reihe: 2 Lm, 1 hStb in jedes hStb bis R-Ende; wenden.
15.–26. Reihe (Abn-R): Die 9.–14. R noch 2 x wdh (= 6 M).
Den Faden abschneiden und sichern.

Umrandung der Unterseite

Mit der Häkelnd 4 mm und Garn B wie die Umrandung des Körpers arb.

Körper und Unterseite verbinden

Körper und Unterseite links auf links aufeinanderlegen. Das Häkelteil für den Körper zeigt nach oben. Mit der Häkelnd 4 mm Garn B mit 1 Km an der jeweils 1. der 12 M neben dem Schwanz von Körper und Unterseite zugleich anschlingen, um beide Teile zu verbinden.
Nächste Reihe: 1 fM in dieselbe M wie die Km, je 1 fM in die nächsten 65 fM, 2 fM in den 1-Lm-Bg, je 1 fM in die nächsten 16 fM, 2 fM in den 1-Lm-Bg, je 1 fM in die nächsten 148 fM, 2 fM in den 1-Lm-Bg, je 1 fM in die nächsten 16 fM, 2 fM in den 1-Lm-Bg, je 1 fM in die nächsten 123 fM, 2 fM in den 1-Lm-Bg, je 1 fM in die nächsten 26 fM, 2 fM in den 1-Lm-Bg, je 1 fM in die nächsten 123 fM, 2 fM in den 1-Lm-Bg, je 1 fM in die nächsten 16 fM, 2 fM in den 1-Lm-Bg, je 1 fM in die nächsten 148 fM, 2 fM in den 1-Lm-Bg, je 1 fM in die nächsten 16 fM, 2 fM in den 1-Lm-Bg, je 1 fM in die nächsten 105 fM, 2 fM in den 1-Lm-Bg, je 1 fM in die nächsten 6 fM, 2 fM in den 1-Lm-Bg, je 1 fM in die nächsten 39 fM, 1 Km in die 1. M; den Faden abschneiden und sichern.

Hufe
1.–9. Reihe

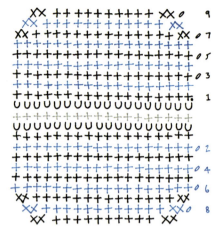

Oberkante der Hufe schließen

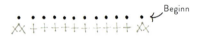

Beginn

Hufe

Mit der Häkelnd 4 mm Garn A mit 1 Km am vMg der 1. der 18 fM anschlingen, die Körper und Unterseite am oberen Ende des Beins verbinden.
1. Reihe (Hinr): Nur unter dem vMg jeder M einstechen, 1 fM in dieselbe M wie die Km, je 1 fM in die nächsten 17 fM; wenden, je 1 fM in die unbehäkelten hMg der nächsten 18 fM (= 36 M).
2.–6. Reihe: 1 Lm, 1 fM in jede fM; wenden.
7. Reihe (Abn-R): 1 Lm, 2 x [2 fM zus abm, je 1 fM in die nächsten 14 fM, 2 fM zus abm]; wenden (= 32 M).
8. Reihe (Rückr; Abn-R): 1 Lm, 2 x [2 fM zus abm, je 1 fM in die nächsten 12 fM, 2 fM zus abm]; wenden (= 28 M).
9. Reihe (Abn-R): 1 Lm, 2 x [2 fM zus abm, je 1 fM in die nächsten 10 fM, 2 fM zus abm]; wenden (= 24 M).

Oberseite des Hufs schließen

Nächste Reihe (Hinr): Je 1 Km in die 12 M beider Seiten des Hufs zugleich. Den Faden bis auf ein langes Fadenende abschneiden und sichern. Das Fadenende auf der Innenseite des Hufs zur seitlichen Öffnung führen. Die Kanten an der Seite des Hufs zusammennähen.

Fertigstellung des Hufs

Mit Garn A jeweils 2 lange Stiche in die Mitte jedes Hufs sticken, um die Lücke zwischen den beiden Hufhälften jedes Fußes anzudeuten. An der vorderen Unterkante beginnen, * den Faden zwischen den M am oberen Ende des Hufs zur anderen

Kopf
1.–12. Runde

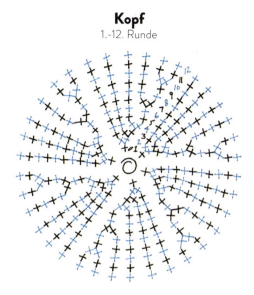

Öffnungen für die Nasenlöcher
1.–5. Reihe

Seite und durch die Unterkante wieder nach vorne führen. Ab * noch 1 x wdh, dann den Faden vernähen. Die anderen Hufe genauso fertigstellen.

Kopf

Vorderer Teil

Mit der Häkelnd 4 mm und Garn A einen Fadenring arb.
1. Runde: 1 Lm, 6 fM in den Fadenring arb (= 6 M).
2. Runde (Zun-Rd): 2 fM in jede der 6 M der Vorrd arb. Am kurzen Fadenende ziehen, um den Fadenring zu schließen (= 12 M).
3. Runde (Zun-Rd): 6 x [2 fM in die nächste M, 1 fM] (= 18 M).
4. Runde (Zun-Rd): 6 x [2 fM in die nächste M, 2 fM] (= 24 M).
5. und 6. Runde: 1 fM in jede fM.
7. Runde (Zun-Rd): 6 x [2 fM in die nächste M, 3 fM] (= 30 M).
8. und 9. Runde: 1 fM in jede fM.
10. Runde (Zun-Rd): 6 x [2 fM in die nächste M, 4 fM] (= 36 M).
11. und 12. Runde: 1 fM in jede fM.
Die Arbeit wenden.

Öffnungen für die Nasenlöcher

In Hin- und Rückr häkeln wie folgt; beide Seiten getrennt arb:
1. Reihe (Rückr): 1 Lm, je 1 fM in die nächsten 32 fM; wenden.
Nur über diese 32 M weiterhäkeln wie folgt:
2. Reihe (Hinr; Abn-R): 1 Lm, 2 fM zus abm, 1 fM in jede fM bis zu den letzten 2 M, 2 fM zus abm (= 30 M).
3. Reihe: 1 Lm, 1 fM in jede fM; wenden.
4. und 5. Reihe (Abn-R): Die 2. und 3. R wdh (= 28 M). Den Faden abschneiden und sichern.

Oberseite der Nase

Von der linken Seite der Arbeit aus Garn A mit 1 Km an der 1. der 4 unbehäkelten M der 12. Rd der Kopf-Vorderseite anschlingen.
1. Reihe (Rückr): 1 fM in dieselbe fM wie die Km, je 1 fM in die nächsten 3 fM; wenden (= 4 M).
2. Reihe (Hinr; Zun-R): 1 Lm, 2 fM in 1 Einstichstelle, 1 fM in jede fM bis zur letzten M, 2 fM in 1 Einstichstelle (= 6 M).
3. Reihe: 1 Lm, 1 fM in jede fM; wenden.
4. und 5. Reihe (Zun-R): Die 2. und 3. R wdh; wenden (= 8 M).

Nasenloch-Öffnungen verbinden

6. Reihe (Hinr; Abn-R): 1 Lm, je 1 fM in die nächsten 8 fM an der Oberseite der Nase, je 1 fM in die nächsten 3 fM der 5. R der Nasenloch-Öffnungen, 6 x [2 fM zus abm, 2 fM], je 1 fM in die nächste fM, 1 Km in die 1. fM; wenden (= 30 M).
7. Reihe (Rückr): 2 Lm, 1 hStb in jede fM, 1 Km ins 1. hStb; wenden.

Gesicht

1. Reihe (Hinr): 2 Lm, je 1 hStb in die nächsten 8 hStb, die letzten 2 Schlingen des letzten hStb bereits mit Garn B abm, 22 hStb mit Garn B, 1 Km ins 1. hStb; wenden.
2. Reihe (Rückr): 2 Lm, 22 hStb mit Garn B, 8 hStb mit Garn A, 1 Km ins 1. hStb; wenden.
3. Reihe (Zun-R): 2 Lm, 8 hStb mit Garn A; mit Garn B 2 x [2 hStb in 1 Einstichstelle, 3 hStb, 2 hStb in 1 Einstichstelle, 4 hStb, 2 hStb in 1 Einstichstelle, 2 x [3 hStb, 2 hStb in 1 Einstichstelle], 1 Km ins 1. hStb; wenden (= 36 M).
4. Reihe: 2 Lm, 28 hStb mit Garn B, 8 hStb mit Garn A, 1 Km ins 1. hStb; wenden.
5. Reihe: 2 Lm, 8 hStb mit Garn A, 28 hStb mit Garn B, 1 Km ins 1. hStb; wenden.

Oberer Teil der Nase
1.–5. Reihe

Öffnungen der Nasenlöcher verbinden
6. und 7. Reihe

Oberer Teil der Nase

Öffnungen für die Nasenlöcher

6. Reihe: Die 4. R wdh.

7. Reihe (Zun-R): 2 Lm, 8 hStb mit Garn A; mit Garn B 2 x [2 hStb in 1 Einstichstelle, 4 hStb], 2 hStb in 1 Einstichstelle, 6 hStb, 2 hStb in 1 Einstichstelle, 2 x [4 hStb, 2 hStb in 1 Einstichstelle], 1 Km ins 1. hStb; wenden (= 42 M).

8. Reihe: 2 Lm, 34 hStb mit Garn B, 8 hStb mit Garn A, 1 Km ins 1. hStb; wenden.

9. Reihe (Zun-R): 2 Lm, 8 hStb mit Garn A; mit Garn B 2 x [2 hStb in 1 Einstichstelle, 5 hStb], 2 hStb in 1 Einstichstelle, 8 hStb, 2 hStb in 1 Einstichstelle, 2 x [5 hStb, 2 hStb in 1 Einstichstelle], 1 Km ins 1. hStb; wenden (= 48 M).

10. Reihe: 2 Lm, 40 hStb mit Garn B, 8 hStb mit Garn A, 1 Km ins 1. hStb; wenden.

11. Reihe (Zun-R): 2 Lm, 8 hStb mit Garn A; mit Garn B 2 x [2 hStb in 1 Einstichstelle, 6 hStb], 2 hStb in 1 Einstichstelle, 10 hStb, 2 hStb in 1 Einstichstelle, 2 x [6 hStb, 2 hStb in 1 Einstichstelle], 1 Km ins 1. hStb; wenden (= 54 M).

12. Reihe (Zun-R): 2 Lm, 46 hStb mit Garn B; mit Garn A 2 hStb in 1 Einstichstelle, 6 hStb, 2 hStb in 1 Einstichstelle, 1 Km ins 1. hStb; wenden (= 56 M).

13. Reihe (Zun-R): 2 Lm, 2 hStb in 1 Einstichstelle, 8 hStb, 2 hStb in 1 Einstichstelle mit Garn A; mit Garn B 14 hStb, 2 hStb in 1 Einstichstelle, 16 hStb, 2 hStb in 1 Einstichstelle, je 1 hStb in die nächsten 14 hStb, 1 Km ins 1. hStb; wenden (= 60 M).

14. Reihe (Zun-R): 2 Lm, 48 hStb mit Garn B; mit Garn A 2 hStb in 1 Einstichstelle 10 hStb, 2 hStb in 1 Einstichstelle, 1 Km ins 1. hStb; wenden (= 62 M).

15. Reihe (Zun-R): Mit Garn A 2 Lm, 2 hStb in 1 Einstichstelle, 12 hStb, 2 hStb in 1 Einstichstelle; mit Garn B 15 hStb, 2 hStb in 1 Einstichstelle, 16 hStb, 2 hStb in 1 Einstichstelle, 15 hStb, 1 Km ins 1. hStb; wenden (= 66 M).

16. Reihe (Zun-R): 2 Lm, 50 hStb mit Garn B; mit Garn A 2 hStb in 1 Einstichstelle, 14 hStb, 2 hStb in 1 Einstichstelle, 1 Km ins 1. hStb; wenden (= 68 M).

17. Reihe (Zun-R): 2 Lm, 2 hStb in 1 Einstichstelle, 16 hStb, 2 hStb in 1 Einstichstelle mit Garn A, 11 hStb mit Garn B,

5 hStb mit Garn A, 2 hStb in 1 Einstichstelle, 16 hStb, 2 hStb in 1 Einstichstelle mit Garn B, 5 hStb mit Garn A, 11 hStb mit Garn B, 1 Km ins 1. hStb; wenden (= 72 M).

Öffnungen für die Knochenzapfen

18. Reihe: 2 Lm, 11 hStb mit Garn B, 5 hStb mit Garn A, 20 hStb mit Garn B, 5 hStb mit Garn A, 11 hStb mit Garn B; wenden.

Nur über diese 52 M weiterhäkeln wie folgt:

19. und 20. Reihe: 2 Lm, 2 x [3 hStb mit Garn B, 5 hStb mit Garn A], 20 hStb mit Garn B, 2 x [5 hStb mit Garn A, 3 hStb mit Garn B]; wenden.

21. und 22. Reihe: 2 Lm, 3 hStb mit Garn B, 5 hStb mit Garn A, 36 hStb mit Garn B, 5 hStb mit Garn A, 3 hStb mit Garn B; wenden.

Die Fäden von Garn A und B abschneiden und sichern.

Basis der Knochenzapfen

Mit der Häkelnd 4 mm von der rechten Seite der Arbeit aus Garn A mit 1 Km an der 1. der 20 unbehäkelten M der 1. R des Gesichts anschlingen.

1. Runde: 1 fM in dieselbe M wie die Km, je 1 fM in die nächsten 19 M, 6 fM gleichmäßig verteilt in die Kante der 5 R der Öffnung für die Knochenzapfen nach unten, 20 Lm, 6 fM gleichmäßig verteilt in die Kante der 5 R an der anderen Seite der Öffnung für die Knochenzapfen.

2. Runde: 1 fM in die nächsten 26 fM, je 1 fM in die nächsten 20 Lm, je 1 fM in die nächsten 6 fM (= 52 M).

1. Knochenzapfen

1. Runde: 1 fM in die nächsten 10 fM, 4 Lm, die nächsten 26 fM übergehen, je 1 fM in die nächsten 16 fM.

Nur über diese 30 M weiterhäkeln wie folgt:

2. Runde: 1 fM in die nächsten 10 fM, je 1 fM in die nächsten 4 Lm, je 1 fM in die nächsten 16 fM.

3. Runde: 6 x [2 fM zus abm, 3 fM] (= 24 M).

4. Runde: 6 x [2 fM zus abm, 2 fM] (= 18 M).
5. Runde: 1 fM in jede fM.
6. Runde: 6 x [2 fM zus abm, 1 fM] (= 12 M).
7.–16. Runde: 1 fM in jede fM.
17. Runde: 6 x 2 fM zus abm (= 6 M).
Den Faden abschneiden und sichern. Das Fadenende
durch die M der letzten Rd führen, fest anziehen, um
die Öffnung zu schließen, und sicher vernähen.

2. Knochenzapfen

Von der rechten Seite der Arbeit aus Garn A mit 1 Km
an der 1. der 26 übergangenen M neben dem
1. Knochenzapfen anschlingen.
1. Runde: 1 fM in dieselbe M wie die Km, je 1 fM in
die nächsten 25 fM.
2. Runde: Je 1 fM in die andere Seite der 4 Lm, je
1 fM in die nächsten 26 fM (= 30 M).
Nächste Reihen: Weiterhäkeln, wie beim
1. Knochenzapfen ab der 3. R beschrieben.

Gesicht
1.–9. Reihe

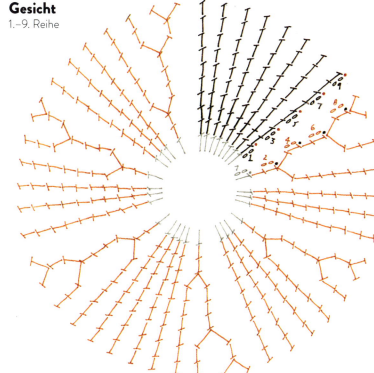

Gesicht
10.–17. Reihe

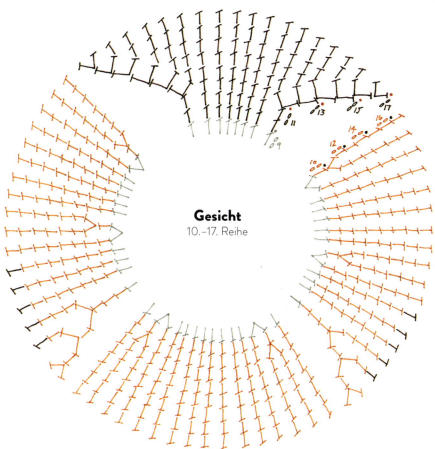

Hinterkopf

Von der rechten Seite der Arbeit aus Garn A mit 1 Km an der Rückseite der 1. der 20 Lm an der Basis der Knochenzapfen anschlingen.

1. Reihe (Hinr): 2 Lm, 1 hStb in dieselbe Lm wie die Km, je 1 hStb in die Rückseite der nächsten 19 Lm, die letzten 2 Schlingen des letzten hStb bereits mit Garn B abm; dann in die nächsten 52 M der Öffnung für die Knochenzapfen häkeln: 11 hStb mit Garn B, 5 hStb mit Garn A, 20 hStb mit Garn B, 5 hStb mit Garn A, 11 hStb mit Garn B, 1 Km ins 1. hStb; wenden (= 72 M).

2. Reihe (Rückr): 2 Lm, 11 hStb mit Garn B, 5 hStb mit Garn A, 20 hStb mit Garn B, 5 hStb mit Garn A, 11 hStb mit Garn B, je 1 hStb in die nächsten 20 hStb mit Garn A, 1 Km ins 1. hStb; wenden.

3. Reihe (Abn-R): 2 Lm, 2 hStb zus abm, 16 hStb, 2 hStb zus abm mit Garn A, 2 x [3 hStb mit Garn B, 5 hStb mit Garn A], 2 hStb zus abm, 16 hStb, 2 hStb zus abm mit Garn B, 2 x [5 hStb mit Garn A, 3 hStb mit Garn B], 1 Km ins 1. hStb; wenden (= 68 M).

4. Reihe (Abn-R): 2 Lm, 2 x [3 hStb mit Garn B, 5 hStb mit Garn A], 18 hStb mit Garn B, 2 x [5 hStb mit Garn A, 3 hStb mit Garn B], 2 hStb zus abm, 14 hStb, 2 hStb zus abm mit Garn A, 1 Km ins 1. hStb; wenden (= 66 M).

5. Reihe (Abn-R): 2 Lm, 2 hStb zus abm, 12 hStb, 2 hStb zus abm mit Garn A, 3 hStb mit Garn B, 5 hStb mit Garn A, 8 hStb, 2 hStb zus abm, 14 hStb, 2 hStb zus abm, 8 hStb mit Garn B, 5 hStb mit Garn A, 3 hStb mit Garn B, 1 Km ins 1. hStb; wenden (= 62 M).

6. Reihe (Abn-R): 2 Lm, 3 hStb mit Garn B, 5 hStb mit Garn A, 32 hStb mit Garn B, 5 hStb mit Garn A, 3 hStb mit Garn B, 2 hStb zus abm, 10 hStb, 2 hStb zus abm mit Garn A, 1 Km ins 1. hStb; wenden (= 60 M).

Öffnung für die Knochenzapfen
18.–22. Reihe

Basis für die Knochenzapfen
1. und 2. Runde

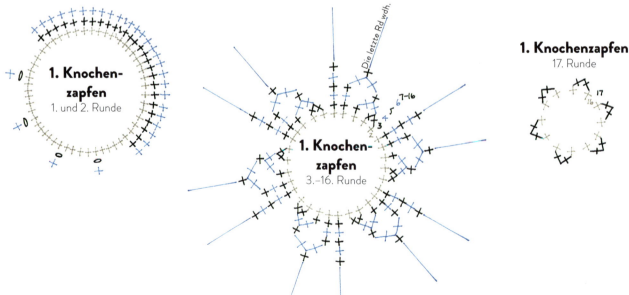

1. Knochen-zapfen
1. und 2. Runde

1. Knochen-zapfen
3.–16. Runde

1. Knochenzapfen
17. Runde

Die letzte Rd wdh.

2. Knochen-zapfen
1. und 2. Runde

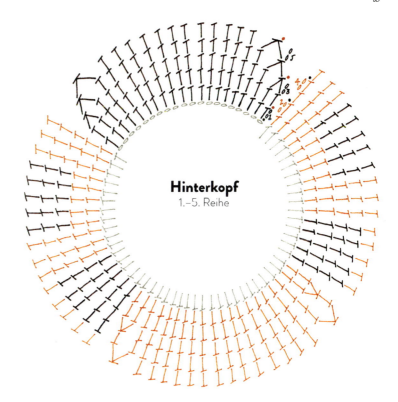

Hinterkopf
1.–5. Reihe

7. Reihe: 2 Lm, 12 hStb, mit Garn A, 48 hStb mit Garn B, 1 Km ins 1. hStb; wenden.
8. Reihe: 2 Lm, 48 hStb mit Garn B, 12 hStb, mit Garn A, 1 Km ins 1. hStb; wenden.
9. und 10. Reihe: Die 7. und 8. R wdh.
Die Fäden bis auf ein langes Fadenende von Garn B abschneiden und sichern.

Nasenlöcher

Von der rechten Seite der Arbeit aus Garn mit 1 Km an der 1. M an der Kante der 5 R auf einer Seite eines Nasenlochs anschlingen.
1. Runde: Bei derselben M wie die Km beginnen, 5 fM gleichmäßig verteilt in die Kante der 5 R an der Nasenloch-Öffnung, dann weitere 5 fM gleichmäßig verteilt in die Kante der anderen Seite der Nasenloch-Öffnung (= 10 M).
2. Runde: 1 fM ins hMg jeder fM.
3.–5. Runde: 1 fM in jede fM.
6. Runde (Abn-Rd): 5 x 2 fM zus abm (= 5 M). Den Faden abschneiden und sichern. Das Fadenende durch die

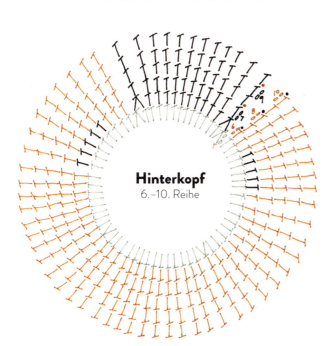

Hinterkopf
6.–10. Reihe

Nasenlöcher
1.–6. Runde

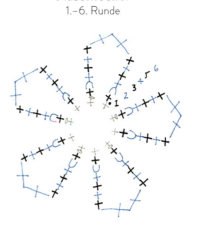

Augen
1.–6. Runde

Augenlid
1. Reihe

Fertigstellung des Auges

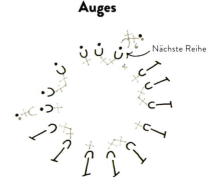

Nächste Reihe

M der letzten Rd führen, fest anziehen, um die Öffnung zu schließen, und sicher vernähen.

Das andere Nasenloch genauso arb. Die Nasenlöcher ins Innere des vorderen Kopfteils schieben.

Augen (2 x arb)

Mit Häkeld 3,5 mm und Garn C einen Fadenring arb.

1. Runde: 1 Lm, 5 fM in den Fadenring arb; die letzte fM bereits mit Garn D abm (= 5 M).

2. Runde (Zun-Rd): Mit Garn D je 2 fM in die 5 M der Vorrd arb. Am kurzen Fadenende ziehen, um den Fadenring zu schließen (= 10 M).

3. Runde: 1 fM in jede fM.

4. Runde (Zun-Rd): Mit Garn C 5 x [2 fM in 1 Einstichstelle, 1 fM]. Die letzte fM bereits mit Garn B abm und Garn C vor der Arbeit hängen lassen (= 15 M).

Zur Häkeld 4 mm wechseln. Mit Garn B weiterhäkeln wie folgt:

5. Runde (Zun-Rd): Nur unter dem hMg jeder M einstechen, 5 x [2 fM in 1 Einstichstelle, 2 fM] (= 20 M).

6. Runde (Zun-Rd): Nur unter dem hMg jeder M einstechen, 4 x [2 fM in 1 Einstichstelle, 4 fM], 1 Km in die 1. fM; wenden (= 24 M).

Augenlid

In Hin- und Rückr häkeln wie folgt:

1. Reihe: Nur unter den vMg der 5. Rd einstechen, je 1 fM in die nächste fM, je 1 hStb in die nächsten 10 fM, je 1 fM in die nächste fM; wenden, sodass Sie die rechte Seite der Arbeit vor Augen haben, 1 Km in die nächste fM der Vorrd. Die Fäden bis auf ein langes Fadenende von Garn B abschneiden und sichern.

Fertigstellung des Auges

Nächste Reihe: Mit der Häkeld 3,5 mm und Garn C nur unter den vMg der 4. Rd einstechen, je 1 Km in die nächsten 6 fM, 1 Km in dieselbe fM wie die Km an der Ecke des Augenlids, je 1 hStb in die nächsten 9 fM, 1 Km in dieselbe fM wie die Km an der Ecke des Augenlids. Den Faden abschneiden und sichern.

Ohren (2 x arb)

Mit der Häkeld 4 mm und Garn B einen Fadenring arb.

1. Runde: 1 Lm, 6 fM in den Fadenring arb (= 6 M).

2. Runde (Zun-Rd): 3 x [2 fM in 1 Einstichstelle, 1 fM]. Am kurzen Fadenende ziehen, um den Fadenring zu schließen (= 9 M).

3. Runde (Zun-Rd): 3 x [2 fM in 1 Einstichstelle, 2 fM] (= 12 M).

4. Runde: 1 fM in jede fM.

5. Runde (Zun-Rd): 6 x [2 fM in die nächste M, 1 fM] (= 18 M).

6. Runde: 1 fM in jede fM.

7. Runde (Zun-Rd): 6 x [2 fM in die nächste M, 2 fM] (= 24 M).

8. Runde: 1 fM in jede fM.

9. Runde (Zun-Rd): 6 x [2 fM in die nächste M, 3 fM] (= 30 M).

10. Runde: 1 fM in jede fM.

11.–15. Runde: Nach diesem Prinzip weiterhäkeln und in der nächsten Rd sowie in jeder 2. folg Rd 6 M zun wie eingeteilt, bis 48 M erreicht sind.

16.–18. Runde: 1 fM in jede fM.

19. Runde (Abn-Rd): 6 x [2 fM zus abm, 6 fM] (= 42 M).

20. Runde (Abn-Rd): 6 x [2 fM zus abm, 5 fM] (= 36 M).

21. Runde (Abn-Rd): 6 x [2 fM zus abm, 4 fM] (= 30 M).

22. Runde (Abn-Rd): 6 x [2 fM zus abm, 3 fM] (= 24 M).

23.–25. Runde: 1 fM in jede fM. Den Faden bis auf ein langes Fadenende abschneiden und sichern.

Fertigstellung

Kopf

Den Kopf bis zur 5. R von der Halskante aus mit Füllwatte ausstopfen. Das hängen gelassene Fadenende bis zur Ecke der Öffnung führen und die Kanten in einer geraden Naht zusammennähen. Den Kopf durch Hals und Unterseite hindurch annähen.

Ohren
1.–15. Runde

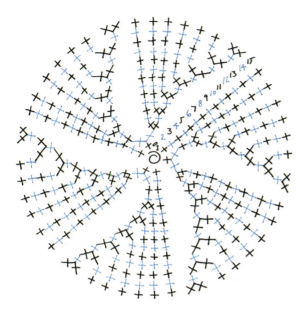

Ohren
16.–25. Runde

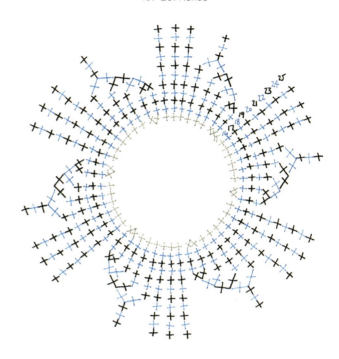

Augen

Ein wenig Füllwatte in die Augen stopfen. Die Augen mit den hängen gelassenen Fadenenden rechts und links am Kopf annähen, dabei rund um die Außenkanten nähen. Mit 1–2 kurzen Spannstichen in Fb E jeweils einen Lichtreflex auf jedes Auge sticken.

Ohren

Die Ohren leicht mit Füllwatte ausstopfen, sodass sie ihre flache Form behalten. Mit dem langen Fadenende die 12 M an jeder Seite der Unterkante jedes Ohrs in einer geraden Naht zusammennähen. Die Ecken an der Unterkante jedes Ohrs zusammennähen, damit die Ohren ihre Form bekommen. Die Ohren rund um die Unterkanten fest annähen.

Knochenzapfen

Zum Einknüpfen von Fransen siehe Seite 178. Für jede Franse 2 jeweils 12 cm lange Fadenstücke von Garn A zuschneiden. Die Fransen rund um die oberen Enden der Knochenzapfen einknüpfen. Die Fadenenden auf ca. 2,5 cm Länge zurückschneiden. Die Fransen bürsten, um die Einzelfäden zu trennen, sodass sie flauschig abstehen.

Mähne

Für jede Franse 2 jeweils 16 cm lange Fadenstücke von Garn A zuschneiden. Die Fransen um die mittleren 4 M jeder R des Halses und der letzten 8 R des Kopfes herum einknüpfen. Die Mähne auf ca. 4 cm Länge zurückschneiden.

Schwanz

Für jede Franse 3 jeweils 40 cm lange Fäden von Garn A zuschneiden. In jede der 8 M der Umrandung am Schwanzende 1 Franse einknüpfen (siehe Seite 178). Die Fadenenden auf gleiche Länge zurückschneiden.

Alle Fadenenden vernähen.

Wildschwein

Die Nasenlöcher des Wildschweins werden separat gehäkelt und in die Schnauze geschoben. Ein Faden wird von einer Seite durch den Kopf hindurch zur anderen Seite geführt und fest angezogen, damit das Gesicht seine Form bekommt.

Material

- Rico Baby Classic DK (50 % Polyacryl, 50 % Polayamid; LL 165 m/50 g)
  - **A** Brown Melange (Fb 065), 250 g
  - **B** Light Brown Melange (Fb 064), 200 g
- Rico Ricorumi DK (100 % Baumwolle; LL 58 m/25 g)
  - **C** Black (Fb 060), 25 g
  - **D** Chocolate (Fb 057), 25 g
  - **E** Cream (Fb 002), 25 g
- Häkelnadel 4 mm
- Wollnadel
- Kunstfaser-Füllwatte

Größe

Breite ca. 70 cm, Länge ca. 68,5 cm (ohne Kopf und Schwanzquaste

Maschenprobe

17 hStb und 14 R mit Häkelnd 4 mm und Garn A = 10 cm x 10 cm
Verwenden Sie gegebenenfalls eine dickere oder dünnere Häkelnadel, um die richtige Maschenprobe zu erzielen.

Technik

Die Mitte des Körpers und der identischen Unterseite ist rund und wird in hStb in Hin- und Rückr gehäkelt. Die Beine werden in gleichen Abständen an den Körper gehäkelt, und der Schwanz wird zuletzt hinzugefügt. Körper und Unterseite werden mit fM, hStb und Stb umhäkelt, um die gerundete Form vorne und an den Seiten hervorzuheben. Die Teile werden miteinander verbunden, indem man jeweils in die entsprechende M der Umrandung des Körpers und der Unterseite zugleich einsticht. Für die Füße sticht man in die M ein, die Körper und Unterseite verbinden; dabei beginnt man mit den vMg, wendet die Arbeit und häkelt in die freien Mg derselben M. Dann werden die Füße in fM in Rd weitergehäkelt und in den letzten 2 Rd auf jeder Seite separat beendet. Sie werden leicht mit Füllwatte ausgestopft und mit einigen langen Stickstichen über die Mitte fertiggestellt. Die Schnauze des Wildschweins wird einzeln in fM in Spiralrd gehäkelt und durch Einstechen in beide Teile zugleich am Kopf angehäkelt. Für die Nasenlöcher wird jede Seite der Schnauze separat gearbeitet. Der Kopf beginnt mit fM in Rd und wird mit hStb in Hin- und Rückr fortgesetzt. Wenn der Kopf mit Füllwatte ausgestopft ist, werden die M der letzten R in einer geraden Naht zusammengenäht. Die Augen werden in fM in Rd gehäkelt; das Augenlid bekommt seine Form durch das einstechen in die vMg der M, sodass eine erhabene Kante über dem Auge entsteht. Auf jedes Auge wird ein Lichtreflex mit weißem Garn gestickt. Bevor man die Augen am Kopf annäht, arbeitet man einige Stiche durch den Kopf hindurch, um Augenhöhlen anzulegen und das Gesicht zu formen. Die Ohren werden in fM in Rd gehäkelt und leicht ausgestopft. Eine Ecke an der Unterkante jedes Ohrs wird eingeschlagen, bevor man das

Ohr annäht. Dann wird der Kopf am Körper angenäht. Zuletzt bekommt der Teppich durch eine Schwanzquaste aus eingeknüpften Fransen den letzten Schliff.

Die 1 bzw. 2 Lm am R-Beginn werden durchweg nicht als M gezählt.

Körper

Mit der Häkelnd 4 mm und Garn A einen Fadenring arb.
1. Reihe (Hinr): 2 Lm, 8 hStb in den Fadenring, 1 Km ins 1. hStb; wenden (= 8 M).
2. Reihe (Rückr; Zun-R): 2 Lm, 2 hStb in jedes hStb der Vorr, 1 Km ins 1. hStb; wenden. Am kurzen Fadenende ziehen, um den Fadenring zu schließen (16 M).
3. Reihe (Zun-R): 2 Lm, 8 x [2 hStb in 1 Einstichstelle, 1 hStb], 1 Km ins 1. hStb; wenden (= 24 M).
4. Reihe (Zun-R): 2 Lm, 8 x [2 hStb in 1 Einstichstelle, 2 hStb], 1 Km ins 1. hStb; wenden (= 32 M).
5. Reihe (Zun-R): 2 Lm, 8 x [2 hStb in 1 Einstichstelle, 3 hStb], 1 Km ins 1. hStb; wenden (= 40 M).
6.–40. Reihe: Nach diesem Prinzip weiterhäkeln und in jeder R 8 M zun, wie eingeteilt (= 320 M).

1. Bein

41. Reihe (Hinr; Abn-R): 2 Lm, 2 hStb zus abm, je 1 hStb in die nächsten 36 hStb, 2 hStb zus abm; wenden.
Nur über diese 38 M weiterhäkeln wie folgt:
42.–50. Reihe: 2 Lm, 2 hStb zus abm, 1 hStb in jedes hStb bis zu den letzten 2 M, 2 hStb zus abm; wenden (= 20 M).
51. Reihe: 2 Lm, 1 hStb in jedes hStb; wenden.
52.–59. Reihe (Abn-R): Die 50. und 51. R noch 4 x wdh (= 12 M). Den Faden abschneiden und sichern.

Nächstes Bein

* Von der rechten Seite der Arbeit aus mit Häkelnd 4 mm 40 fM nach dem soeben gehäkelten Bein übergehen und Garn A mit 1 Km am nächsten hStb anschlingen.
1.–19. Reihe: Bei derselben M wie die Km beginnen und häkeln wie die 41.–59. R des 1. Beins. Den Faden abschneiden und sichern.*
Für die übrigen 2 Beine von * bis * noch 2 x wdh.

Schwanz

Von der rechten Seite der Arbeit aus mit Häkelnd 4 mm die ersten 17 der 40 hStb zwischen 2 Beinen übergehen und Garn A mit 1 Km am nächsten hStb anschlingen.
1. Reihe (Hinr): 2 Lm, 1 hStb in dasselbe hStb wie die Km, je 1 hStb in die nächsten 5 hStb; wenden (= 6 M).
2. und 3. Reihe: 2 Lm, 1 hStb in jedes hStb bis R-Ende.
4. Reihe (Abn-R): 2 Lm, 2 hStb zus abm, je 1 hStb in die nächsten 2 hStb, 2 hStb zus abm (= 4 M).
5.–13. Reihe: 2 Lm, 1 hStb in jedes hStb bis R-Ende.
Den Faden abschneiden und sichern.

Zeichenerklärung

◯	Fadenring	⋁	2 hStb in 1 Einstichstelle
⬯	Luftmasche (Lm)	⋀	2 hStb zus abm
•	Kettmasche (Km)	⸾	Stäbchen (Stb)
+	feste Masche (fM)	⋁̶	2 Stb in 1 Einstichstelle
✕✕	2 fM in 1 Einstichstelle	∪	nur unter dem vMg einstechen
✕✕	2 fM zus abm	∩	nur unter dem hMg einstechen
⊤	halbes Stäbchen (hStb)		

Körper
1.–10. Reihe

Körper
11.–20. Reihe

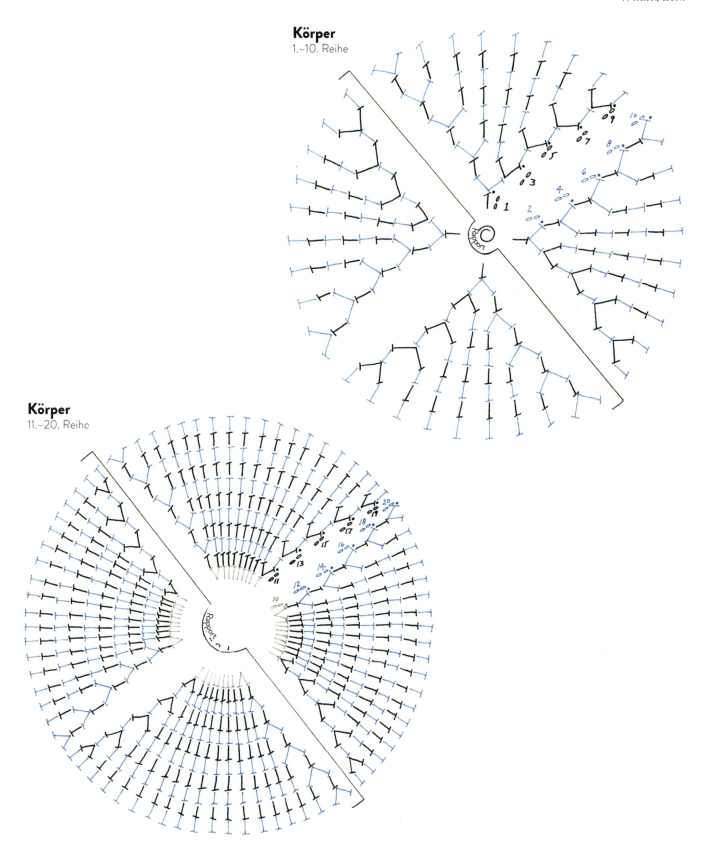

Körper
21.–30. Reihe

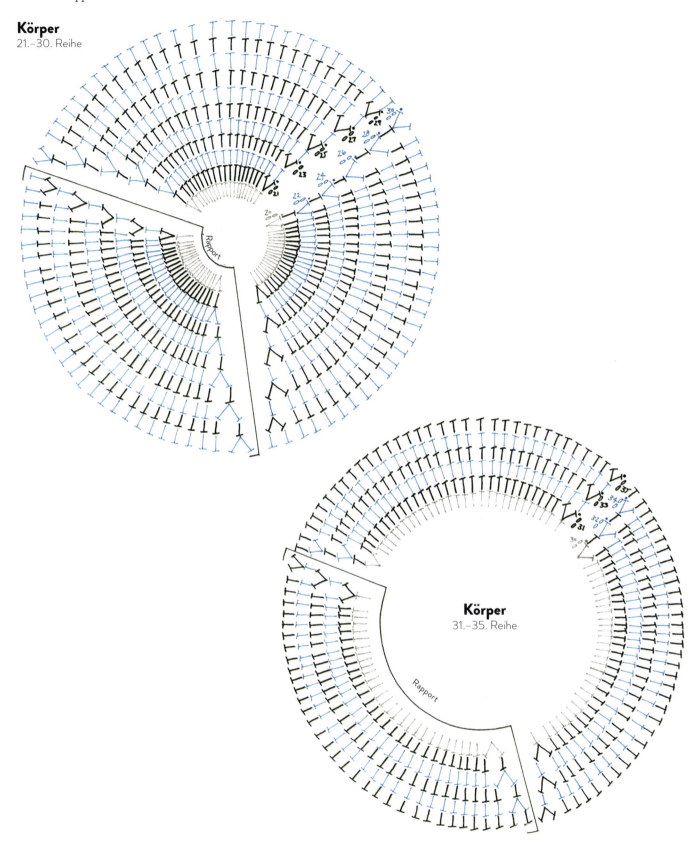

Körper
31.–35. Reihe

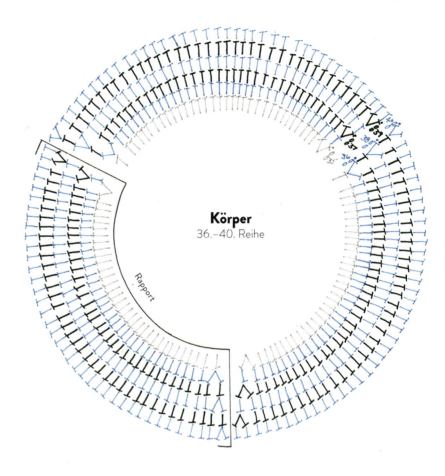

Körper
36.–40. Reihe

Rapport

Umrandung

Von der rechten Seite der Arbeit aus mit Häkelnd 4 mm Garn A mit 1 Km an der 1. der 17 M neben dem Schwanz anschlingen.
Nächste Reihe: 1 fM in dieselbe M wie die Km, je 1 fM in die nächsten 16 fM, 29 fM gleichmäßig verteilt in das Bein nach unten, 1 Lm, je 1 fM in die nächsten 12 hStb, 1 Lm, 29 fM gleichmäßig verteilt in das Bein nach oben, * 1 fM in die nächsten 5 M, je 1 hStb in die nächsten 5 M, je 1 Stb in die nächsten 5 M, 2 Stb in 1 Einstichstelle, je 1 Stb in die nächsten 8 M, 2 Stb in 1 Einstichstelle, je 1 Stb in die nächsten 5 M, je 1 hStb in die nächsten 5 M, je 1 fM in die nächsten 5 M, 29 fM gleichmäßig verteilt in das Bein nach oben, 1 Lm, je 1 fM in die nächsten 12 hStb, 1 Lm, 29 fM gleichmäßig verteilt in das Bein nach unten *; von * bis * noch 2 x wdh, je 1 fM in die nächsten 17 fM, 20 fM in den Schwanz nach oben, 1 Lm, je 1 fM in die nächsten 4 hStb, 1 Lm, 20 fM in den Schwanz nach unten, 1 Km in die 1. M; den Faden abschneiden und sichern.

Unterseite

Mit der Häkelnd 4 mm und Garn B häkeln, wie beim Körper beschrieben.

Körper und Unterseite verbinden

Körper und Unterseite links auf links aufeinanderlegen. Das Häkelteil für den Körper zeigt nach oben. Mit der Häkelnd 4 mm Garn A an der jeweils 1. der 17 M neben dem Schwanz von Körper und Unterseite zugleich anschlingen, um beide Teile zu verbinden.
Nächste Reihe: Immer in die fM von Körper und Unterseite zugleich einstechen; 1 fM in dieselbe M wie die Km, je 1 fM in die nächsten 45 fM, * 2 fM in den 1-Lm-Bg, je 1 fM in die nächsten 12 fM, 2 fM in den 1-Lm-Bg, je 1 fM in die nächsten 100 fM *; von * bis * noch 2 x wdh, 2 fM in den 1-Lm-Bg, je 1 fM in die nächsten 12 fM, 2 fM in den 1-Lm-Bg, je 1 fM in die nächsten 66 fM, 2 fM in den 1-Lm-Bg, je 1 fM in die nächsten 4 fM, 2 fM in den 1-Lm-Bg, je 1 fM in die nächsten 20 fM, 1 Km in die 1. M; den Faden abschneiden und sichern.

1. Bein
41.–59. Reihe

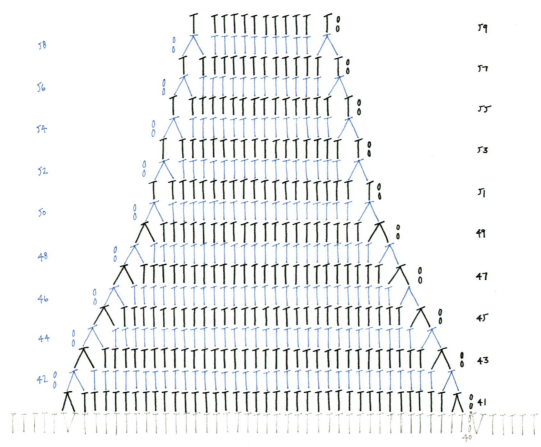

Schwanz
1.–13. Reihe

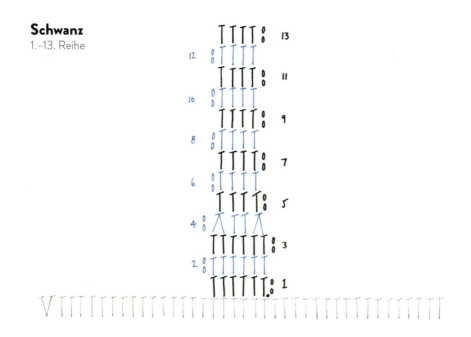

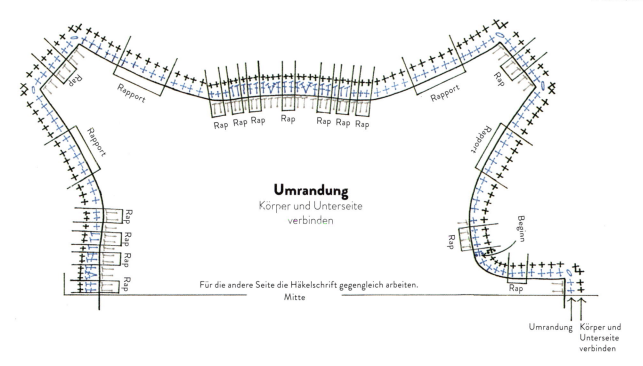

Umrandung
Körper und Unterseite
verbinden

Für die andere Seite die Häkelschrift gegengleich arbeiten.
Mitte

Umrandung   Körper und
Unterseite
verbinden

Hufe (4 x arbeiten)

Mit der Häkelnd 4 mm Garn C mit 1 Km am vMg der 1. der
14 fM anschlingen, die Körper und Unterseite am Ende des
Beins verbinden.

1. Runde: 1 Lm, dann nur unter dem vMg jeder M einstechen,
1 fM in dieselbe M wie die Km, je 1 fM in die nächsten 13 fM;
wenden, je 1 fM in die freien hMg der folg 14 fM (= 28 M).

2.–4. Runde: 1 fM in jede fM.

5. Runde (Abn-Rd): 2 fM zus abm, je 1 fM in die nächsten
10 fM, 2 x 2 fM zus abm, je 1 fM in die nächsten 10 fM, 2 fM
zus abm (= 24 M).

6. Runde: 1 fM in jede fM.

7. Runde (Abn-Rd): 2 fM zus abm, je 1 fM in die nächsten
8 fM, 2 x 2 fM zus abm, je 1 fM in die nächsten 8 fM, 2 fM zus
abm (= 20 M).

1. Seite

8. Runde: 1 fM in die nächsten 5 fM, die nächsten 10 fM
übergehen, je 1 fM in die nächsten 5 fM.
Nur über diese 10 M weiterhäkeln wie folgt:

9. Runde (Abn-Rd): 2 fM zus abm, je 1 fM in die nächsten
6 fM, 2 fM zus abm (= 8 M).
Den Faden abschneiden und sichern. Das Fadenende durch die
M der letzten Rd führen, fest anziehen, um die Öffnung zu
schließen, und sicher vernähen.
Diese Seite des Hufs leicht mit Füllwatte ausstopfen.

2. Seite

Mit der Häkelnd 4 mm Garn C mit 1 Km an der 1. der 10
übergangenen M anschlingen.

1. Runde: 1 fM in dieselbe M wie die Km, je 1 fM in die
nächsten 9 fM.

2. Runde: 1 fM in die nächsten 3 fM, 2 x 2 fM zus abm, je 1 fM
in die nächsten 3 fM.
Diese Seite wie die 1. Seite beenden.

Fertigstellung der Hufe

Mit Garn C 2 Stiche in die Mitte jedes Hufs arb. Den Faden an
der vorderen Unterkante fixieren, * zwischen den beiden
Hufhälften nach oben und durch die M am oberen Ende des
Hufs zur Rückseite führen, dann an der Unterkante wieder nach
vorne holen. Ab * noch 1 x wdh, dann den Faden sicher vernähen.
Die übrigen 3 Hufe genauso fertigstellen.

Hufe
1. Runde

Hufe und 1. Hufseite
2.–9. Runde

2. Hufseite
1. und 2. Runde

Kopf
1.–18. Runde

Kopf
19.–34. Runde

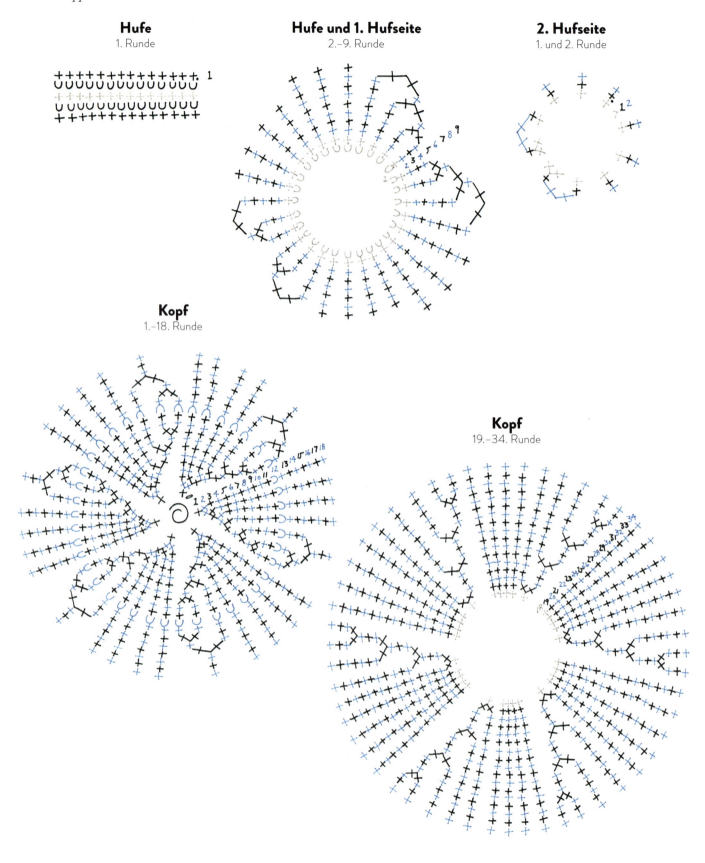

Kopf

Vorderer Teil

Mit der Häkelnd 4 mm und Garn A einen Fadenring arb.

1. Runde: 1 Lm, 6 fM in den Fadenring arb (= 6 M).

2. Runde (Zun-Rd): 2 fM in jede der 6 M der Vorrd arb. Am kurzen Fadenende ziehen, um den Fadenring zu schließen (= 12 M).

3. Runde (Zun-Rd): 6 x [2 fM in die nächste M, 1 fM] (= 18 M).

4. Runde (Zun-Rd): 6 x [2 fM in die nächste M, 2 fM] (= 24 M).

5. Runde (Zun-Rd): 6 x [2 fM in die nächste M, 3 fM] (= 30 M).

6. Runde: 1 fM in jede fM.

7. Runde (Zun-Rd): 6 x [2 fM in die nächste M, 4 fM] (= 36 M).

8. Runde: 1 fM in jede fM.

9. Runde (Zun-Rd): 6 x [2 fM in die nächste M, 5 fM] (= 42 M).

10. und 11. Runde: 1 fM in jede fM.

12. Runde: 1 fM ins hMg jeder fM.

13. Runde (Abn-Rd): 6 x [2 fM zus abm, 5 fM] (= 36 M).

14. Runde: 1 fM in jede fM.

15. Runde (Abn-Rd): 6 x [2 fM zus abm, 4 fM] (= 30 M).

16.–18. Runde: 1 fM in jede fM.

19. Runde (Zun-Rd): 6 x [2 fM in die nächste M, 4 fM] (= 36 M).

20.–22. Runde: 1 fM in jede fM.

23. Runde (Zun-Rd): 6 x [2 fM in die nächste M, 5 fM] (= 42 M).

24.–26. Runde: 1 fM in jede fM.

27. Runde (Zun-Rd): 6 x [2 fM in die nächste M, 6 fM] (= 48 M).

28.–30. Runde: 1 fM in jede fM.

31. Runde (Zun-Rd): 6 x [2 fM in die nächste M, 7 fM] (= 54 M).

32.–34. Runde: 1 fM in jede fM. Am Ende der letzten Rd die Arbeit wenden.

Kopf ausformen

In Hin- und Rückr häkeln wie folgt:

1. Reihe (Rückr; Zun-R): 2 Lm, je 1 hStb in die nächsten 15 fM, 3 x [2 hStb in 1 Einstichstelle, 3 hStb], 3 x [3 hStb, 2 hStb in 1 Einstichstelle], je 1 hStb in die nächsten 15 fM, 1 Km ins 1. hStb; wenden (= 60 M).

2. Reihe (Hinr; Zun-R): 2 Lm, je 1 hStb in die nächsten 15 hStb, 3 x [2 hStb in 1 Einstichstelle, 4 hStb], 3 x [4 hStb, 2 hStb in 1 Einstichstelle], je 1 hStb in die nächsten 15 hStb, 1 Km ins 1. hStb; wenden (= 66 M).

3. Reihe (Zun-R): 2 Lm, je 1 hStb in die nächsten 15 hStb, 3 x [2 hStb in 1 Einstichstelle, 5 hStb], 3 x [5 hStb, 2 hStb in 1 Einstichstelle], je 1 hStb in die nächsten 15 hStb, 1 Km ins 1. hStb; wenden (= 72 M).

4.–19. Reihe: 2 Lm, 1 hStb in jedes hStb, 1 Km ins 1. hStb; wenden (die 4. und 5. R der Häkelschrift wdh).

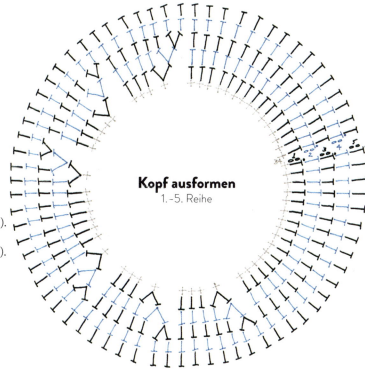

Kopf ausformen
1.–5. Reihe

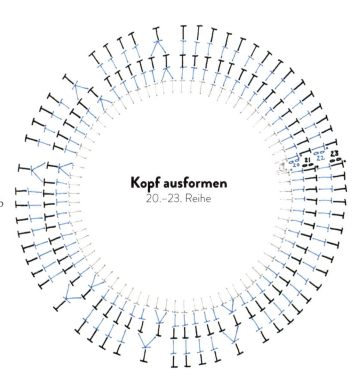

Kopf ausformen
20.–23. Reihe

1. Nasenloch
1.–8. Runde

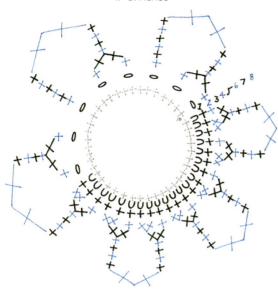

2. Nasenloch
1. und 2. Runde

20. Reihe (Abn-R): 2 Lm, je 1 hStb in die nächsten 15 hStb, 3 x [2 hStb zus abm, 5 hStb], 3 x [5 hStb, 2 hStb zus abm], je 1 hStb in die nächsten 15 hStb, 1 Km ins 1. hStb; wenden (= 66 M).

21. Reihe: 2 Lm, 1 hStb in jedes hStb, 1 Km ins 1. hStb; wenden.

22. Reihe (Abn-R): 2 Lm, je 1 hStb in die nächsten 15 hStb, 3 x [2 hStb zus abm, 4 hStb], die letzte M mit 1 MM kennzeichnen, 3 x [4 hStb, 2 hStb zus abm], je 1 hStb in die nächsten 15 hStb, 1 Km ins 1. hStb, die letzte M mit 1 MM kennzeichnen; wenden (= 60 M).

23. Reihe: 2 Lm, 1 hStb in jedes hStb, 1 Km ins 1. hStb; wenden. Den Faden bis auf ein langes Fadenende abschneiden und sichern. Die ersten 11 Rd in den vorderen Teil des Kopfes schieben, sodass die vMg der M rund um die Kante erscheinen.

Schnauze
Mit der Häkelnd 4 mm und Garn A einen Fadenring arb.
1.–10. Runde: Wie die 1.–10. Rd des vorderen Kopfteils arb.

1. Nasenloch
Jede Seite separat arb wie folgt:
1. Runde: 8 Lm häkeln, die nächsten 21 fM übergehen, je 1 fM ins hMg der nächsten 21 fM.
2. Runde (Abn-Rd): Je 1 fM in die nächsten 8 Lm, 7 x [2 fM zus abm, 1 fM] (= 22 M).
3. Runde (Abn-Rd): 2 x [2 fM zus abm, 1 fM], 8 x 2 fM zus abm (= 12 M).
4.–7. Runde: 1 fM in jede fM.
8. Runde (Abn-Rd): 6 x 2 fM zus abm (= 6 M). Den Faden abschneiden und sichern. Das Fadenende durch die M der letzten Rd führen, fest anziehen, um die Öffnung zu schließen, und sicher vernähen.

2. Nasenloch
Von der rechten Seite der Arbeit Garn A mit 1 Km am hMg der 1. der 21 übergangenen fM anschlingen.
1. Runde: 1 fM in dieselbe fM wie die Km, je 1 fM ins hMg der nächsten 20 fM.
2. Runde: Je 1 fM in die Rückseite der nächsten 8 Lm, 7 x [2 fM zus abm, 1 fM] (= 22 M)
Nächste Reihe: Wie das 1. Nasenloch ab der 3. Rd weiterarb, um die Vorderseite der Schnauze zu vollenden.

Schnauze und vorderen Teil des Kopfes verbinden
Die Schauze so in den vordereren Teil des Kopfes stecken, dass die Mitte der Schnauze zwischen den Nasenlöchern mit den MM und die vMg der M der 10. Rd beider Teile übereinstimmen. Mit der Häkelnd 4 mm Garn A mit 1 Km am vMg der 1. M beider Teile zugleich anschlingen, dabei die Häkelnd zuerst in die M der Kopf-Vorderseite und dann in die entsprechende M der Schnauze einstechen.
Nächste Reihe: Stets in die vMg beider Teile zugleich einstechen, um die Teile zu verbinden, 1 fM in dieselbe M wie die Km, je 1 fM in die nächsten 41 fM, 1 Km in die 1. fM. Den Faden abschneiden und sichern. Die Nasenlöcher in die Schnauze schieben.

Augen (2 x arb)
Mit der Häkelnd 4 mm und Garn D einen Fadenring arb.
1. Runde: 1 Lm, 6 fM in den Fadenring arb. Die letzte fM bereits mit Garn A abm (= 6 M).
2. Runde (Zun-Rd): Mit Garn A 6 x [2 fM in 1 Einstichstelle]. Am kurzen Fadenende ziehen, um den Fadenring zu schließen (= 12 M).
Mit Garn A weiterhäkeln wie folgt:

**Schnauze und vorderen Teil
des Kopfes verbinden**

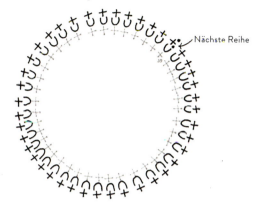

Nächste Reihe

Augen
1.–3. Runde

Augen
4. Runde

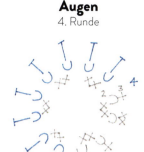

Ohren
1.–20. Runde

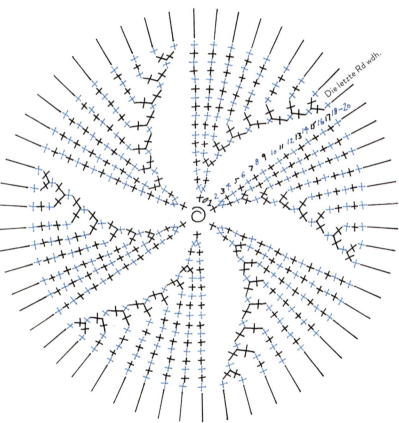

Die letzte Rd wdh.

3. Runde: Nur unter dem hMg jeder M einstechen,
6 x [2 fM in 1 Einstichstelle, 1 fM] (= 18 M).
4. Runde: Nur in die vMg der 2. Rd einstechen, je
1 hStb in die nächsten 8 fM, 1 Km in die nächste M
der Vorrd. Den Faden von Garn A bis auf ein langes
Fadenende abschneiden und sichern.

Ohren (2 x arb)

Mit der Häkelnd 4 mm und Garn A einen
Fadenring arb.
1. Runde: 1 Lm, 6 fM in den Fadenring arb
(= 6 M).
2. Runde (Zun-Rd): 2 fM in jede der 6 M der
Vorrd arb (= 12 M). Am kurzen Fadenende ziehen,
um den Fadenring zu schließen
3. und 4. Runde: 1 fM in jede fM.
5. Runde (Zun-Rd): 6 x [2 fM in die nächste M,
1 fM] (= 18 M).
6. Runde: 1 fM in jede fM.
7. Runde (Zun-Rd): 6 x [2 fM in die nächste M,
2 fM] (= 24 M).
8. Runde: 1 fM in jede fM.
9. Runde (Zun-Rd): 6 x [2 fM in die nächste M,
3 fM] (= 30 M).
10. Runde: 1 fM in jede fM.
11.–17. Runde: Nach diesem Prinzip in fM
weiterhäkeln und dabei in der nächsten Rd und in
jeder 2. folg Rd 6 M zun wie eingeteilt, bis 54 M erreicht sind.
18.–20. Runde: 1 fM in jede fM.
21. Runde (Abn-Rd): 6 x [2 fM zus abm, 3 fM], je 1 fM in die
nächsten 24 fM (= 48 M).
22. Runde (Abn-Rd): 6 x [2 fM zus abm, 2 fM], je 1 fM in die
nächsten 24 fM (= 42 M).
23. Runde (Abn-Rd): 6 x [2 fM zus abm, 1 fM], je 1 fM in die
nächsten 24 fM (= 36 M).

24. Runde (Abn-Rd): 6 x 2 fM zus abm, je 1 fM in die nächsten
24 fM (= 30 M).
25. Runde: 1 fM in jede fM. Je 1 Km in die nächsten 3 fM. Den
Faden bis auf ein langes Fadenende abschneiden und sichern.

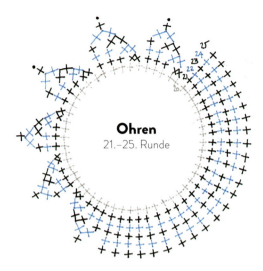

Ohren
21.–25. Runde

Hauer
1. und 2. Reihe

Beginn

Hauer (2 x arb)

Mit der Häkelnd 4 mm und Garn E 15 Lm anschl.
1. Reihe: 1 fM in die 2. Lm von der Häkelnd aus, je 1 fM in die nächsten 12 Lm, 3 fM in die letzte Lm, 1 fM in die Rückseite der nächsten 13 Lm; wenden (= 29 M).
2. Reihe (Abn-R): 1 Lm, je 1 fM in die nächste fM, 4 x [2 fM zus abm, 1 fM], je 1 fM in die nächste fM, 3 fM in die nächste fM, je 1 fM in die nächste fM, 4 x [1 fM, 2 fM zus abm], je 1 fM in die nächste fM (= 23 M).
Den Faden bis auf ein langes Fadenende abschneiden und sichern.

Fertigstellung

Kopf

Den Kopf bis zur 5. R von der Halskante aus mit Füllwatte ausstopfen. Die M am Beginn und am Ende jeder R auf die Mitte der Kopfunterseite ausrichten. Die offenen Kanten mit einer geraden Naht verbinden. Den Kopf mit dem hängen gelassenen Fadenende durch Körper und Unterseite hindurch annähen.

Augen

Die Position der Augen mit Stecknadeln markieren. Ein langes Fadenstück von Garn A in eine Wollnadel einfädeln und die Nadel von einer Stecknadel aus durch den Kopf hindurch zur anderen Stecknadel und wieder zurück stechen. Die Stecknadeln entfernen und die Fadenenden fest verknoten, sodass Augenhöhlen entstehen und das Gesicht ausgeformt wird. Eine winzige Menge Füllwatte in die Augäpfel stopfen. Jedes Auge mit dem jeweiligen Fadenende rund um die Außenkanten in eine Augenhöhle nähen. Mit Garn C einen Knötchenstich in die Mitte jedes Auges sticken. Einen einzelnen Stich mit Garn E als Lichtreflex in jedes Auge sticken.

Ohren

Die Ohren nur ganz leicht mit Füllwatte ausstopfen, damit sie ihre flache Form behalten. Mit dem langen Fadenende die 15 M an jeder Seite der Unterkante zusammennähen, sodass an jedem Ohr eine gerade Naht entsteht. Die nicht formgehäkelte Ecke eines Ohrs umfalten und an der Mitte der Naht annähen. Diesen Vorgang beim anderen Ohr gegengleich wdh. Die Ohren rund um die Unterkanten fest am Kopf annähen. Vor dem Abschneiden und Vernähen der Fäden den Faden mit der Wollnadel von der umgefalteten Ecke eines Ohrs durch den Kopf hindurch zur umgefalteten Ecke des anderen Ohrs führen und anziehen, um die Ohren näher zusammenzubringen und den oberen Teil des Kopfes auszuformen. Den Faden abschneiden und sichern.

Hauer

Einen Hauer der Länge nach zusammenlegen und die Längskanten mit dem Fadenende und überwendlichen Stichen zusammennähen. Mithilfe des Endes der Häkelnd ein wenig Füllwatte in den Hauer stopfen. Das offene Ende flach drücken und die M beider Seiten zusammennähen. Die Hauer stehen aus dem Maul des Wildschweins hervor und werden deshalb nahe der Schnauze etwas nach unten versetzt seitlich am Kopf platziert. Die Hauer annähen, dabei von den Unterkanten bis zu einer Länge von 1 cm von der Basis des Hauers aus durch den Kopf hindurch nähen, um die Hauer sicher zu fixieren.

Alle Fadenenden vernähen.

Schwanz

Für jede Franse 2 jeweils 16 cm lange Fadenstücke von Garn B zuschneiden. In jede der 6 M der Umrandung am Schwanzende 1 Quaste einknüpfen. Die Fadenenden auf gleiche Länge zurückschneiden.

Eisbär

Der Eisbär wird in zwei Weiß-Schattierungen gehäkelt, sodass die Unterseite sich farblich leicht von der Oberseite unterscheidet.

Material

- Cascade 220 Superwash DK (100 % Wolle mit Superwash-Ausrüstung; LL 200 m/100 g) oder ein Garn vergleichbarer Stärke
  - **A** White (Fb 871), 400 g
  - **B** Winter White (Fb 910A), 300 g
  - **C** Black (Fb 815), 100 g
  - **D** Chocolate (Fb 819) oder ein anderes braunes Garn, ca. 250 cm für die Augen
- Häkelnadel 4 mm
- Wollnadel
- Kunstfaser-Füllwatte

Größe

Breite ca. 82 cm, Länge ca. 70 cm (ohne Kopf)

Maschenprobe

17 hStb und 14 R mit Häkelnd 4 mm und Garn A = 10 cm x 10 cm
Verwenden Sie gegebenenfalls eine dickere oder dünnere Häkelnadel, um die richtige Maschenprobe zu erzielen.

Technik

Der Körper und die identische Unterseite werden in hStb in Hin- und Rückr gehäkelt. Jedes Teil wird mit fM umhäkelt, bevor Pfoten und Pfoten-Unterseiten hinzugefügt werden. Die Teile werden miteinander verbunden, indem man jeweils in die M der Umrandung und der Pfoten an Körper und Futter zugleich einsticht.

Die Schnauze des Eisbären wird in fM in Spiralrd gearbeitet; anschließend wird der Kopf in hStb in Hin- und Rückr fortgesetzt. Nachdem der Kopf mit Füllwatte ausgestopft ist, werden die M der letzten R mit einer geraden Naht verbunden. Anschließend wird der Kopf an die gerade Kante am oberen Ende des Körpers genäht.

Die Nase wird in fM in Spiralrd gehäkelt. Für jedes Nasenloch übergeht man einige M und arb Km in die nächste M-Gruppe. Die Augen werden in fM in Rd gehäkelt; das Augenlid bekommt seine Form durch das Einstechen in die vMg, sodass eine plastische Rippe über dem Auge entsteht. Mit weißem Garn stickt man einen Lichtreflex auf jedes Auge.

Die Ohren werden in fM in Rd gehäkelt und leicht ausgestopft. Bevor man die Ohren am Kopf anbringt, näht man die unteren Ecken zusammen, um den Ohren ihre Form zu verleihen.

Augen und Nase werden auf das Gesicht genäht. Zuletzt stickt man lange Spannstiche für die Krallen auf jede Pfote.

Die 1 bzw. 2 Lm am R-Beginn werden durchweg nicht als M gezählt.

Zeichenerklärung

◯	Fadenring	⊤	halbes Stäbchen (hStb)
⊘	Luftmasche (Lm)	⋁	2 hStb in 1 Einstichstelle
•	Kettmasche (Km)	⋀	2 hStb zus abm
+	feste Masche (fM)	⋀	3 hStb zus abm
⋇	2 fM in 1 Einstich- stelle	∪	nur unter dem vMg einstechen
⋈	2 fM zus abm	∩	nur unter dem hMg einstechen

Körper, Unterseite und Pfoten

Wie Körper, Unterseite und Pfoten für den Schwarzbären arb (siehe Seite 76–80), dabei Garn A für den Körper und Garn B für die Unterseite verwenden.

Kopf

Schnauze

Mit der Häkelnd 4 mm und Garn A einen Fadenring arb.

1. Runde: 1 Lm, 6 fM in den Fadenring arb (= 6 M).

2. Runde (Zun-Rd): 2 fM in jede der 6 M der Vorrd arb. Am kurzen Fadenende ziehen, um den Fadenring zu schließen (= 12 M).

3. Runde (Zun-Rd): 6 x [2 fM in die nächste M, 1 fM] (= 18 M).

4. Runde (Zun-Rd): 6 x [2 fM in die nächste M, 2 fM] (= 24 M).

5. Runde (Zun-Rd): 6 x [2 fM in die nächste M, 3 fM] (= 30 M).

6. Runde (Zun-Rd): 6 x [2 fM in die nächste M, 4 fM] (= 36 M).

7.–9. Runde: 1 fM in jede fM.

10. Runde (Zun-Rd): 6 x [2 fM in die nächste M, 5 fM] (= 42 M).

11.–13. Runde: 1 fM in jede fM.

14. Runde (Zun-Rd): 6 x [2 fM in die nächste M, 6 fM] (= 48 M).

15.–20. Runde: 1 fM in jede fM; wenden.

Kopf ausformen

In Hin- und Rückr häkeln wie folgt:
Mit Garn A weiterhäkeln wie folgt:

1. Reihe (Rückr; Zun-R): 2 Lm, je 1 hStb in die nächsten 10 hStb, 3 x [2 hStb in 1 Einstichstelle, 4 hStb], je 1 hStb in die nächsten 2 hStb, 3 x [2 hStb in 1 Einstichstelle, 4 hStb], je 1 hStb in die nächsten 6 hStb, 1 Km ins 1. hStb; wenden (= 54 M).

2. Reihe (Hinr; Zun-R): 2 Lm, je 1 hStb in die nächsten 10 hStb, 3 x [2 hStb in 1 Einstichstelle, 5 hStb], je 1 hStb in die nächsten 3 hStb, 3 x [2 hStb in 1 Einstichstelle, 5 hStb], je 1 hStb in die nächsten 5 hStb, 1 Km ins 1. hStb; wenden (= 60 M).

3. Reihe (Zun-R): 2 Lm, je 1 hStb in die nächsten 10 hStb, * 3 x [2 hStb in 1 Einstichstelle, 6 hStb], je 1 hStb in die nächsten 4 hStb; ab * wdh, 1 Km ins 1. hStb; wenden (= 66 M).

4. Reihe (Zun-R): 2 Lm, je 1 hStb in die nächsten 10 hStb, 3 x [2 hStb in 1 Einstichstelle, 7 hStb], je 1 hStb in die nächsten 5 hStb, 3 x [2 hStb in 1 Einstichstelle, 7 hStb], je 1 hStb in die nächsten 3 hStb, 1 Km ins 1. hStb; wenden (= 72 M).

5.–19. Reihe: 2 Lm, 1 hStb in dasselbe hStb wie die Km, 1 hStb in jedes hStb, 1 Km ins 1. hStb; wenden.

20. Reihe (Abn-R): 2 Lm, je 1 hStb in die nächsten 10 hStb, 3 x [2 hStb zus abm, 7 hStb], je 1 hStb in die nächsten 5 hStb, 3 x [2 hStb zus abm, 7 hStb], je 1 hStb in die nächsten 3 hStb, 1 Km ins 1. hStb; wenden (= 66 M).

21. Reihe: 2 Lm, 1 hStb in jedes hStb, 1 Km ins 1. hStb; wenden.

22. Reihe (Abn-R): 2 Lm, je 1 hStb in die nächsten
10 hStb, * 3 x [2 hStb zus abm, 6 hStb], je 1 hStb in die
nächsten 4 hStb; ab * wdh, 1 Km ins 1. hStb; wenden
(= 60 M).
23. Reihe: 2 Lm, 1 hStb in jedes hStb, 1 Km ins 1. hStb;
wenden.
24. Reihe (Abn-R): 2 Lm, je 1 hStb in die nächsten
10 hStb, 3 x [2 hStb zus abm, 5 hStb], je 1 hStb in die
nächsten 3 hStb, 3 x [2 hStb zus abm, 5 hStb], je 1 hStb in
die nächsten 5 hStb, 1 Km ins 1. hStb; wenden (= 54 M).
25. Reihe: 2 Lm, 1 hStb in jedes hStb, 1 Km ins 1. hStb.
26. Reihe (Abn-R): 2 Lm, je 1 hStb in die nächsten
10 hStb, 3 x [2 hStb in 1 Einstichstelle, 4 hStb], je 1 hStb
in die nächsten 2 hStb, 3 x [2 hStb in 1 Einstichstelle,
4 hStb], je 1 hStb in die nächsten 6 hStb, 1 Km ins
1. hStb; wenden (= 48 M).
27.–29. Reihe: 2 Lm, 1 hStb in jedes hStb, 1 Km ins
1. hStb; wenden.
Den Faden bis auf ein langes Fadenende abschneiden und
sichern.

Schnauze
1.–20. Runde

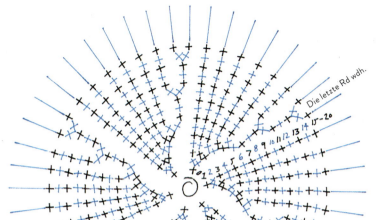

Kopf ausformen
1.–19. Runde

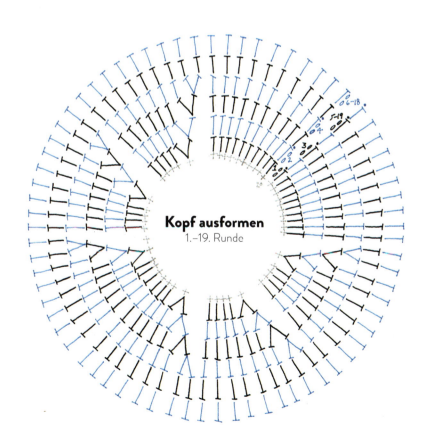

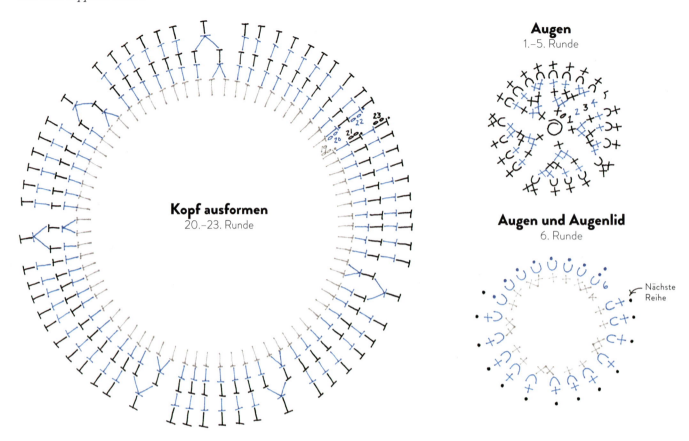

Kopf ausformen
20.–23. Runde

Augen
1.–5. Runde

Augen und Augenlid
6. Runde

→ Nächste Reihe

Augen (2 x arb)

Mit der Häkelnd 4 mm und Garn C einen Fadenring arb.

1. Runde: 1 Lm, 5 fM in den Fadenring arb; die letzte fM bereits mit Garn D abm (= 5 M).

2. Runde (Zun-Rd): Mit Garn D je 2 fM in die 5 M der Vorrd arb. Am kurzen Fadenende ziehen, um den Fadenring zu schließen (= 10 M).

3. Runde (Zun-Rd): 5 x [2 fM in 1 Einstichstelle, 1 fM]. Die letzte fM bereits mit Garn A abm (= 15 M). Mit Garn A weiterhäkeln wie folgt:

4. Runde (Zun-Rd): 5 x [2 fM in 1 Einstichstelle, 2 fM] (= 20 M).

5. Runde: Nur unter dem hMg jeder M einstechen, je 1 fM in die nächsten 8 fM, 3 x [2 fM in 1 Einstichstelle, 3 fM] (= 23 M).

6. Runde: Nur unter den vMg der 4. Rd einstechen, je 1 Km in die nächsten 8 fM, je 1 fM in die nächsten 12 fM, 1 Km in die 1. Km; wenden.

Augenlid

Nächste Reihe (Rückr): Je 1 Km in die nächsten 12 fM, um das obere Augenlid zu vollenden, 1 Km in die nächste Km der Vorrd. Den Faden von Garn A bis auf ein langes Fadenende abschneiden und sichern.

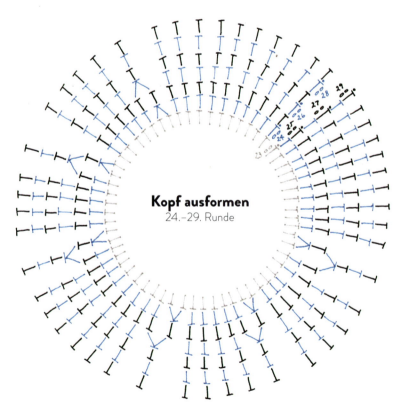

Kopf ausformen
24.–29. Runde

Ohren
1.–16. Runde

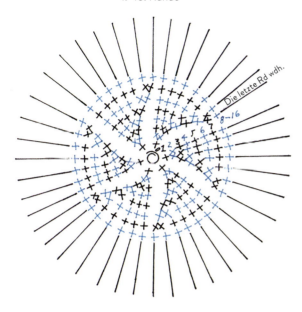

Nase
1.–6. Runde

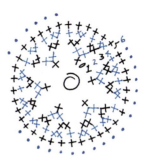

Ohren (2 x arb)

Mit der Häkelnd 4 mm und Garn A einen Fadenring arb.
1. Runde: 1 Lm, 6 fM in den Fadenring arb (= 6 M).
2. Runde (Zun-Rd): 2 fM in jede der 6 M der Vorrd arb. Am kurzen Fadenende ziehen, um den Fadenring zu schließen (= 12 M).
3. Runde (Zun-Rd): 6 x [2 fM in die nächste M, 1 fM] (= 18 M).
4.–7. Runde (Zun-Rd): Nach diesem Prinzip weiterhäkeln und in jeder Rd 6 M zun wie eingeteilt (= 42 M).
8.–16. Runde: 1 fM in jede fM.
1 Km in die nächste M. Den Faden bis auf ein langes Fadenende abschneiden und sichern.

Nase

Mit der Häkelnd 4 mm und Garn C einen Fadenring arb.
1. Runde: 1 Lm, 6 fM in den Fadenring arb (= 6 M).
2. Runde (Zun-Rd): 2 fM in jede der 6 M der Vorrd arb. Am kurzen Fadenende ziehen, um den Fadenring zu schließen (= 12 M).
3. Runde (Zun-Rd): 2 fM in jede der 12 M der Vorrd (= 24 M).
4. Runde (Zun-Rd): 12 x [2 fM in 1 Einstichstelle, 1 fM] (= 36 M).
5. Runde: 1 fM in jede fM.
6. Runde: Die nächsten 6 fM übergehen, je 1 Km in die nächsten 6 fM, die nächsten 6 fM übergehen, je 1 Km in die nächsten 18 fM. Den Faden bis auf ein langes Fadenende abschneiden und sichern.

Fertigstellung

Körper und Unterseite verbinden

Arb, wie beim Schwarzbären auf Seite 84 beschrieben.
Mit Garn C jeweils 5 Spannstiche auf jede Pfote sticken, um die Krallen anzudeuten.

Kopf

Den Kopf bis zur 5. R von der Halskante aus mit Füllwatte ausstopfen. Die M am Beginn und am Ende jeder R in der Mitte der Kopf-Unterseite aufeinander ausrichten. Die offenen Kanten mit einer geraden Naht verbinden. Den Kopf mit dem hängen gelassenen Fadenende durch Körper und Unterseite hindurch annähen.

Nase und Maul

Ein wenig Füllwatte in die Nase stopfen. Die Nase rund um die Außenkanten herum ans Schnauzenende nähen. Mit Garn C einen Fliegenstich für das Maul aufsticken.

Augen

Eine winzige Menge Füllwatte in die Augäpfel stopfen. Die Augen mit dem jeweiligen Fadenende rund um die Außenkanten herum am Kopf annähen. Auf jedes Auge 1–2 kurze Spannstiche in Fb A sticken.

Ohren

Die Ohren nur ganz leicht mit Füllwatte ausstopfen, damit sie ihre flache Form behalten. Mit dem langen, hängen gelassenen Fadenende die 21 M auf jeder Seite der Unterkante in einer geraden Naht zusammennähen. Die unteren Ecken jedes Ohrs zusammennähen, dann die Ohren rund um die Unterkanten herum fest am Kopf des Eisbären annähen.

Alle Fadenenden vernähen.

Gut zu wissen

Alles, was Sie an Material und Werkzeug zum Häkeln Ihres Tierteppichs brauchen, ist am Beginn der jeweiligen Anleitung aufgelistet.

Häkelnadeln

Häkelnadeln gibt es in vielen verschiedenen Stärken – von winzigen Häkchen, die in Verbindung mit dünnen Garnen sehr feine Maschen ergeben, bis hin zu überdimensionalen Haken, mit denen mehrere Fäden zusammen zu einem dicken Stoff verhäkelt werden können. Ob man mit einer dickeren oder dünneren Nadel häkelt, wirkt sich auf das Aussehen des fertigen Stücks aus, hat aber auch einen Einfluss auf die Maschenprobe und die erforderliche Materialmenge. Für die Projekte in diesem Buch werden Häkelnadeln der Stärken 3,5 mm und 4 mm benötigt.

Wollnadeln

Eine Woll- oder Sticknadel mit stumpfer Spitze brauchen Sie, um Ihre Projekte zusammenzunähen. In das große Öhr lässt sich das Garn leicht einfädeln, und die abgerundete Spitze verhindert, dass sich das Garn beim Einstechen spaltet.

Garne austauschen

Wenn Sie andere als die in den Anleitungen genannten Garne verwenden wollen, müssen Sie die erforderliche Anzahl an Knäueln anhand der Lauflängen pro Knäuel und nicht anhand des Gewichts errechnen, das je nach versponnener Faserart variiert. Entscheidend ist außerdem die Maschenprobe. Arbeiten Sie stets ein Probequadrat mit dem Garn Ihrer Wahl, bevor Sie mit einem Projekt beginnen.

Häkelschriften lesen

Jedes Symbol einer Häkelschrift entspricht einer Masche, jede Runde oder Reihe stellt eine Runde oder Reihe der Häkelarbeit dar.

Beim Häkeln in Runden lesen Sie die Häkelschrift entgegen dem Uhrzeigersinn und arbeiten von der Mitte nach außen bis zur letzten Runde der Häkelschrift.

Für das Häkeln in Reihen sollten Sie die Häkelschrift abwechselnd von rechts nach links und von links nach rechts lesen, wobei Sie jeweils der Nummer am Beginn jeder Reihe folgen.

Bei den Häkelschriften in diesem Buch sind die Runden oder Reihen abwechselnd in Blau und Schwarz gedruckt. Die letzte Runde oder Reihe einer vorhergehenden Häkelschrift ist grau dargestellt. Wechselt die Garnfarbe immer wieder, sind die Maschen in den Häkelschriften in den jeweiligen Farben gezeichnet.

Maschenprobe

Es ist wichtig, vor Beginn eines Projekts die Maschenprobe zu
überprüfen, denn sie wirkt sich auf die Größe und das Aussehen
des Teppichs, aber auch auf die erforderliche Garnmenge aus. Als
Maschenprobe bezeichnet man die Zahl der Maschen und
Reihen in einem Quadrat festgelegter Größe (in diesem Buch:
10 cm x 10 cm). Häkeln Sie ein Probequadrat von etwa 12,5 cm
im Quadrat mit dem Garn und in der Maschenart für Ihr Projekt
und breiten Sie es flach auf einer ebenen Fläche aus.

Maschen

Legen Sie ein Lineal horizontal auf die Häkelarbeit und
markieren Sie eine Strecke von 10 cm mit Stecknadeln. Dann
zählen Sie die Maschen (einschließlich halber Maschen)
zwischen den Stecknadeln, um die Maschenprobe in der Breite
zu ermitteln.

Reihen

Legen Sie das Lineal nun vertikal auf die Häkelarbeit und
markieren Sie 10 cm in der Höhe mit Stecknadeln. Dann zählen
Sie die Reihen zwischen den Nadeln.
Wenn die Zahl der Maschen und Reihen größer ist, als in der
Anleitung angegeben, häkeln Sie fester und sollten zu einer
dickeren Häkelnadel wechseln. Wenn Sie weniger Maschen und
Reihen gebraucht haben, um auf 10 cm in Breite und Höhe zu
kommen, häkeln Sie lockerer und sollten eine dünnere Häkelnadel verwenden.

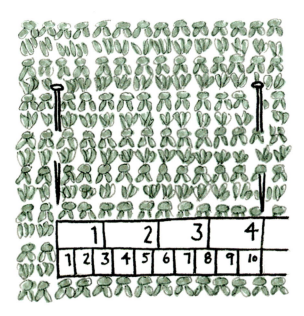

Maschen

Reihen

Häkelmaschen

Hier finden Sie alle wichtigen Informationen vom richtigen Halten der Häkelnadel und des Garns über die verschiedenen Maschen bis hin zum Ansetzen einer neuen Farbe.

Anfangsschlinge

Formen Sie das Fadenende zu einer Schlinge, die Sie mit Daumen und Zeigefinger festhalten. Stechen Sie die Häkelnadel in die Schlinge ein, erfassen Sie das lange Fadenstück, das vom Knäuel kommt, und ziehen Sie es durch, bis sich eine nicht zu feste Schlinge um die Häkelnadel bildet. Durch Zug am kurzen Ende lockert sich diese Anfangsschlinge, am langen Fadenende kann man sie fester ziehen.

Halten der Arbeit

Häkelnadel

Halten Sie die Häkelnadel wie einen Bleistift, wobei Sie den Mittelfinger nahe der Spitze auf die Häkelnadel legen. So können Sie die Bewegung der Häkelnadel kontrollieren, während die Finger der anderen Hand die Fadenspannung regulieren. Der Haken sollte zu Ihnen zeigen und leicht nach unten geneigt sein. Die Bewegung der Häkelnadel sollte frei und gleichmäßig, nicht verkrampft sein. Das ergibt sich aber mit etwas Übung.

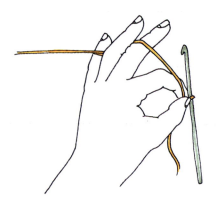

So halten Sie den Faden.

Faden

Um die Arbeit zu halten und die Fadenspannung zu kontrollieren, führen Sie den Faden über Zeige- und Mittelfinger der linken Hand (bzw. als Linkshänderin über die der rechten Hand), unter dem Ringfinger hindurch und über den kleinen Finger; von dort aus lassen Sie den Faden locker zum Knäuel weiterlaufen. Während der Arbeit halten Sie die soeben gehäkelte Masche zwischen Daumen und Zeigefinger derselben Hand fest.

Die Häkelnadel wird im Allgemeinen unter den oberen beiden Maschengliedern eingestochen, wenn in der Anleitung nichts anderes angegeben ist. Sticht man nur unter den hinteren oder nur unter den vorderen Maschengliedern ein, entsteht ein anderes Maschenbild.

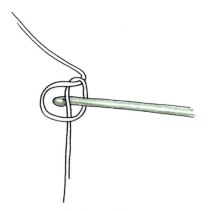

Anfangsschlinge

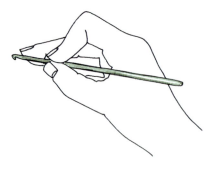

So halten Sie die Häkelnadel.

Fadenring

Viele Häkelteile beginnen mit einem Fadenring, der sich zusammenziehen lässt und in manchen Anleitungen auch als Magic Ring oder Magic Loop bezeichnet wird. Dafür wickelt man den Faden um einen Finger, sticht die Häkelnadel in den Ring ein, erfasst den Faden und zieht ihn durch den Ring hindurch zurück. Sobald einige Runden gehäkelt sind und den Fadenring einschließen, zieht man fest am kurzen Fadenende und schließt so die kleine Öffnung in der Mitte des Rings. Alternativ kann man 4 Luftmaschen häkeln und mit einer Kettmasche zum Ring schließen. Allerdings bleibt bei dieser Technik ein kleines Loch in der Mitte.

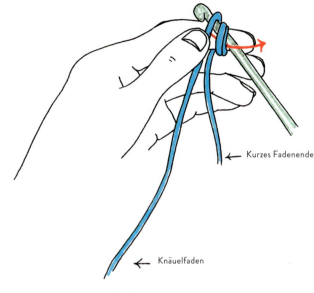

← Kurzes Fadenende

← Knäuelfaden

Fadenring

Luftmasche (Lm)

1 Die Häkelnadel unter und über den Faden führen, der mit Daumen und Zeigefinger festgehalten wird. Diesen Vorgang bezeichnet man als „Faden holen". (Bei manchen Maschen wie halben Stäbchen oder Stäbchen wird auf dieselbe Weise ein Umschlag = U gearbeitet.) Den Faden durch die Schlinge auf der Häkelnadel ziehen: Damit ist eine Luftmasche (Lm) gehäkelt.

2 Schritt 1 fortlaufend wiederholen, dabei Daumen und Zeigefinger dicht an der Häkelnadel halten, bis die gewünschte Zahl an Luftmaschen gehäkelt ist.

Kettmasche (Km)

Häkeln Sie zum Üben 10 Luftmaschen. Dann stechen Sie die Häkelnadel in die 1. Masche (M) ein, holen den Faden und ziehen ihn durch beide Schlingen auf der Häkelnadel. Dadurch entsteht eine Kettmasche (Km). Häkeln Sie auf diese Weise weiter bis zum Ende der Luftmaschenkette: Sie haben nun 10 Kettmaschen gearbeitet (= 10 M).

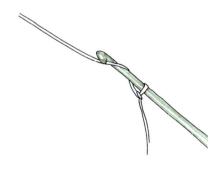

Luftmasche 1

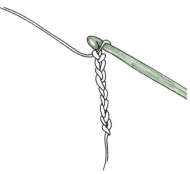

Luftmasche 2

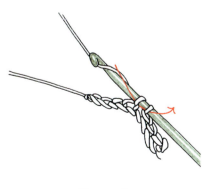

Kettmasche

Feste Masche (fM)

Die 1. Luftmasche übergehen.

1 Die Häkelnadel von vorne in die nächste Masche einstechen, den Faden holen und durch die Masche ziehen (= 2 Schlingen auf der Häkelnadel).

2 Den Faden holen und durch 2 Schlingen ziehen (= 1 Schlinge auf der Häkelnadel). Diesen Vorgang nennt man auch „2 Schlingen abmaschen". Damit ist 1 feste Masche (fM) fertig.

Schritt 1 und 2 bis zum Reihenende fortlaufend wiederholen. Auf einer Luftmaschenkette aus 17 Luftmaschen sollten Sie nun 16 fM gehäkelt haben (= 16 M).

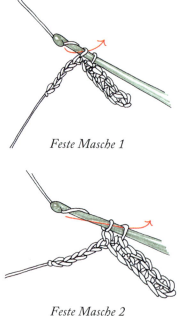

Feste Masche 1

Feste Masche 2

Nächste Reihe

Die Arbeit wenden, sodass Sie nun die andere Seite vor Augen haben. 1 Luftmasche häkeln. Dies ist die Wendeluftmasche, die zu einer sauberen Kante beiträgt und nicht als Masche gezählt wird. Schritt 1 und 2 bis zum Reihenende fortlaufend wiederholen. Auf diese Weise weiterhäkeln, bis die gewünschte Zahl an Reihen gearbeitet ist. Den Faden abschneiden und sichern.

Faden abschneiden und sichern.

Wenn Sie Ihre Häkelarbeit beendet haben, schneiden Sie den Faden 10–15 cm von der letzten Masche entfernt ab, führen das Fadenende durch die verbleibende Schlinge auf der Häkelnadel und ziehen es fest.

Halbes Stäbchen (hStb)

Häkeln Sie eine Übungskette aus 17 Luftmaschen. Die ersten 2 Luftmaschen übergehen (sie zählen als 1. halbes Stäbchen).

1 1 Umschlag arbeiten, die Häkelnadel in die nächste Masche einstechen, den Faden holen und durch die Masche ziehen (= 3 Schlingen auf der Häkelnadel).

2 Den Faden holen und durch alle 3 Schlingen auf der Häkelnadel ziehen (= 1 Schlinge auf der Häkelnadel). Damit ist 1 halbes Stäbchen (hStb) gearbeitet.

Schritt 1 und 2 bis zum Reihenende fortlaufend wiederholen. Auf einer Anschlagkette von 17 Luftmaschen sollten Sie nun einschließlich der 2 Luftmaschen am Reihenbeginn, die als 1. Masche zählen, 16 halbe Stäbchen haben (= 16 M).

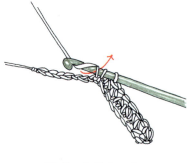

Halbes Stäbchen 1

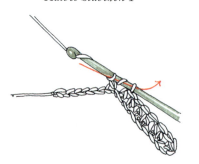

Halbes Stäbchen 2

Nächste Reihe

Die Arbeit wenden, sodass Sie nun die andere Seite vor Augen haben. 2 Luftmaschen häkeln, die als 1. halbes Stäbchen zählen. Die 1. Masche der vorhergehenden Reihe übergehen. Schritt 1 und 2 bei den nächsten 14 halben Stäbchen der Vorreihe wiederholen, dann 1 halbes Stäbchen in die obere der 2 Luftmaschen am Reihenende häkeln. Auf diese Weise fortfahren, bis die gewünschte Zahl an Reihen gehäkelt ist. Den Faden abschneiden und sichern.

Stäbchen (Stb)

Häkeln Sie eine Übungskette aus
18 Luftmaschen. Die ersten 3 Luftmaschen übergehen (sie zählen als
1. Stäbchen).

1 1 Umschlag arbeiten, die Häkelnadel
in die nächste Masche einstechen, den
Faden holen und durch die Masche
ziehen (= 3 Schlingen auf der Häkelnadel).

2 Den Faden holen und durch
2 Schlingen auf der Häkelnadel ziehen,
also 2 Schlingen abmaschen (= 2 Schlingen auf der Häkelnadel).

3 Den Faden holen und die letzten
2 Schlingen auf der Häkelnadel abmaschen (= 1 Schlinge auf der Häkelnadel).
Damit ist 1 Stäbchen (Stb) fertig.

Schritt 1–3 bis zum Reihenende fortlaufend wiederholen. Bei einer Anschlagkette aus 18 Luftmaschen sollten Sie nun
16 Stäbchen haben, einschließlich der
3 Luftmaschen am Reihenbeginn, die als
1. Masche zählen (= 16 M).

Nächste Reihe

Die Arbeit wenden, sodass Sie nun die
andere Seite vor Augen haben. 3 Luftmaschen häkeln, die als 1. Stäbchen
zählen. Die 1. Masche der Vorreihe
übergehen. Schritt 1–3 bis zum Reihenende fortlaufend wiederholen und das
letzte Stäbchen in die oberste der
3 Luftmaschen vom Beginn der Vorreihe
arbeiten. Auf diese Weise weiterhäkeln,
bis die gewünschte Zahl an Reihen
gearbeitet ist. Den Faden abschneiden
und sichern.

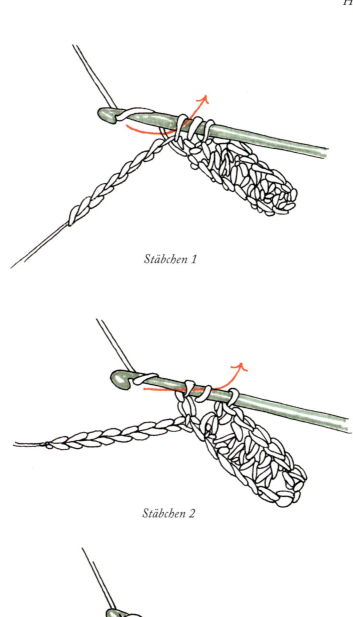

Stäbchen 1

Stäbchen 2

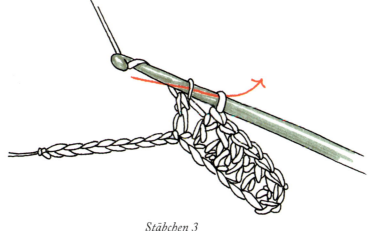

Stäbchen 3

Schlingenmasche (Schlingen-M)

Die Schlingen erscheinen auf der Rückseite der Arbeit, die folglich die rechte Seite wird. In dieser Technik entsteht der buschige Fuchsschwanz. Die Häkelnadel in die nächste feste Masche einstechen und den Faden von vorne nach hinten um einen Finger der fadenführenden Hand (siehe Seite 168) legen. Den Faden auf der Rückseite des Fingers und auf der Vorderseite des Fingers zugleich erfassen und beide Fäden durch die Masche ziehen (= 3 Schlingen auf der Häkelnadel. Die Schlinge vom Finger gleiten lassen, den Faden holen und durch alle 3 Schlingen auf der Häkelnadel ziehen.

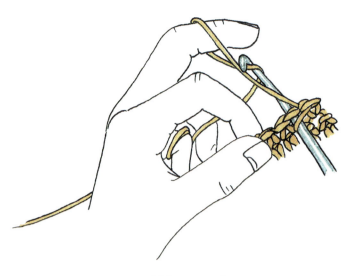

Schlingenmasche

Noppe

Diese Maschenkombination wird beim Krokodilteppich verwendet. Die Noppen erscheinen auf der Rückseite der Arbeit, die folglich die rechte Seite wird.

1–2 Wie Schritt 1 und 2 des Stäbchens arbeiten (siehe Seite 171).

3 * 1 Umschlag arbeiten, die Häkelnadel in dieselbe Masche einstechen, den Faden holen und durch die Masche ziehen (= 4 Schlingen auf der Häkelnadel), den Faden holen und durch 2 Schlingen ziehen (= 3 Schlingen auf der Häkelnadel)*; von * bis * noch 3 x wiederholen (= 6 Schlingen auf der Häkelnadel), den Faden holen und durch alle 4 Schlingen ziehen (= 1 Schlinge auf der Häkelnadel): Damit ist eine Noppe entstanden.

Maschen zunehmen

Um 1 feste Masche, 1 halbes Stäbchen oder 1 Stäbchen zuzunehmen, arbeitet man 2 Maschen in eine Einstichstelle (normalerweise 1 Masche der Vorreihe). Um 2 feste Maschen oder 2 halbe Stäbchen zuzunehmen, häkelt man 3 Maschen in 1 Einstichstelle (Masche) der Vorreihe.

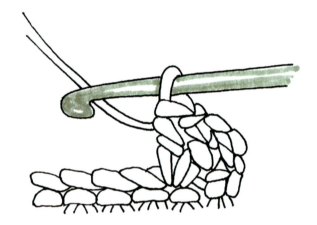

Masche zunehmen

Maschen abnehmen

1 feste Masche abnehmen (2 fM zus abm)

1 Die Häkelnadel in die nächste Masche einstechen, den Faden holen und durch die Masche ziehen (= 2 Schlingen auf der Häkelnadel).

2 Die Häkelnadel in die nächste Masche einstechen, den Faden holen und durch die Masche ziehen (= 3 Schlingen auf der Häkelnadel).

3 Den Faden holen und durch alle 3 Schlingen ziehen.

2 feste Maschen abnehmen (3 fM zus abm)

1–2 Wie Schritt 1–2 beim Abnehmen einer festen Masche (2 fM zus abm) arbeiten.

3 Schritt 2 wiederholen (= 4 Schlingen auf der Häkelnadel).

4 Den Faden holen und durch alle 4 Schlingen ziehen.

1 halbes Stäbchen abnehmen (2 hStb zus abm)

1 1 Umschlag arbeiten, die Häkelnadel in die nächste Masche einstechen, den Faden holen und durch die Masche ziehen (= 3 Schlingen auf der Häkelnadel).

2 1 Umschlag arbeiten, die Häkelnadel in die nächste Masche einstechen, den Faden holen und durch die Masche ziehen (= 5 Schlingen auf der Häkelnadel).

3 Den Faden holen und durch alle 5 Schlingen ziehen.

2 halbe Stäbchen abnehmen (3 hStb zus abm)

1–2 Wie Schritt 1 und 2 beim Abnehmen eines halben Stäbchens (2 hStb zus abm) arbeiten.

3 Schritt 2 wiederholen (= 7 Schlingen auf der Häkelnadel).

4 Den Faden holen und durch alle Schlingen auf der Häkelnadel ziehen.

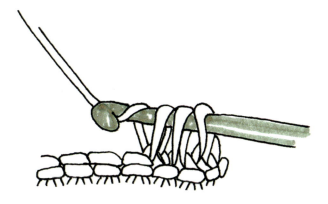

1 feste Masche abnehmen

1 Stäbchen abnehmen (2 Stb zus abm)

1–2 Wie Schritt 1 und 2 des Stäbchens arbeiten (siehe Seite 171).

3 1 Umschlag arbeiten, die Häkelnadel in die nächste Masche einstechen, den Faden holen und durch die Masche ziehen (= 4 Schlingen auf der Häkelnadel).

4 Den Faden holen und durch 2 Schlingen ziehen (= 3 Schlingen auf der Häkelnadel).

5 Den Faden holen und durch 3 Schlingen ziehen.

Nur in das vordere oder hintere Maschenglied häkeln

Das vordere Maschenglied ist dasjenige, das näher bei Ihnen liegt, das hintere ist das von Ihnen entferntere. Normalerweise sticht man die Häkelnadel unter beiden Maschengliedern ein, doch wenn man nur unter einem Maschenglied einsticht, bildet das verbleibende Maschenglied eine horizontale Rippe auf der Arbeit. In dieser Technik entstehen die Hautfalten des Nashorns und die Hufe von Zebra und Giraffe.

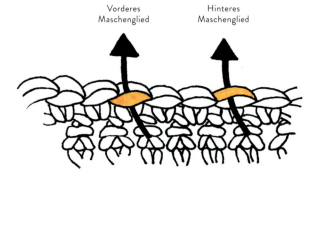

Häkeln mit mehreren Farben

Ansetzen einer neuen Farbe

Wenn man eine neue Farbe am Rundenbeginn oder innerhalb einer Reihe ansetzen will, arbeitet man den letzten Schritt der vorhergehenden Masche bereits in der neuen Farbe. Den Faden in der neuen Farbe holen und durch die Schlingen auf der Häkelnadel ziehen, um die Masche zu beenden.

Mitführen eines nicht benötigten Fadens

Wenn der Faden in der Farbe, die gerade nicht verwendet wird, auf der linken Seite der Arbeit mitgeführt wird, kann man ihn durchweg oder alle paar Maschen mit dem Arbeitsfaden umhäkeln. Diese Technik wird bei Tiger, Zebra und Giraffe angewendet. Legen Sie den gerade nicht verwendeten Faden auf die Maschen der Vorreihe oder -runde und häkeln Sie mit dem Faden der anderen Farbe um diesen Faden herum.

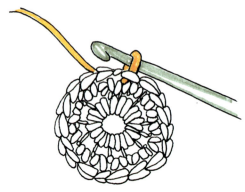

Neue Farbe am Rundenbeginn ansetzen

Neue Farbe innerhalb einer Reihe ansetzen

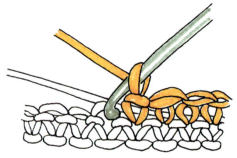

Nicht benötigten Faden mitführen

Der letzte Schliff

Wenn die Häkelteile ausgestopft und zusammengenäht sind, bekommen die Teppiche durch aufgestickte Details sowie eingeknüpfte Fransen für Mähnen und Schwanzquasten den letzten Schliff.

Ausstopfen mit Füllmaterial

Polyesterfüllwatte ist eine leichte und waschbare Synthetikfaser. Es gibt sie außer in Weiß auch in Schwarz, sodass sie bei Häkelarbeiten aus dunkleren Garnen nicht durchscheint. Reine Wolle als Füllmaterial ist eine schöne, haltbare und weiche Naturfaser, die von Hand, aber nicht mit der Maschine gewaschen werden kann, weil sie sonst schrumpfen und verfilzen würde. Kapok ist eine Naturfaser mit weicher, seidiger Struktur. Sie wird aus den Samenkapseln des Kapokbaumes *(Ceiba pentandra)* gewonnen.

Vor dem Ausstopfen des Tierkopfes sollten Sie die Fasern mit den Fingern auseinanderzupfen, damit sie leicht und flauschig werden. Verwenden Sie immer nur wenig Füllmaterial auf einmal und bedecken Sie zuerst die Innenseite der Häkelarbeit mit einer Lage Füllwatte, bevor Sie die Mitte ausstopfen. Das verhindert, dass Ihr Häkelmodell am Ende klumpig aussieht und hässliche Beulen bekommt.

Häkelteile zusammennähen

Stecken Sie die einzelnen Teile Ihres Häkelmodells mit Glas-kopf-Stecknadeln zusammen, bevor Sie zu nähen beginnen. Um den Kopf des Tieres am Körper zu befestigen, stechen Sie die Nadel jeweils durch eine Masche des Kopfes und dann durch eine des Körpers ein. Dann stechen Sie die Nadel ein Stückchen entfernt davon wieder in den Kopf und anschließend in den Körper ein und ziehen den Faden fest an. Wiederholen Sie die Naht an der Unterseite des Kopfes und an der gehäkelten Unterseite, damit die Teile fest miteinander verbunden sind.

Rückstich

Im Rückstich lassen sich Augen und Ohren gut an den Köpfen der Tiere befestigen. Nähen Sie dicht am Rand der Teile, um ein sauberes Ergebnis zu erzielen. Beginnen Sie mit einigen Stichen übereinander, um den Faden zu fixieren. Dann eine Stichlänge vom letzten Stich entfernt zur Vorderseite aus- und am Ende des vorhergehenden Stiches wieder einstechen. Auf diese Weise mit sauberen, gleichmäßigen Stichen bis zum Ende der Naht weiterarbeiten.

Überwendlicher Stich

Der überwendliche Stich eignet sich hervorragend dazu, die offenen Kanten des Kopfes zusammenzunähen. Das Fadenende, das nach Ende der Häkelarbeit hängen gelassen wurde, in eine stumpfe Nadel einfädeln. Die Häkelteile links auf links aufeinan-derlegen. Die Nadel von hinten nach vorne durch eine Masche beider Seiten zugleich stechen und den Faden durchziehen. Die Nadel wie zuvor von hinten nach vorne durch die nächste Masche beider Seiten stechen und auf diese Weise bis zum Ende der Naht weiterarbeiten. Der Faden wird dabei um die Kanten gelegt und verbindet beide Teile.

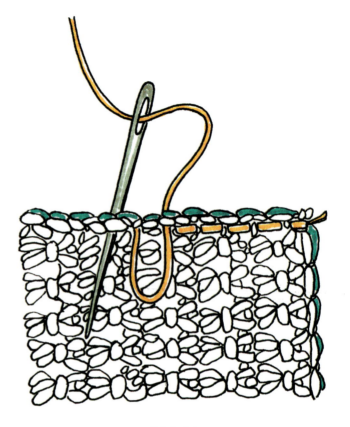

Rückstich

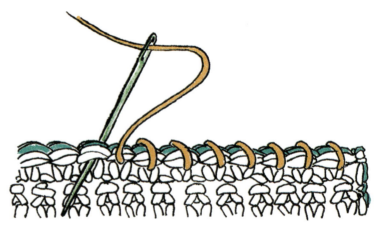

Überwendlicher Stich

176

Zierstiche

Spannstich

Einzelne Spannstiche können in unterschiedlichen Längen gearbeitet werden – beispielsweise zum Sticken von Linien wie den Lichtreflexen in den Augen.

Plattstich

Arbeiten Sie parallele Spannstiche dicht nebeneinander, die eine Form ausfüllen. Achten Sie auf gleichmäßige Stiche und eine saubere Kante. Das Ergebnis wirkt wie Satingewebe. Dieser Stich wird für die vertikale Pupille im Auge des Fuchses verwendet.

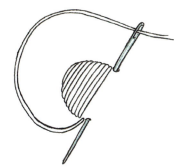

Plattstich

Margeritenstich (Kettenstich)

Margeritenstiche sind einzelne Kettenstiche. Sie werden in die Ecken der Löwennase gestickt. Die Nadel mit dem Faden an der gewünschten Stelle aus- und an derselben Stelle wieder einstechen, sodass der Faden eine Schlinge bildet. Die Schlinge mit dem Daumen festhalten. Die Nadel eine Stichlänge von der Ein- und Ausstichstelle entfernt wieder nach vorne ausstechen und dabei die Fadenschlinge unter die Nadel legen. Über den Faden hinweg in die Ausstichstelle wieder einstechen, um die Schlinge zu fixieren.

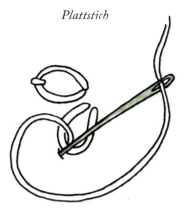

Margeritenstich

Fliegenstich

Ein Fliegenstich bildet das Maul des Schwarzbären und des Tigers. Den Kopf umdrehen, um den Fliegenstich zu sticken.

1 Links von der Mitte des vorgesehenen Stichs zur Vorderseite ausstechen. Rechts von der Mitte ein- und ein Stück weit darunter in der Mitte wieder ausstechen, dabei den Faden unter die Nadel legen.

2 Die Nadel eine Stichlänge darunter wieder einstechen, sodass sich eine V-Form mit einem vertikalen Strich darunter bildet.

Stickfaden vernähen

Um eine Stickerei zu beenden, einen kleinen Knoten in einem Bereich der gleichen Farbe arbeiten, wo er nicht auffällt, oder das Knötchen an der Verbindungsstelle zweier Teile verstecken, beispielsweise unter der Naht von Auge oder Nase. Die Faden-enden vernähen.

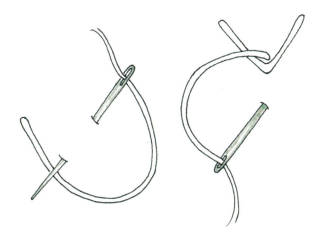

Fliegenstich 1   *Fliegenstich 2*

Fransen

Fransen bilden die Löwenmähne, die flauschigen Enden der Knochenzapfen am Kopf der Giraffe und Schwanzquasten, beispielsweise beim Wildschwein.

Um die Fransen einzuknüpfen, das Fadenstück (oder die Fadenstücke für eine Franse) mittig zusammenlegen, sodass eine Schlaufe entsteht.

1 Die Häkelnadel hinter einer Masche hindurchstechen. Die Schlaufe der Franse erfassen und ein Stück weit durchziehen.

2 Die Häkelnadel aus der Schlaufe ziehen, die Fadenenden durch die Schlaufe führen und fest anziehen. Damit ist eine Franse eingeknüpft

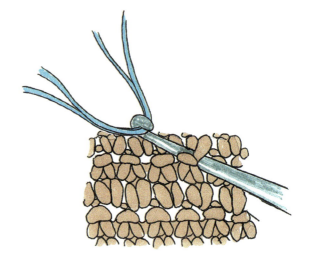

Fransen 1

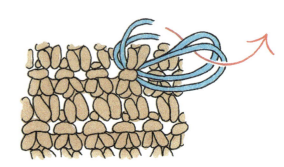

Fransen 2

Abkürzungen

abm	abmaschen		**Mg**	Maschenglied(er)
Abn	Abnahme(n)		**MM**	Maschenmarkierer
abn	abnehmen		**R**	Reihe(n)
anschl	anschlagen		**Rd**	Runde(n)
arb	arbeiten		**restl**	restliche(n)
Bg	Bogen		**Rückr**	Rückreihe(n)
cm	Zentimeter		**Stb**	Stäbchen
Fb	Farbe		**U**	Umschlag/Umschläge
fM	feste Masche		**wdh**	wiederholen
folg	folgende(n)		**weiterarb**	weiterarbeiten
fortlfd	fortlaufend		**zun**	zunehmen
Häkelnd	Häkelnadel		**zus**	zusammen
Hinr	Hinreihe(n)			
hMg	hintere(s) Maschenglied(er)			
hStb	halbe(s) Stäbchen			
Km	Kettmasche(n)			
Lm	Luftmasche			
M	Masche(n)			

Die Autorin

Vanessa Mooncie hat als Kind viele glückliche Stunden mit ihrer Mutter und ihrer Großmutter verbracht, in denen sie stricken und häkeln lernte. Später studierte sie Mode- und Textildesign und wurde Designerin für Kinderkleidung, Illustratorin und Innenarchitektin. Inzwischen hat sie sich auf Siebdruck (www.vanessamooncie.com) und Häkelschmuck (www.kissysuzuki.com) spezialisiert und einige erfolgreiche Bücher veröffentlicht. Außerdem verfasst sie immer wieder Beiträge für andere Kreativbücher und Magazine.

Hersteller der Originalgarne

Die im Buch abgebildeten Tierteppiche wurden mit Garnen der hier aufgelisteten Hersteller gehäkelt. Wenn Sie andere Garne verwenden wollen, müssen Sie auf die richtige Garnstärke und Lauflänge achten (siehe Hinweise auf Seite 166). Arbeiten Sie außerdem immer ein Probequadrat und vergleichen Sie Ihre Maschenprobe mit den Angaben in der jeweiligen Anleitung (siehe Seite 167).

Cascade Yarns
www.cascadeyarns.com

Drops Design
www.garnstudio.com

King Cole Ltd
www.kingcole.co.uk

Rico Design
www.rico-design.de

Rowan
www.knitrowan.com

Scheepjes
www.scheepjes.com

Sirdar Spinning Ltd
www.sirdar.com

Register

Impressum

Titel der Originalausgabe
Crocheted Animal Rugs
Zuerst veröffentlicht 2021 in Großbritannien von Guild of Master Craftsman Publications
Ltd, Castle Place, 166 High Street, Lewes, East Sussex BN7 1XU

Text and designs © Vanessa Mooncie, 2021
Copyright in the Work © GMC Publications Ltd, 2021

Deutsche Erstausgabe

Copyright der deutschen Übersetzung: © 2021 Weltbild GmbH & Co. KG,
Werner-von-Siemens-Str. 1, 86159 Augsburg
Fotos: Andrew Perris
Illustrationen und Häkelschriften: Vanessa Mooncie
Übersetzung und Redaktion der deutschen Ausgabe: Helene Weinold, Violau
Satz: Joe Möschl, München
Umschlaggestaltung: Büro 18, Friedberg (Bay.)

Gesamtherstellung: Typos, tiskařské závody, s.r.o., Plzeň

Printed in EU

ISBN 978-3-8289-5172-3

Besuchen Sie uns im Internet:
www.weltbild.de

Dank der Autorin

Die Arbeit an diesem Buch hat viel Spaß gemacht, und ich danke Jonathan Bailey vielmals dafür, dass er mir die Möglichkeit eröffnet hat, es zu schreiben. Ferner danke ich Dominique Page, Emma Foster, Wendy McAngus, dem ganzen Verlagsteam und Jude Roust. Herzlicher Dank gilt auch meiner Familie, Damian, Miriam, Dilys, Flynn und Honey für ihre fortwährende Unterstützung und Ermutigung. Ich widme dieses Buch unseren kleinen Tierfreunden Dolly (oben im Bild), Leo und Winter. Ihre Begeisterung und ihr Enthusiasmus für meine Arbeit sind eine nie versiegende Quelle der Inspiration für mich.